이것이 진짜 맹지에 건축법상 도로 만들기다

이것이 **진짜**
맹지에 건축법상
도로 만들기다

도로를 알면
토지 경매에 성공할 수 있다!

한국경제신문i

 네이버 밴드
이종실의 토지개발 특수경매 공개강의

도로란 무엇인가?

우리가 사회적 활동과 행위를 지속하는 데 가장 필요한 시설 중 하나가 도로다. 사람들은 법체계가 도로를 규정하기 훨씬 이전부터 통로를 이용해왔다. 통로가 먼저 만들어지고 나서 통로를 둘러싼 이해관계가 발생한 후에 도로에 대한 법규가 정비되기 시작한 것이다. 도로에 관한 법규가 정해지기 전에 통로가 먼저 만들어졌으며, 통로 사용에 관한 이해관계가 복잡해지면서 이것을 정비하기 위한 도로법이 만들어졌다는 사실을 알아둘 필요가 있다.

더구나 예전 김대중 정부에서 모든 토지에 건축허가를 신청하게 되면 개발행위허가를 받도록 했으며, 개발행위허가 시 도로와 배수의 설치를 조건으로 규정되어 있어 건축법에서의 도로 법규와 개발행위허가 시의 도로와 배수의 법규가 별도로 정해지게 됐다. 이번에 개편해 발간하는 도로 내용에는 건축법에 의한 도로대장에 관한 법규와 개발행위 시의 도로, 하수도의 법규, 지하에 묻히는 도시가스배관에 관한 사용승낙에 관한 것도 추가됐다.

도로를 규정하고 있는 여러 가지 법규 중에서 도로법이 맏형 격이다. 도로법이 가장 먼저 생기고, 이어 도로에 대한 지목을 다루는 지적법에 의한 도로가 생겨났다. 그 후 건축법에 의한 도로가 생기게 되며, 건축을 위한 개인 땅 위에 도로가 만들어지면서 사도법이 생기게 됐다. 묵시적으로 남의 땅을 사용해서 통로를 이용한 현황도로가 파생됐고, 이에 대한 규정도 생겼다. 또한 예전부터 사용해오던 통로를 막을 수 없게 하기 위한 민법에 의한 주위토지통행권도 만들어지게 됐다.

사회 발달과 더불어 건축이 증가하자 건축법상 도로규정이 생기고, 몇 차례에 걸쳐 진화되어서 현재의 건축법에서 필요한 도로의 정의가 만들어졌다. 이제는 개발행위허가 시의 도로 조건과 배수의 조건도 추가되어 건축법이 아닌, 개발행위허가에 의한 도로사용승낙이 또 발목을 잡기도 한다. 또한 도로가 지상의 사용만이 아닌, 지하에 상수도, 하수도, 도시가스 등의 사용허가도 추가하게 되며, 별도의 부서에서 도로의 사용승낙을 각각 요구하게 된다.

건축과에서는 건축법상 도로를, 개발행위허가 담당자는 개발행위허가 시의 도로와 하수도를, 가스공사에서는 가스배관 설치 시의 사용승낙을 각각의 입장에서 요구하다 보니 민원인들은 머리가 복잡해진다. 사정이 이렇다 보니 도로와 관련한 민원이 발생할 경우, 해당 관청의 담당자가 어떠한 법규의 조항을 어떻게 적용하느냐에 따라 민원의 결과가 크게 달라질 수 있다.

경매나 일반 매매를 통해 토지를 구매할 때는 건축 가능 여부가 매우 중요하다. 건축 여부는 그 땅의 가치와 직결되기 때문이다. 주택이나 상가의 건축을 염두에 두고 큰돈을 들여 땅을 구매했는데, 도로의 조건이 규정에 맞지 않아 건축허가를 받을 수 없다면 땅의 가치는 그만큼 하락하게 된다. 심지어 쓸모없는 땅이 되기도 한다. 건축허가를 위한 도로는 여러 법규의 다양한 조항을 적용받기 때문이다. 다른 사람의 토지를 이용해서 건축법상 사도를 확보할 때도 비용을 들여서 만드는 방법이 있고, 전혀 들이지 않고 도로를 확보하는 방법도 있다. 또한 이미 도로를 확보했어도 하수도나, 가스배관공사 시 별도의 사용권을 확보해야 되는 경우도 있다.

땅에 조금이라도 관심을 가져본 사람이라면 도로가 얼마나 중요한지 알고 있다. "남 따라 땅 샀다가 나중에 알고 보니 맹지더라", "버젓이 도로가 있는데 집을 못 짓는다더라" 등 필자 주변에서도 뒤늦은 탄식을 하는 사람들의 이야기를 생각보다 많이 듣는다. 도로와 관련된 토지 투자가 그만큼 어렵다는 뜻이다.

이 책은 필자가 건축법상 도로에 대한 체계적인 이해를 돕기 위해 오래전부터 준비해온 것이다. 도로에 대한 법리적인 정의를 파악하고, 다양한 실전 사례를 통해 도로의 쓰임새와 활용을 체득하고 나면, 토지를 보는 눈이 180도 달라지리라 믿는다.

이종실

| 차례 |

PART

04

지적도상 도로 없이 건축허가 받기

PART

05

담당자의 주관적인 판단 사례

PART

01

도로의 종류

도로법상 도로

　도로법에 의한 도로는 '국토의 계획 및 이용에 관한 법률'에 따른 도시계획에 의해 설치한 후 도로로 고시되어 있는 도로가 도로법상 도로다. 토지의 주인이 국가나 지방자치단체이며, 불특정 다수의 통행을 위해 만든 노로를 '공로'라고 한다. 공로로 사용하는 토지는 도로법에 의해 도로대장에 기록하고, 고시 후 도로법으로 관리한다. 도로의 유지 관리에 필요한 시설도 도로법 대상이 된다. 또한 도로법에 의한 도로의 지하 공간에도 필요한 시설을 점용허가를 받아 설치할 수 있으며, 종류는 도로법 시행령에 정해져 있다.

도로법 [시행 2019. 6. 19]

제2조 정의
① 이 법에서 사용하는 용어의 뜻은 다음과 같다.
　　"도로"란 차도, 보도, 자전거도로, 측도, 터널, 교량, 육교 등 대통령령으로 정하는 시설로 구성된 것으로서 제10조에 열거된 것을 말하며, 도로의 부속물을

포함한다.

제10조 도로의 종류와 등급
도로의 종류는 다음 각 호와 같고, 그 등급은 다음 각 호에 열거한 순서와 같다.
1. 고속국도(고속국도의 지선 포함)
2. 일반국도(일반국도의 지선 포함)
3. 특별시도·광역시도
4. 지방도
5. 시도
6. 군도
7. 구도

제19조 도로 노선의 지정·고시 방법 등
1. 노선번호
2. 노선명
3. 기점, 종점
4. 주요 통과지
5. 그 밖에 필요한 사항

제56조 도로대장
① 도로관리청은 소관 도로에 대한 도로대장을 작성하여 보관하여야 한다.
② 제1항에 따른 도로대장의 작성, 기재사항, 보관, 그 밖에 필요한 사항은 국토교
통부령으로 정한다.

제62조 도로점용에 따른 안전관리 등
② 도로의 굴착이나 그 밖에 토지의 형질변경이 수반되는 공사를 목적으로 도로
점용허가를 받은 자는 해당 공사를 마치면 국토교통부령으로 정하는 바에 따
라 도로관리청의 준공확인을 받아야 한다. 이 경우 대통령령으로 정하는 주요
지하 매설물을 설치하는 공사를 마친 경우에는 그 준공도면을 도로관리청에
제출하여야 하며, 도로관리청은 국토교통부령으로 정하는 바에 따라 이를 보
관·관리하여야 한다.

제75조 도로에 관한 금지행위
누구든지 정당한 사유 없이 도로에 관하여 다음 각 호의 행위를 하여서는 아니 된다.
1. 도로를 손궤하는 행위
2. 도로에 토석, 죽목, 그 밖의 장애물을 쌓아놓는 행위
3. 그 밖에 도로의 구조나 교통에 지장을 끼치는 행위

도로법에 의한 도로 너비 종류

구분	1류	2류	3류
광로	70m 이상	50m 이상 70m 미만	40m 이상 50m 미만
대로	35m 이상 40m 미만	30m 이상 35m 미만	25m 이상 30m 미만
중로	20m 이상 25m 미만	15m 이상 20m 미만	12m 이상 15m 미만
소로	10m 이상 12m 미만	8m 이상 10m 미만	3m 이상 8m 미만

도로법 시행령 [시행 2019. 3. 19]

제55조 점용허가를 받을 수 있는 공작물 등

법 제61조 제2항에 따라 도로점용허가를 받아 도로를 점용할 수 있는 공작물·물건, 그 밖의 시설의 종류는 다음 각 호와 같다.

1. 전주·전선, 공중선, 가로등, 변압탑, 지중배전용기기함, 무선전화기지국, 종합유선방송용 단자함, 발신전용휴대전화기지국, 교통량검지기, 주차측정기, 전기자동차 충전시설, 태양광발전시설, 태양열발전시설, 풍력발전시설, 우체통, 소화전, 모래함, 제설용구함, 공중전화, 송전탑, 그 밖에 이와 유사한 것
2. 수도관·하수도관·가스관·송유관·전기관·전기통신관·송열관·농업용수관·작업구(맨홀)·전력구·통신구·공동구·배수시설·수질자동측정시설·지중정착장치·암거, 그 밖에 이와 유사한 것

제59조 주요지하매설물

법 제62조 제2항 후단에서 "대통령령으로 정하는 주요 지하 매설물"이란 다음 각 호의 시설을 말한다.

1. 「도시가스사업법」 제2조 제5호에 따른 가스공급시설
2. 「송유관 안전관리법」 제2조 제2호에 따른 송유관
3. 「수도법」 제3조 제7호에 따른 광역상수도와 같은 조 제8호 및 제10호에 따른 지방 상수도 및 공업용수도 중 관로시설
4. 「전기사업법」 제2조 제16호에 따른 전기설비 중 발전소 상호 간, 변전소 상호 간 또는 변전소와 발전소 간의 154,000볼트 이상의 송전시설
5. 「전기통신기본법」 제2조 제3호에 따른 전기통신회선설비 중 외접관경이 3미터 이상인 전기통신관에 수용되는 전송·선로설비

농어촌 도로 정비법에 의한 도로

농어촌 도로 정비법은 1991년 12월에 제정된 법으로 농어촌의 도로 망을 확충하기 위한 특별법으로 제정됐다. 면도, 이도, 농도로 구별해 군수가 열악한 농어촌에 국가의 재정으로 도로를 만들어줄 것을 요청해 만드는 도로다. 설치 후 도로법에 의한 도로로 고시되며, 도로법에 의해 관리한다.

국도와 지방도로는 건설교통부나 도지사의 계획에 의해 건설되지만, 읍 이하의 주민을 위한 도로건설은 국가나 도의 도로계획에서는 사실 상 제외될 수밖에 없다. 따라서 읍 이하의 농어촌에서 도로가 열악한 곳의 교통 편익과 생산, 유통, 건축 등이 어려운 읍 이하의 지역에 지자체 신청에 의한 면도, 이도, 농도를 정비하기 위한 농어촌 도로정비법이 제정되어 시행되고 있다. 이 법에 의해 그동안 낙후된 읍 이하의 도로도 정비하게 되면서 농어촌의 도로환경도 좋아지고 있다.

그러나 대한민국 전체의 읍 미만의 지역에 건축법상 도로를 만드는 것이 한계에 이르자 2008년 3월 21일 읍 미만의 지역에는 건축법 제44조와 제45조를 적용하지 않는다는 건축법을 개정해서 읍 미만의 지역에서는 건축법상 도로 없이도 건축허가가 가능해지기 시작했다. 그러나 현실에서는 읍 미만의 지역이라도 건축담당자의 주관에 따라 건축법상 도로의 여건(건축법 제44조, 제45조)을 요구하는 공무원들도 있다.

농어촌도로 정비법 [시행 2017. 9. 22] [법률 제14839호, 2017. 7. 26 타법 개정]

제2조 농어촌도로의 정의
① 이 법에서 "농어촌도로"란 「도로법」에 규정되지 아니한 도로(읍 또는 면 지역의 도로만 해당한다)로서 농어촌지역 주민의 교통 편익과 생산·유통활동 등에 공용되는 공로 중 제4조 및 제6조에 따라 고시된 도로를 말한다.

제4조 도로의 종류 및 시설기준 등
① 이 법에서 도로는 면도, 이도및 농도로 구분한다.
② 제1항에 따른 도로의 종류별 기능은 다음 각 호와 같다〈개정 2014. 1. 14〉.
  1. 면도 : 「도로법」 제10조 제6호에 따른 군도 및 그 상위 등급의 도로와 연결되는 읍·면 지역의 기간도로
  2. 이도 : 군도 이상의 도로 및 면도와 갈라져 마을 간이나 주요 산업단지 등과 연결되는 도로
  3. 농도 : 경작지 등과 연결되어 농어민의 생산 활동에 직접 공용되는 도로

제6조 도로 기본계획의 수립
① 군수는 시도 군도 이상의 도로를 중심으로 관할 구역의 도로에 대한 장기개발 방향의 지침이 될 도로 기본계획을 수립하여야 한다.

제9조 도로의 노선 지정
① 군수는 제8조에 따라 사업계획이 확정된 도로에 대하여는 그 노선을 지정하여야 한다.
⑤ 군수는 제1항이나 제2항에 따라 노선을 지정한 경우에는 행정안전부령으로 정하는 바에 따라 그 사실을 공고하고 일반인에게 열람하게 하여야 한다. 노선 지정을 변경한 경우에도 또한 같다.

제14조 도로 대장
① 군수는 제9조에 따라 도로의 노선을 지정하였을 때에는 도로 대장을 작성하여 보관하여야 한다.
② 도로 대장의 작성·보관 등과 그 밖에 필요한 사항은 행정안전부령으로 정한다.

시행령

제4조 도로정비 허가신청

① 군수 외의 자가 법 제5조 제2항의 규정에 의하여 도로정비허가를 받고자 할 때에는 다음 사항을 기재한 도로정비허가신청서에 사업계획서를 첨부하여 군수에게 제출하여야 한다.

1. 도로의 종류와 노선명
2. 정비구간 또는 장소
3. 사업시행자의 성명 및 주소
4. 목적과 사유
5. 정비의 착수 및 준공예정일

제4조의2 경비의 지원 등

① 법 제5조 제3항에 따른 도로의 직선화 등 도로구조 개선사업 등을 시행하는 경우 그 사업에 소요되는 경비는 다음 각 호의 구분에 따라 산정한다.

1. 공사비 : 해당 도로의 구조를 개선하기 위하여 필요한 전체 사업비 중에서 보상비와 설계비를 제외한 비용
2. 보상비 : 토지매입비, 건물 및 입목에 대한 보상비, 영업권 등 소유권 외의 권리에 대한 보상비, 이주 대책비, 그 밖의 간접보상비 등 해당 도로의 구조를 개선하기 위한 부지를 확보하는 데에 필요한 모든 비용
3. 설계비 : 해당 도로의 구조를 개선하기 위하여 필요한 조사·설계비용

'공간정보의 구축 및 관리 등에
관한 법률'에 의한 도로

1 지목이란

　지적법은 1950년 토지의 법률적 적용범위를 정해 토지 세금의 등급을 위해 제정한 법률이었다. 이후 토지의 면적과 지목 번지수 등을 적용해 토지의 관리 및 거래의 중심이 됐으며, 등기부등본에도 적용됐다. 그 후 2009년 지적공사가 설립되면서 지적법은 측량 수로조사 및 지적에 관한 법률로 변경됐다가 다시 2016년 9월에 지적공사가 한국국토정보공사로 변경되어 지금은 '공간정보의 구축 및 관리 등에 관한 법률'로 제정되어 관리되고 있다.

　지목은 토지의 주된 용도에 따라 토지의 종류를 구분해서 지적공부에 등록한 토지를 칭하는 말로 '공간정보의 구축 및 관리 등에 관한 법률'의 제67조를 통해 28가지의 지목이 결정되었다. 지목은 지목의 용도대로 사용하라는 의미가 아니다. 과거에 사용했던 결과로 지목이 결정되며, 토지의 사용 목적을 변경 시 허가를 받으라는 의미가 주목적이다(토지의 용도변경).

모든 토지는 이 법이 정하는 것에 따라 필지마다 지목은 물론, 지번이나 경계, 면적을 지적공부(토지대장, 지적도, 임야대장, 임야도)에 등록하도록 하고 있으며, 지목을 설정할 때는 '일 필지, 일 지목'의 원칙에 따라 하나의 필지에 한 개의 지목만 설정되며, 한 필지의 토지 안에서 일부의 토지 사용이 변경되는 부분은 분할되며 지목도 변경된다. 즉 하나의 필지였으나 사용이 변경되는 곳의 지목 표기를 위해 토지가 분할되는 것이다.

그러나 토지 사용의 목적이 변경되어도 지목은 토지주가 지적과에 지목 변경을 신청하지 않으면 그 토지는 예전 지목 그대로다. 예를 들면 농지에 주택을 건축하려면 농지과에 농지전용허가를, 건축과에 건축허가를 신청해서 건축허가를 받은 후 건축물을 준공하면 건축물관리대장을 건축과에서 만들어 준다. 이 건축물관리대장을 토지주가 지적과에 제출하면 지목이 대지로 변경되지만, 토지주가 지적과에 지목 변경을 신청하지 않는다면 건축과에서는 대지이지만, 지적과에서는 전으로 분류된다.

결과적으로 토지주가 지목 변경신청을 하지 않은 경우에는 지목과 현황이 다를 수 있다. 건축법에서 다른 사람의 토지를 이용해 진입도로로 사용하는 경우, 토지주가 지목변경을 신청하지 않아 분할도 되지 않으며, 현황은 도로로 사용 중이지만 지목이 다른 경우가 많다. 이러한 경우 현황 도로가 된다.

제2조 정의

이 법에서 사용하는 용어의 뜻은 다음과 같다.

21. "필지"란 대통령령으로 정하는 바에 따라 구획되는 토지의 등록단위를 말한다.
22. "지번"이란 필지에 부여하여 지적공부에 등록한 번호를 말한다.
24. "지목"이란 토지의 주된 용도에 따라 토지의 종류를 구분하여 지적공부에 등록한 것을 말한다.
31. "분할"이란 지적공부에 등록된 1필지를 2필지 이상으로 나누어 등록하는 것을 말한다.
32. "합병"이란 지적공부에 등록된 2필지 이상을 1필지로 합하여 등록하는 것을 말한다.
33. "지목변경"이란 지적공부에 등록된 지목을 다른 지목으로 바꾸어 등록하는 것을 말한다.

제64조 토지의 조사·등록 등

① 국토교통부장관은 모든 토지에 대하여 필지별로 소재·지번·지목·면적·경계 또는 좌표 등을 조사·측량하여 지적공부에 등록하여야 한다.

② 지적공부에 등록하는 지번·지목·면적·경계 또는 좌표는 토지의 이동이 있을 때 토지 소유자의 신청을 받아 지적소관청이 결정한다. 다만, 신청이 없으면 지적소관청이 직권으로 조사·측량하여 결정할 수 있다.

제67조 지목의 종류

지목은 전·답·과수원·목장용지·임야·광천지·염전·대(垈)·공장용지·학교용지·주차장·주유소용지·창고용지·도로·철도용지·제방(堤防)·하천·구거(溝渠)·유지(溜池)·양어장·수도용지·공원·체육용지·유원지·종교용지·사적지·묘지·잡종지로 구분하여 정한다.

제58조 지목의 구분

법 제67조 제1항에 따른 지목의 구분은 다음 각 호의 기준에 따른다.

8. 대

가. 영구적 건축물 중 주거·사무실·점포와 박물관·극장·미술관 등 문화시설과 이에 접속된 정원 및 부속시설물의 부지

나. 「국토의 계획 및 이용에 관한 법률」 등 관계 법령에 따른 택지조성공사가 준공된 토지

11. 주차장

자동차 등의 주차에 필요한 독립적인 시설을 갖춘 부지와 주차전용 건축물 및 이에 접속된 부속시설물의 부지. 다만, 다음 각 목의 어느 하나에 해당하는 시설의 부지는 제외한다.

가. 「주차장법」 제2조 제1호 가목 및 다목에 따른 노상주차장 및 부설주차장

　　(「주차장법」 제19조 제4항에 따라 시설물의 부지 인근에 설치된 부설주차장은 제외한다)

나. 자동차 등의 판매 목적으로 설치된 물류장 및 야외전시장

14. 도로

다음 각 목의 토지. 다만, 아파트·공장 단일 용도의 일정한 단지 안에 설치된 통로 등은 제외한다.

가. 일반 공중의 교통 운수를 위하여 보행이나 차량운행에 필요한 일정한 설비 또는 형태를 갖추어 이용되는 토지

나. 「도로법」 등 관계 법령에 따라 도로로 개설된 토지

다. 고속도로의 휴게소 부지

라. 2필지 이상에 진입하는 통로로 이용되는 토지

28. 잡종지

다음 각 목의 토지. 다만, 원상회복을 조건으로 돌을 캐내는 곳 또는 흙을 파내는 곳으로 허가된 토지는 제외한다.

가. 갈대밭, 실외에 물건을 쌓아두는 곳, 돌을 캐내는 곳, 흙을 파내는 곳, 야외시장, 비행장, 공동우물

나. 영구적 건축물 중 변전소, 송신소, 수신소, 송유시설, 도축장, 자동차운전학원, 쓰레기 및 오물처리장 등의 부지

다. 다른 지목에 속하지 않는 토지

2 지목에 의한 도로와 통로

(1) 도로

모든 토지는 지목이 있으며, 지목에 의한 도로는 28가지 중 하나다. '공간정보의 구축 및 관리 등에 관한 법률'에 의한 토지의 지목이 도로라는 뜻이다. 도로로 사용했으나 환경의 변화에 따라 형태나 너비와 관계없이 폐도로나 장애물이 있어 실질적으로 사용할 수 없는 도로라고 해도 지목이 '도'인 것을 뜻한다. 도로로 사용한 적이 있어 지목이 '도'로 되어 있으나 현황상 도로로 사용하고 있지 않아도 지목변경을 하지 않으면 그대로 '도'다. 지적도에 있는 지목이 도로라고 해도 현재 사용하지 않는 폐도로는 건축법에서 도로로 인정하지 않는다.

지목의 특성은 도로와 관련해 유념해둘 필요가 있다. 지목이 도로라고 하더라도 현황이 통행로로 사용할 수 없다면, 지목만 도로일 뿐 도로가 아니다. 이런 경우는 건축법상 도로로 인정받을 수 없어 건축허가를 받을 수 없다. 즉 지목상 '도'와 건축법상 도로는 차이가 있음을 명심해야 한다. 반대로 지목은 '도'가 아니지만, 현황이 자동차와 사람의 통행이 가능한 경우에는 건축법상 도로로 인정받을 수 있다. 건축법에서 도로의 요구조건은 지목이나 토지주와 관계없이 사실상 자동차나 사람의 통행이 가능한 현황에 의해 결정된다.

그러나 아파트 단지 내의 현황도로는 건축법상 도로도 아니며, 도로법 대상도 아니다. 물론 지적도에도 '도'로 표시되지 않는다. 주민들이 사용의 편리함을 위해 대지의 일부를 임의 포장해 사용하는 것이다. 공장 내의 도로 또는 공원 내의 도로도 마찬가지다. 그러나 고속도로의 휴게소 부지는 지목이 '도'이며, 도로법 적용을 받는 토지다. 건축법에 의해 건축물을 건축하기 위해서는 사람과 자동차 통행이 가능한 도로에 접해야 하나, 고속도로는 사람의 통행이 불가능해 건축허가가 불가능하다. 따라서 고속도로의 휴게소는 고속도로를 유지·관리를 위한 건축물을 고속도로에 설치할 수 있다는 규정에 따라 건축됐기에 휴게소 부지는 '도'다.

(2) 통로

도로와 통로는 그 성격이 분명히 다르다. 건축법에 의한 도로는 앞서 설명한 것처럼 국토의 계획 및 이용에 관한 법률, 사도법, 도로법, 기타 관계 법령에서 지정된 것이거나 시장, 군수, 구청장이 위치를 지정하는 것을 말하지만, 통로는 그런 절차와 관계없이 사실상 통행할 수 있는 통로를 말한다.

건축법에서는 지목과 관계없이 사람과 자동차가 통행할 수 있으면 건축법상 도로다. 즉 통로도 요건만 맞으면 건축법상 도로가 된다. 그러나 건축법에서 도로로 인정해도 토지주의 사용승낙을 요구하는 것은 개인의 사유재산의 보호를 위함이다. 지적법의 제18조나 측량수로조사 및 지적에 관한 법률 제81조나 공간정보 구축에 관한 법률 제81조를 보면, 모두 토지주가 지목변경을 신청하지 아니하면 지적공사에서 지목변경은 하지 못하며, 예전 지목 그대로 유지될 수밖에 없다.

즉 건축법에 의해 토지주가 건축법상 도로를 사용승인해도 토지주가 지목변경을 신청하지 않으면 지적법(현 공간정보 구축 및 관리에 의한 법률)에 의해 지적도에는 예전 지목이 그대로 있는 것이다. 따라서 통로나 건축법상 도로는 지목의 문제일 뿐 의미가 없다. 민법에 의한 토지 주의 이해관계인 보호에 의한 사용승낙이 필요한 도로인지, 아니면 사용승낙을 안 받아도 되는 건축법에 의한 도로인지의 구분이 필요할 뿐이다.

제81조 지목변경 신청

토지 소유자는 지목변경을 할 토지가 있으면 대통령령으로 정하는 바에 따라 그 사유가 발생한 날부터 60일 이내에 지적소관청에 지목변경을 신청하여야 한다.

시행규칙 제84조 지목변경 신청

① 영 제67조 제2항에서 "국토교통부령으로 정하는 서류"란 다음 각 호의 어느 하나에 해당하는 서류를 말한다.

1. 관계법령에 따라 토지의 형질변경 등의 공사가 준공되었음을 증명하는 서류의 사본
2. 국유지·공유지의 경우에는 용도폐지되었거나 사실상 공공용으로 사용되고 있지 아니함을 증명하는 서류의 사본
3. 토지 또는 건축물의 용도가 변경되었음을 증명하는 서류의 사본

② 개발행위허가·농지전용허가·보전산지전용허가 등 지목변경과 관련된 규제를 받지 아니하는 토지의 지목변경이나 전·답·과수원 상호 간의 지목변경인 경우에는 제1항에 따른 서류의 첨부를 생략할 수 있다.

(3) 하급기관에서 상급기관에 건축법상 도로에 관한 질의

지목이 도로가 아니라도 건축법상 도로로 볼 수 있는지 질의

◉ 질의

자동차 및 사람의 통행이 가능한 너비 6m의 포장된 현황도로(지목은 '도'가 아님)를 건축법상 도로로 볼 수 있는지 여부

◉ 회신

건축법상 도로라 함은 건축법 제2조 제11호의 규정에 의해 보행 및 자동차 통행이 가능한 너비 4m 이상의 도시계획법과 도로·사도법에 의한 도로와 건축허가(신고) 시 지정한 도로를 말하는 것으로, 상기 규정에 의한 도로는 지목에 관계없이 건축법상 도로로 인정됨.

◉ 질의

너비 6m의 통과도로상에 국유지인 대지가 가로막고 있을 경우, 이를 통과도로로 인정할 수 있는지 여부

◉ 회신

건축법상 도로라 함은 건축법 제2조 제11호의 규정에 의해 보행 및 자동차 통행이 가능한 너비 4m 이상의 도시계획법과 도로·사도법에 의한 도로와 건축허가(신고) 시 지정한 도로를 말하는 것으로, 이에 해당하는 경우에는 지적법에 의한 지목, 또는 국유재산법에 의한 국유지 여부와는 관계없음.

3 지적법의 변화 과정과 역할

지적법
[시행 1950. 12. 1] [법률 제165호, 1950. 12. 1 제정]

측량·수로조사 및 지적에 관한 법률
[시행 2009. 12. 10] [법률 제9774호, 2009. 6. 9 제정]

공간정보의 구축 및 관리 등에 관한 법률
[시행 2015. 6. 4] [법률 제12738호, 2014. 6. 3 일부개정]

지적법 [시행 1950. 12. 1] [법률 제165호, 1950. 12. 1 제정]

제4조

세무서에 토지대장을 비치하고 좌의 사항을 등록한다.

1. 토지의 소재
2. 지번
3. 지목
4. 지적
5. 소유자의 주소 및 성명 또는 명칭
6. 질권 또는 지상권의 목적인 토지에 대하여서는 그 질권자 또는 지상권자의 주소 및 성명 또는 명칭

제18조

토지의 지목을 변경하였을 때에는 대통령령에 정하는 바에 의하여 토지 소유자는 30일 이내에 정부에 신고하여야 한다.

제33조
토지 소유자가 변경되었을 경우에는 구소유자가 하여야 할 신고는 소유자의 변경이 있을 날로부터 30일 이내에 신소유자가 이를 하여야 한다.

제36조
세무에 종사하는 공무원은 토지의 검사, 토지의 측량을 하고 또는 토지의 소유자, 질권자, 지상권자 기타 이해관계인에 대하여 필요한 사항을 질문할 수 있다.

측량 · 수로조사 및 지적에 관한 법률
[시행 2009. 12. 10] [법률 제9774호, 2009. 6. 9 제정]

제1조 목적
이 법은 측량 및 수로조사의 기준 및 절차와 지적공부의 작성 및 관리 등에 관한 사항을 규정함으로써 국토의 효율적 관리와 해상교통의 안전 및 국민의 소유권 보호에 기여함을 목적으로 한다.

제58조 대한지적공사의 설립
① 지적측량과 지적제도에 관한 연구, 지적정보체계의 구축 등을 하기 위하여 대한지적공사를 설립한다.
② 공사는 법인으로 한다.
③ 공사는 그 주된 사무소의 소재지에서 설립등기를 함으로써 성립한다.
④ 공사의 설립등기에 필요한 사항은 대통령령으로 정한다.

제64조 토지의 조사 · 등록 등
① 국토해양부장관은 모든 토지에 대하여 필지별로 소재 · 지번 · 지목 · 면적 · 경계 또는 좌표 등을 조사 · 측량하여 지적공부에 등록하여야 한다.
② 지적공부에 등록하는 지번 · 지목 · 면적 · 경계 또는 좌표는 토지의 이동이 있을 때 토지 소유자의 신청을 받아 지적소관청이 결정한다. 다만, 신청이 없으면 지적소관청이 직권으로 조사 · 측량하여 결정할 수 있다.

제69조 지적공부의 보존 등
① 지적소관청은 해당 청사에 지적서고를 설치하고 그곳에 지적공부를 영구히 보존하여야 하며, 다음 각 호의 어느 하나에 해당하는 경우 외에는 해당 청사 밖으로 지적공부를 반출할 수 없다.

제81조 지목변경 신청
토지 소유자는 지목변경을 할 토지가 있으면 대통령령으로 정하는 바에 따라 그 사유가 발생한 날부터 60일 이내에 지적소관청에 지목변경을 신청하여야 한다.

공간정보의 구축 및 관리 등에 관한 법률
[시행 2015. 6. 4] [법률 제12738호, 2014. 6. 3 일부개정]

지적공사는 한국국토정보공사로 명칭을 변경하며, 측량·수로조사 및 지적에 관한 법률은 공간정보의 구축 및 관리 등에 관한 법률로 변경된다.
「국가공간정보기본법」제12조 한국국토정보공사의 설립 2015. 6. 4 시행

제1조 목적

이 법은 측량 및 수로조사의 기준 및 절차와 지적공부·부동산종합공부의 작성 및 관리 등에 관한 사항을 규정함으로써 국토의 효율적 관리와 해상교통의 안전 및 국민의 소유권 보호에 기여함을 목적으로 한다〈개정 2013. 7. 17〉.

제12조 한국국토정보공사의 설립

① 공간정보체계의 구축 지원, 공간정보와 지적제도에 관한 연구, 기술 개발 및 지적측량 등을 수행하기 위하여 한국국토정보공사를 설립한다.
② 공사는 법인으로 한다.
③ 공사는 그 주된 사무소의 소재지에서 설립등기를 함으로써 성립한다.
④ 공사의 설립등기에 필요한 사항은 대통령령으로 정한다.
[본조신설 2014. 6. 3]

제64조 토지의 조사·등록 등

① 국토교통부장관은 모든 토지에 대하여 필지별로 소재·지번·지목·면적·경계 또는 좌표 등을 조사·측량하여 지적공부에 등록하여야 한다〈개정 2013. 3. 23〉.
② 지적공부에 등록하는 지번·지목·면적·경계 또는 좌표는 토지의 이동이 있을 때 토지 소유자의 신청을 받아 지적소관청이 결정한다. 다만, 신청이 없으면 지적소관청이 직권으로 조사·측량하여 결정할 수 있다.

제69조 지적공부의 보존 등

① 지적소관청은 해당 청사에 지적서고를 설치하고 그곳에 지적공부를 영구히 보존하여야 하며, 다음 각 호의 어느 하나에 해당하는 경우 외에는 해당 청사 밖으로 지적공부를 반출할 수 없다.

제81조 지목변경 신청

토지 소유자는 지목변경을 할 토지가 있으면 대통령령으로 정하는 바에 따라 그 사유가 발생한 날부터 60일 이내에 지적소관청에 지목변경을 신청하여야 한다.

사도

1 사도법

사도는 개인이 필요한 도로를 1962년도에 제정된 사도법에 의해 만들어지기 시작했다. '사도법에 의한 사도 설치 시 고시해야 한다'라고만 되어 있으며, 이것을 사도대장에 기록, 관리한다는 법규는 없었다. 건축법에서도 사도 사용 시 토지주의 사용승낙을 받을 것만 요구했을 뿐 사도에 관한 기록, 관리 규정은 없었다. 또한 사도법이나 건축법에서는 사도로 허가를 받아 사용하고 있어도 토지주의 변경에 의해 사도 사용의 권리 및 사용 승계의 근거가 없다. 따라서 사도를 이용한 건축물의 변경(신축, 증축, 개축 등)이 없으면 그대로 사도를 사용하면 되지만, 토지주가 건축허가사항을 변경할 경우 담당자의 주관에 따라 사용승인의 요구가 있을 수 있다.

이러한 경우가 생기는 가장 큰 이유는 토지주의 지목 변경 신청이 없으면 여전히 예전 지목(전 또는 임야, 대지 등) 그대로다. 따라서 예전 토지주가 도로로 사용 승인했다는 근거가 어디에도 남아 있지 않다. 따라서 해당 부서에서는 사용승낙을 재차 요구하게 된다. 다만 2013년 3월 13일 이후의 건축법에 의한 사용승낙 시는 건축법에 의한 〈개정 2013. 3. 23〉이후부터 건축법에 의한 사도대장에 그 내용을 기록하고 관리해야 한다는 규정이 생기게 됐다. 현재는 국토의 계획 및 이용에 관한 법률에 의한 개발행위허가로 사도를 설치하게 되면 사도법에 기록 관리되며, 사도법 적용대상이 된다. 사도 설치 시에는 지목이나 주인과 관계없이 토지주의 사용승낙만 받으면 누구나 설치할 수 있다.

공간정보의 구축 및 관리 등에 관한 법률에 의한 지목은 전부 28종류며, 지목에 의한 특별법을 적용받는 토지는 ① 농지법에 의한 농지, ② 산지관리법에 의한 임야, ③ 도로법에 의한 도로대장에 등록된 토지는 지목에 의한 특별법에의 규제를 받는다. 그러나 그 외의 지목은 지목 설정 당시 사용하고 있는 상태로 만들어진 지목이며, 토지주의 지목 변경 신청이 없으면 예전 그대로의 지목이 지적도에 적혀있다.

일선 관청의 공무원들도 2013년 3월 23일 이전에 사도대장에 기록 관리되지 않는 통로는 토지주의 사용승인에 의한 도로인지, 아니면 사용승낙 없이 사용하는 통로인지 구별할 수 없다. 따라서 대부분의 공무원들은 현재의 상태로 사용은 문제없으나 새로운 건축허가 시 사용승낙을 받아오는 것을 주문하게 된다.

이러한 경우를 정리하기 위해 일부 지방자치단체는 현황통로를 이용해 한 번이라도 정식 건축허가를 받은 경우, 또다시 사용승낙을 받지 아니해도 된다는 조례를 제정하게 된다. 현황도로 또는 통로로 사용 중인 토지가 개인 소유인 경우 여러 가지 변수가 적용된다.

첫 번째 건축법상 도로는 4미터 이상이어야 한다는 조항이 만들어지기 전부터 형성된 주거단지는 일선 공무원들이 '마을안길'이라고 부르며, 건축법 제44조에 의한 출입에 지장이 없는 경우를 적용해 건축법에서의 도로 조건을 충족(도로너비, 도로주인)하지 못해도 대부분 건축허가를 해주고 있다. 그러나 이러한 경우에도 마을 입구의 현황도로 또는 여러 가구가 사용하지 않고 한 가구만 사용하는 현황도로의 경우, 담당자의 주관에 의해 결과는 달라진다.

두 번째 건축법상 도로는 4미터 이상이어야 하나 첫 번째 이야기한 마을안길이 아닌 경우에도 사찰 등 읍 미만의 지역에서는 건축법상 도로를 충족하지 못해도 건축허가를 내주는 방향으로 건축법이 개정됐다. 따라서 이 법규를 적용하면 읍 미만의 지역에서는 건축법상 도로의 규정을 적용하지 않을 수도 있다.

세 번째 사도법에 의해 사도로 만들어진 경우에도 사도대장의 기록이 없는 경우 사도법 적용을 꺼리는 것이 대부분이다. 이유는 사도대장에 의한 사도라도 토지주의 변경 시 권리변경, 의무 승계에 관한 법규가 없다. 따라서 예전 토지주에 의해 사도로 만들어졌어도 현재 토지주의 사용승낙을 요구하는 담당자도 있을 수 있다. 어느 것이 올바른 태도라고 정의하기 어렵다. 건축하기 위한 도로의 법규의 적용 범위가 도로법, 사도법, 건축법, 지적법, 민법, 개발행위 등이 얽혀 적용되기에 일선 공무원 담당자들이 어느 법을 중점적으로 적용하느냐에 따른 견해는 담당자의 주관에 의해 각자 다르다. 따라서 똑같은 상황에서도 결과는 180도 다를 수 있다.

구 사도법
사도법 시행령 [시행 1962. 1. 1] [법률 제872호, 1961. 12. 27 제정]

제7조 대장의 작성, 보관
시장 또는 군수는 그 허가한 사도의 대장을 작성하여 이를 보관하여야 한다.

사도법 [시행 2019. 1. 19]

제2조 정의
이 법에서 "사도"란 다음 각 호의 도로가 아닌 것으로서 그 도로에 연결되는 길을 말한다. 다만, 제3호 및 제4호의 도로는 「도로법」 제50조에 따라 시도 또는 군도 이상에 적용되는 도로 구조를 갖춘 도로에 한정한다.
1. 「도로법」 제2조 제1호에 따른 도로
2. 「도로법」의 준용을 받는 도로
3. 「농어촌도로 정비법」 제2조 제1항에 따른 농어촌도로
4. 「농어촌정비법」에 따라 설치된 도로

제3조 적용 제외
이 법은 다음 각 호의 도로에는 적용하지 아니한다.
1. 다른 법률에 따라 설치하는 도로
2. 공원, 광구, 공장, 주택단지, 그 밖에 동일한 시설 안에 설치하는 도로

제4조 개설허가 등
① 사도를 개설·개축·증축 또는 변경하려는 자는 특별자치시장, 특별자치도지사 또는 시장·군수·구청장의 허가를 받아야 한다.
② 제1항에 따른 허가를 받으려는 자는 허가신청서에 국토교통부령으로 정하는 서류를 첨부하여 시장·군수·구청장에게 제출하여야 한다〈개정 2013. 3. 23〉.
③ 시장·군수·구청장은 다음 각 호의 어느 하나에 해당하는 경우를 제외하고는 제1항에 따른 허가를 하여야 한다.

1. 개설하려는 사도가 제5조에 따른 기준에 맞지 아니한 경우
2. 허가를 신청한 자에게 해당 토지의 소유 또는 사용에 관한 권리가 없는 경우
3. 이 법 또는 다른 법령에 따른 제한에 위배되는 경우
4. 해당 사도의 개설·개축·증축 또는 변경으로 인하여 주변에 거주하는 주민의 사생활 등 주거환경을 심각하게 침해하거나 사람의 통행에 위험을 가져올 것으로 인정되는 경우

④ 시장·군수·구청장은 제1항에 따른 허가를 하였을 때에는 지체 없이 그 내용을 공보에 고시하고, 국토교통부령으로 정하는 바에 따라 사도 관리대장에 그 내용을 기록하고 보관하여야 한다〈개정 2013. 3. 23.〉.

제7조 사도의 관리
사도는 사도개설자가 관리한다.

사도법 시행령 [시행 2017. 1. 1]

제4조 통행의 제한 또는 금지 등
① 법 제9조 제1항 제3호에서 "대통령령으로 정하는 사유"란 다른 법률에 따라 통행의 제한 또는 금지가 필요한 경우를 말한다.
② 법 제9조 제1항 각 호 외의 부분 단서에 따라 사도의 통행을 제한 또는 금지하려는 자는 국토교통부령으로 정하는 사도통행 제한 또는 금지 허가신청서를 시장·군수·구청장에게 제출하여야 한다.

제5조 사용료 징수허가 신청 등
① 법 제10조에 따라 사용료를 징수하려는 자는 국토교통부령으로 정하는 사도 사용료 징수허가신청서를 시장·군수·구청장에게 제출하여야 한다.
② 제1항에 따른 신청을 받은 시장·군수·구청장은 법 제10조에 따라 사용료 징수를 허가하려는 경우에는 다음 각 호의 사항을 고려하여야 한다.
1. 사도를 유지 또는 관리하는 데 드는 비용
2. 법 제14조에 따라 보조금을 받은 경우 해당 보조금의 가액
3. 제1호의 비용 중 사도개설자 외의 다른 사용자가 해당 사도를 사용함에 따라 부담하여야 한다고 인정되는 비용
③ 법 제10조에 따라 사용료 징수허가를 받은 자는 보기 쉬운 장소에 그 허가내용을 적은 표지를 설치하여 공시하여야 한다.

제2조 허가신청서의 서식 등

「사도법」 제4조 제2항에 따라 허가를 받으려는 자는 별지 제1호 서식의 허가신청서에 다음 각 호의 서류를 첨부하여 특별자치시장·특별자치도지사 또는 시장·군수·구청장에게 제출하여야 한다. 이 경우 시장·군수·구청장은 「전자정부법」 제36조 제1항에 따른 행정정보의 공동이용을 통하여 토지 등기부등본을 확인하여야 한다.

1. 계획도면
2. 공사계획서
3. 공사경비 예산명세서
4. 설계도(평면도, 종단면도, 횡단면도, 그 밖에 주요 부분에 대한 상세도를 말한다)
5. 타인의 소유에 속하는 토지를 사용하려는 경우에는 그 사용 권한을 증명하는 서류

제3조 사도관리대장의 기록·보관

① 법 제4조 제4항에 따라 시장·군수·구청장이 기록하고 보관하여야 하는 사도관리대장은 별지 제2호 서식과 같다.
② 시장·군수·구청장은 사도관리대장의 관리책임자를 지정하고, 관리책임자가 사도관리대장에 실제 사도의 현황을 정확히 반영하여 관리하도록 하여야 한다.
③ 제1항에 따른 사도관리대장은 특별한 사유가 없으면 전자적 처리 방법으로 기록하고 보관하여야 한다.

② 사도관리대장

■ 사도법 시행규칙[별지 제2호 서식]

사도관리대장

(앞쪽)

관리번호				허가기관			
개요	시점(始點)						
	종점(終點)						
	사도의 전체 길이			사도의 너비			
	사도 허가일			사도 준공일			
	사도의 설치 목적						
개설자	성명(법인명)				생년월일(법인등록번호)		
	주소				전자우편		
	전화번호				휴대전화번호		
토지사용 권원확보	관련 지번	동의 면적(㎡)	동의 일자	토지 소유자	생년월일 (법인등록번호)	비고	
주요 시설물	시설물 종류		시설물 재원		시설물 위치		비고
	예시) 교량 등 구조물 및 안전시설						
변경사항	예시) 사도의 개축·증축·변경, 권리·의무의 승계 등으로 인한 변경사항을 기재						

작성자 : 직급	성명	(서명 또는 인)
확인자 : 직급	성명	(서명 또는 인)

건축법에 의한 도로
(제2조 1항 11호)

1 건축허가와 도로

건축법에 의해 건축허가를 받고자 하는 경우, 건축법에서 정하는 도로가 최소한 1개소 이상 접하지 아니하면 안 된다. 건축법 제2조 제11호에서 정하는 도로는 보행과 자동차 통행이 가능한 너비 4미터 이상의 도로여야 한다. 자동차 통행만 가능한 도로는 건축법에 의한 도로로 보지 않는다. 따라서 대지에 접한 도로가 자동차 통행만 가능한 고속도로, 고가도로, 자동차전용도로 등일 경우는 건축법에 의한 도로로 볼수 없다.

건축법상 '도로'는 보행 및 자동차 통행이 가능하며, 위급 시에도 소방차도 출입이 가능한 너비 4미터 이상의 도로로 규정하고 있다. 그러나 현재는 도로가 없어도 건축허가 신청 시 도로를 설치하겠다는 약속(장소와 너비를 지정)을 한 토지는 건축법상의 도로로 인정한다. 다만 건축물 준공 시까지 건축법상 도로가 준공되지 않으면 건축 준공허가를 받을 수 없다.

건축물의 용도와 규모에 따라 건축법에서 요구하는 도로의 너비는 차이가 있으나, 기본적으로는 너비가 4미터 이상이면 건축법상 도로로 인정된다. 건축법에서의 현황도로는 주인이나 지목과 관계없이 출입이 가능해야 하며, 이해관계인의 동의가 필요한 경우와 필요 없는 경우로 나뉜다. 예전부터 사용하던 도로의 너비가 4미터가 안 되는 경우 도로의 중심선에서 2미터를 후퇴한 선을 건축선으로 지정해 도로의 너비가 최소한 4미터 이상이 될 수 있도록 건축법에서 정하고 있다.

한편 지형적 조건(고지대나 오래된 주택지 등)으로 인해 자동차 통행이 불가능한 경우와 막다른 골목의 경우에는 유사시 소화나 피난할 때 지장이 없도록 그 너비와 길이에 관해 별도로 정해 건축법상 도로로 인정하는 규정이 있다. 건축허가 시 건축법상 도로의 필요 여부는 여러 규정이 있기에 현황 주변과 건축물의 용도나 규모에 따라 적용하는 법규가 달라질 수 있다.

첫 번째 건축법상 도로가 반드시 필요한 경우, 두 번째 제44조의 출입에 지장이 없는 경우, 세 번째 건축법 제3조의 읍 미만의 지역에서는 건축법 제44조와 제45조를 적용하지 않는 경우, 네 번째 건축법 제5조의 건축법 완화적용 경우, 다섯 번째 제45조의 주민이 오랫동안 통행로로 이용하고 있는 사실상의 통로로서 해당 지방자치단체의 조례로 정하는 것인 경우, 여섯 번째 주위토지통행권 인정 경우, 일곱 번째 예전부터 건축된 건축물을 멸실 후 신축하는 경우, 여덟 번째 건축허가 시 건축선에 의해 토지 일부가 진입도로를 가로막고 있는 경우 등 주변 현황과 도로의 사용상태, 만들어진 시기 등을 참작해 담당공무원들이 어떤 규정을 어떻게 적용하는지는 담당자의 주관에 의해 결정된다.

건축법

제2조 정의

① 이 법에서 사용하는 용어의 뜻은 다음과 같다.

  11. "도로"란 보행과 자동차 통행이 가능한 너비 4미터 이상의 도로로서 다음 각 목의 어느 하나에 해당하는 도로나 그 예정도로를 말한다.

    가. 「국토의 계획 및 이용에 관한 법률」, 「도로법」, 「사도법」, 그 밖의 관계 법령에 따라 신설 또는 변경에 관한 고시가 된 도로

    나. 건축허가 또는 신고 시에 특별시장·광역시장·특별자치시장·도지사·특별자치도지사 또는 시장·군수·구청장이 위치를 지정하여 공고한 도로

제44조 대지와 도로의 관계

① 건축물의 대지는 2미터 이상이 도로(자동차만의 통행에 사용되는 도로는 제외한다)에 접하여야 한다. 다만, 다음 각 호의 어느 하나에 해당하면 그러하지 아니하다.

  1. 해당 건축물의 출입에 지장이 없다고 인정되는 경우

  2. 건축물의 주변에 대통령령으로 정하는 공지가 있는 경우

  3. 「농지법」 제2조 제1호 나목에 따른 농막을 건축하는 경우

② 건축물의 대지가 접하는 도로의 너비, 대지가 도로에 접하는 부분의 길이, 그 밖에 대지와 도로의 관계에 관하여 필요한 사항은 대통령령으로 정하는 바에 따른다.

제45조 도로의 지정·폐지 또는 변경

① 허가권자는 제2조 제1항 제11호 나목에 따라 도로의 위치를 지정·공고하려면 국토교통부령으로 정하는 바에 따라 그 도로에 대한 이해관계인의 동의를 받아야 한다. 다만, 다음 각 호의 어느 하나에 해당하면 이해관계인의 동의를 받지 아니하고 건축위원회의 심의를 거쳐 도로를 지정할 수 있다(개정 2013. 3. 23).

  1. 허가권자가 이해관계인이 해외에 거주하는 등의 사유로 이해관계인의 동의를 받기가 곤란하다고 인정하는 경우

  2. 주민이 오랫동안 통행로로 이용하고 있는 사실상의 통로로서 해당 지방자치단체의 조례로 정하는 것인 경우

② 허가권자는 제1항에 따라 지정한 도로를 폐지하거나 변경하려면 그 도로에 대한 이해관계인의 동의를 받아야 한다. 그 도로에 편입된 토지의 소유자, 건축

주 등이 허가권자에게 제1항에 따라 지정된 도로의 폐지나 변경을 신청하는 경우에도 또한 같다.

③ 허가권자는 제1항과 제2항에 따라 도로를 지정하거나 변경하면 국토교통부령으로 정하는 바에 따라 도로관리대장에 이를 적어서 관리하여야 한다〈개정 2011. 5. 30. 2013. 3. 23〉.

제46조 건축선의 지정

① 도로와 접한 부분에 건축물을 건축할 수 있는 선은 대지와 도로의 경계선으로 한다. 다만, 제2조 제1항 제11호에 따른 소요 너비에 못 미치는 너비의 도로인 경우에는 그 중심선으로부터 그 소요 너비의 2분의 1의 수평거리만큼 물러난 선을 건축선으로 하되, 그 도로의 반대쪽에 경사지, 하천, 철도, 선로부지, 그 밖에 이와 유사한 것이 있는 경우에는 그 경사지 등이 있는 쪽의 도로경계선에서 소요 너비에 해당하는 수평거리의 선을 건축선으로 하며, 도로의 모퉁이에서는 대통령령으로 정하는 선을 건축선으로 한다.

② 특별자치시장·특별자치도지사 또는 시장·군수·구청장은 시가지 안에서 건축물의 위치나 환경을 정비하기 위하여 필요하다고 인정하면 제1항에도 불구하고 대통령령으로 정하는 범위에서 건축선을 따로 지정할 수 있다〈개정 2014. 1. 14〉.

③ 특별자치시장·특별자치도지사 또는 시장·군수·구청장은 제2항에 따라 건축선을 지정하면 지체 없이 이를 고시하여야 한다〈개정 2014. 1. 14.〉.

민법

제219조 주위토지통행권

① 어느 토지와 공로 사이에 그 토지의 용도에 필요한 통로가 없는 경우에 그 토지 소유자는 주위의 토지를 통행 또는 통로로 하지 아니하면 공로에 출입할 수 없거나 과다한 비용을 요하는 때에는 그 주위의 토지를 통행할 수 있고 필요한 경우에는 통로를 개설할 수 있다. 그러나 이로 인한 손해가 가장 적은 장소와 방법을 선택하여야 한다.

② 전항의 통행권자는 통행지소유자의 손해를 보상하여야 한다.

제220조 분할, 일부양도와 주위통행권

① 분할로 인하여 공로에 통하지 못하는 토지가 있는 때에는 그 토지 소유자는 공로에 출입하기 위하여 다른 분할자의 토지를 통행할 수 있다. 이 경우에는 보상의 의무가 없다.

② 전항의 규정은 토지 소유자가 그 토지의 일부를 양도한 경우에 준용한다.

2 대지와 도로의 관계 개정 날짜

건축법

제27조 대지와 도로와의 관계[시행 1962. 1. 20]
① 대지는 2미터 이상을 도로에 접하여야 한다. 단, 건축물의 주위에 넓은 공지가 있거나 기타의 사정으로 보안상 지장이 없을 때에는 예외로 한다.
② 제23조의 규정에 의한 건축물의 대지 또는 차고의 대지가 인접하는 도로의 폭, 그 대지가 도로에 접하는 부분의 길이 기타 그 대지와 도로와의 관계에 관하여 필요한 사항은 각 령으로 정한다.

제44조 대지와 도로의 관계[시행 2008. 3. 21]
① 건축물의 대지는 2미터 이상이 도로에 접하여야 한다. 다만, 다음 각 호의 어느 하나에 해당하면 그러하지 아니하다.
　1. 해당 건축물의 출입에 지장이 없다고 인정되는 경우
　2. 건축물의 주변에 대통령령으로 정하는 공지가 있는 경우

제44조 대지와 도로의 관계[시행 2019. 11. 1]
① 건축물의 대지는 2미터 이상이 도로에 접하여야 한다. 다만, 다음 각 호의 어느 하나에 해당하면 그러하지 아니하다.
　1. 해당 건축물의 출입에 지장이 없다고 인정되는 경우
　2. 건축물의 주변에 대통령령으로 정하는 공지가 있는 경우
　3. 「농지법」 제2조 제1호 나목에 따른 농막을 건축하는 경우

---

3 구 사도관리대장

[별지 제25호의 2서식] 〈신설 1994. 7. 21〉

대장번호　　　호		도로대장 지정번호　　　호	
건축허가	대지위치(신고)		
현　황	허가(신고)번호　　허가일　　년　　월　　일		
도로위치			
도로지정	지정구간　　　부터　　　까지		
위치도(축척)			
현황(축척)	도로길이　　　m	도로너비　　　m	지정면적　　　㎡
첨부 이해관계인(당해 대지의 소유자 등)의 동의서 작성자 직급　　　성명　　　(서명 또는 인) 확인자 직급　　　성명　　　(서명 또는 인)			

4 개정 후 건축법에 의한 도로관리대장

■ 건축법 시행규칙[별지 제27호서식] 〈개정 2012. 12. 12〉

도로관리대장

(2면 중 제1면)

지정번호		

대지위치		지번
건축주	생년월일(사업자 또는 법인등록번호)	허가(신고)번호
도로길이 m	도로너비 m	도로면적 ㎡

이해관계인동의서

아래 부분을 건축법 제45조에 따른 도로로 지정함에 동의합니다.
※ 지정된 도로는 건축법 제2조에 따른 도로로 인정됩니다.

관련 지번	동의 면적(㎡)	동의 일자	토지 소유자	생년월일(법인등록번호)	서명 또는 인

작성자 : 직급   성명   (서명 또는 인)
확인자 : 직급   성명   (서명 또는 인)

5 지형적 조건 등에 따른 도로의 구조와 너비

법 제2조 제1항 제11호 각 목 외의 부분에서 '대통령령으로 정하는 구조와 너비의 도로'란 다음 각 호의 어느 하나에 해당하는 도로를 말한다.

1. 특별자치도지사 또는 시장·군수·구청장이 지형적 조건으로 인하여 차량 통행을 위한 도로의 설치가 곤란하다고 인정하여 그 위치를 지정·공고하는 구간의 너비 3m 이상(길이가 10m 미만인 막다른 도로인 경우에는 너비 2m 이상)인 도로

2. 제1호에 해당하지 아니하는 막다른 도로로서 그 도로의 너비가 그 길이에 따라 각각 다음 표에 정하는 기준 이상인 도로

막다른 도로의 길이	도로의 너비
10m 미만	2m
10m 이상 35m 미만	3m
35m 이상	6m(도시지역이 아닌 읍, 면지역 4m)

6 건축법상 자동차가 통행할 수 없는 경우에 관한 질의

답변을 보면 자동차 통행이 불가능하더라도 허가권자가 판단해서 건축허가를 할 수도 있다고 답변하고 있다. 예를 들어, 계단이 있어서 자동차가 출입할 수 없는 곳에 있는 대지라고 하더라도 주차장 법규에 적합한 건축물은 담당자의 주관에 의해 건축허가가 가능하다고 하는 내용이다.

◉ 질의

자동차 통행이 불가능한 경우, 당해 건축물의 출입에 지장이 없는지 인정 여부 및 이에 따른 건축허가 가능 여부.

◉ 회신

당해 건축물의 용도 특성상 자동차가 필요 없는 등 주차장 법규에 적합한 경우로서 사람의 통행에 지장이 없는 경우라면 자동차의 통행은 불가능하더라도 허가권자가 판단해 건축허가를 할 수도 있다.

7 건축법상 도로와 적용 제외

건축법상 도로의 기준을 완화해서 적용하는 것도 알아두자. 국토해양부는 2008년 3월 21일, '전통사찰의 진입도로 등 건축기준 완화'를 통해 비도시지역의 건축법상 도로 기준을 크게 완화했다. 즉 건축법 제44조의 ① 해당 건축물의 출입에 지장이 없다고 인정되는 경우와

제45조의 ② '국토의 계획 및 이용에 관한 법률'에 따른 도시지역 및 제2종 지구단위계획구역 외의 지역으로서 동이나 읍이 아닌 지역은 제44조부터 제47조까지, 제51조 및 제57조를 적용하지 아니한다는 내용이 신설됐다.

따라서 담당자의 주관에 의해 건축허가 시 건축법상 도로가 없어도 건축허가가 가능하게 됐다. 건축법상 도로를 일률적으로 적용하게 되지 않게 되면서 예전부터 만들어진 동네나 사찰 등 현실적으로 건축법상 도로를 만들기 불가능한 곳에도 건축이 가능하게 된 것이다. 건축법상 도로와 관련해서 이렇게 예외적인 조건이나 특수한 규정들이 많다. 뒷장에서 건축허가와 관련한 도로의 예외 조항들을 실전 사례를 통해 자세히 설명하겠다.

건축법 [시행 2008. 3. 21] [법률 제8974호, 2008. 3. 21. 전부개정]

제3조 적용 제외
① 다음 각 호의 어느 하나에 해당하는 건축물에는 이 법을 적용하지 아니한다.
  1. 「문화재보호법」에 따른 지정 문화재나 가지정 문화재
  2. 철도나 궤도의 선로 부지에 있는 다음 각 목의 시설
② 「국토의 계획 및 이용에 관한 법률」에 따른 도시지역 및 같은 법 제51조 제3항에 따른 지구단위계획구역외의 지역으로서 동이나 읍이 아닌 지역은 제44조부터 제45까지 적용하지 아니한다.

제44조 대지와 도로의 관계

제45조 도로의 지정·폐지 또는 변경

8 건축법 적용완화

건축법 제5조에서는 건축법적용의 완화 규정이 있다. 이 규정은 포괄적으로 인용되고 있으며, 지자체에서 별도로 조례로 정해 필요한 경우 이 규정을 이용해 허가를 내준다.

건축법

제5조 적용의 완화
① 건축주, 설계자, 공사시공자 또는 공사감리자는 업무를 수행할 때 이 법을 적용하는 것이 매우 불합리하다고 인정되는 대지나 건축물로서 대통령령으로 정하는 것에 대하여는 이 법의 기준을 완화하여 적용할 것을 허가권자에게 요청할 수 있다.
③ 제1항과 제2항에 따른 요청 및 결정의 절차와 그 밖에 필요한 사항은 해당 지방자치단체의 조례로 정한다.

---

9 보도자료

		보 도 자 료	
![국토해양부 Ministry of Land, Transport and Maritime Affairs]	배포 일시	2008. 9. 23(화) / 총 4 매	
담당 부서	건축기획과	담 당 자	• 과장 김○○, 사무관 조○○ (☎ (02)2110-6○○○, 6○○○, ○○○○○○@mltm.go.kr)
보 도 일 시		2008년 9월 24일(수) 조간부터 보도하여 주시기 바랍니다.	

전통사찰의 진입도로 등 건축기준 완화

■ 국토해양부는 전통사찰의 진입로가 **건축법상 도로*에 부적합**한 경우라도 전통
사찰 경내지에서의 **증축·개축 등이 용이하도록** 제도를 개선할 계획이다.

　* **건축법상 도로** : 너비 4미터 이상, 보행자 및 자동차 통행이 가능한 도로

■ 그동안 전통사찰에서는 경내에서 필요한 건축물을 증·개축하고자 해도 사찰의
진입도로가 **건축법상 도로기준을 만족할 수 없는 협소한 산길·등산로 등**이어
서 건축허가를 받기 어려웠으나,

■ 전통사찰 건축허가 신청 시에 **건축법 적용의 완화를 신청**하면 허가권자는 **건축
위원회의 심의를 거쳐 도로기준을 완화**해 건축허가를 할 수 있게 된다.

■ 아울러, 전통사찰 외에도 도시지역이 아닌 지역에서는 지방자치단체의 **건축조례
가 정하는 건축물에 대해서도 도로기준을 완화**해 적용할 수 있도록 하고,

■ 특히, 창의적인 디자인을 통해 아름다운 도시경관을 창출한 건축물이나 단지형
다세대주택에 대해 **건축위원회의 심의를 거쳐 건축물의 높이제한 기준을 완화**
할 수 있도록 할 예정이다.

■ 국토해양부는 이와 관련한 건축법 시행령 개정안을 관계기관과 협의를 거쳐 10
월 중 입법예고를 하고 이르면 금년 말 시행할 계획이다.

개발행위허가와 건축법

　모든 토지는 국토의 계획 및 이용에 관한 법률에 의해 건축허가 신청 시 개발행위허가를 받아야 한다. 또한 그 토지에 설치하는 건축물은 건축법의 규제를 받게 된다. 즉 어떤 토지에 건축물을 건축하는 경우 두 번의 규제를 받는다. 따라서 개발행위허가 시의 규제는 기반시설에 중점을 두고 있으며, 건축법에서는 용도와 용적율, 건폐율로 주차장, 조경, 진출입 도로의 너비 등 크기와 용도를 규제한다.

　개발행위허가 시의 규제기준은 기반시설을 중심으로 진입도로, 수도, 배수로, 경관, 이해관계인의 보호 등을 심의하며, 규제 심사는 검토하는 법도, 부서도, 담당자도 다르다. 따라서 진입도로의 경우 건축법에서처럼 완화규정이 없으며, 읍 미만의 지역에 제44조나 제45조의 예외도 없다. 또한 동 도로를 이용해 건축허가 받은 도로를 사용 시 또다시 사용승낙을 받을 필요가 없다는 조항도 없으며, 배수시설 설치를 위해 다른 사람의 토지 이용 시 이해관계인의 사용승낙을 무조건 받을 것을 요구하기도 한다. 따라서 지목이 대지가 아닌 경우 개발행위허가 조건의 기반시설 설치를 건축법과 동일하게 판단하면 안 된다. 건축법에서는 건축허가를 받은 경우 건축에 필요한 전기, 수도, 도로, 배수시설 등을 동시에 사용승인 받은 것으로 인정되고 있다.

따라서 개발행위허가 시 진입도로는 문제가 없어도 현황도로를 이용한 배수시설 설치가 다른 사람의 토지를 사용하는 경우(건축법에서는 규제가 없으나) 이해관계인의 사용승낙을 요구하는 경우가 있다. 개발행위허가 운영지침에는 다음과 같은 규정이 있다.

개발행위허가 운영지침(제정 2009. 8. 24)

1. **개발행위허가의 대상**
   다음의 개발행위는 허가권자로부터 허가를 받아야 하며, 허가를 받은 사항을 변경하는 경우에도 허가를 받아야 한다(영 제51조).
   (1) 건축물의 건축 또는 공작물의 설치
   ① 건축물의 건축 , 공작물의 설치
   ② 토지의 형질변경
   ③ 토석채취
   ④ 토지분할
   ⑤ 물건적치

2. **분야별 검토사항**(기반시설의 적정성)
   ① 진입도로는 건축법에 적합하게 확보하되, 해당 시설의 이용 및 주변의 교통 소통에 지장을 초래하지 아니할 것
   ② 대지와 도로와의 관계는 건축법에 적합할 것
   ③ 도로·수도 및 하수도가 설치되지 아니한 지역에 대하여는 건축물의 건축 행위는 원칙적으로 허가하지 아니한다. 다만, 무질서한 개발을 초래하지 아니하는 범위 안에서 도시계획조례로 정하는 경우에는 그러하지 아니한다.

3. **개발행위허가를 받지 않아도 되는 행위**(법 제56조제4항)
   ③ 조성이 완료된 기존 대지에서 건축물이나 그 밖의 공작물을 설치하기 위한 토지의 형질변경

이 경우 조성이 완료된 대지라 함은 다음 각 목의 어느 하나에 해당하는 토지로서 도로·상하수도 등 기반시설 설치가 완료되어 당해 대지에 절토나 성토행위가 없이 건축물 등을 건축할 수 있는 상태로 조성되어 있는 대지를 의미한다.

가. 도시개발사업·택지개발사업 등 관계 법률에 의하여 조성된 대지

나. 지목이 대·공장용지·학교용지·주차장·주유소용지·창고용지인 대지

다. 관계 법률에 따라 적법하게 건축된 건축물이 있는 대지(건축물이 멸실된 경우를 포함)

건축법

제11조 건축허가

① 건축물을 건축하거나 대수선하려는 자는 특별자치시장·특별자치도지사 또는 시장·군수·구청장의 허가를 받아야 한다.

⑤ 제1항에 따른 건축허가를 받으면 다음 각 호의 허가 등을 받거나 신고를 한 것으로 보며 공장건축물의 경우에는 「산업집적활성화 및 공장설립에 관한 법률」 제13조의2와 제14조에 따라 관련 법률의 인·허가 등이나 허가 등을 받은 것으로 본다.

1. 제20조 제3항에 따른 공사용 가설건축물의 축조신고

2. 제83조에 따른 공작물의 축조신고

3. 「국토의 계획 및 이용에 관한 법률」 제56조에 따른 개발행위허가

6. 「사도법」 제4조에 따른 사도개설허가

11. 「하수도법」 제27조에 따른 배수설비의 설치신고

12. 「하수도법」 제34조 제2항에 따른 개인하수처리시설의 설치신고

13. 「수도법」 제38조에 따라 수도사업자가 지방자치단체인 경우 그 지방자치단체가 정한 조례에 따른 상수도 공급신청

⑪ 제1항에 따라 건축허가를 받으려는 자는 해당 대지의 소유권을 확보하여야 한다. 다만, 다음 각 호의 어느 하나에 해당하는 경우에는 그러하지 아니하다.

1. 건축주가 대지의 소유권을 확보하지 못하였으나 그 대지를 사용할 수 있는 권원을 확보한 경우. 다만, 분양을 목적으로 하는 공동주택은 제외한다.

제29조 타인의 토지 또는 배수설비의 사용

① 제27조의 규정에 따라 배수설비를 설치하거나 이를 관리하는 자가 타인의 토지 또는 배수설비를 사용하지 아니하고는 하수를 공공하수도에 유입시키기 곤란하거나 이를 관리할 수 없는 때에는 타인의 토지에 배수설비를 설치하거나 타인이 설치한 배수설비를 사용할 수 있다.

② 제1항의 규정에 따라 타인의 배수설비를 사용하는 자는 그 이익을 받는 비율에 따라 그 설치 또는 관리에 소요되는 비용을 분담하여야 한다.

③ 제1항의 규정에 따라 타인의 토지를 사용하고자 하는 자는 당해 토지의 소유자나 이해관계인과 미리 협의하여야 하며, 그 사용으로 인하여 발생하는 손실에 대하여는 상당한 보상을 하여야 한다.

건축법 적용의 완화와
담당자의 주관

이번에는 '현황도로로 건축허가를 받을 수 있는지' 여부를 필자가 직접 경험한 여러 가지 실전 사례를 통해 살펴보도록 하겠다. 비도시지역인 경우에는 지목이 대지이면 대부분 현황도로로 인정한다. 2012년에 경기도 여주시 가남면에 215평짜리 대지가 강제경매로 나온 사례를 보자. 땅이 마치 권총 모양으로 생겼는데, 지적도면으로 보면 도로가 없는 맹지였다. 이 점 때문에 경매가가 60%까지 떨어졌다.

현장에 가서 확인해보니 번듯한 현황도로가 다른 주택까지 연결되어 있었다. 게다가 같은 도로를 이용해 이미 건축허가도 났다는 사실을 확인했다. 여주시 건축조례에는 '주민들이 이용하는 통로로서 동 통로를 이용해 허가(신고)된 사실이 있거나 건물이 건축된 경우'에는 이해관계인의 동의 없이 도로로 지정할 수 있다.

권리분석을 모두 끝내놓고, 돌다리도 두드려 가는 심정으로 여주시에 직접 찾아가 현황도로를 인정해 건축허가를 내줄 수 있냐고 물었다.

건축허가를 내주는 데 문제가 없다는 담당자의 이야기를 듣고 나서야 입찰에 들어갔다.

이 물건을 낙찰 받고 바로 건축에는 들어가지 않았는데, 그사이에 여주군이 시로 승격되면서 가남면도 읍으로 승격됐다. 건축법 제3조에 읍 이하의 비도시지역은 건축법을 적용하지 않기에 출입에 지장이 없다면 건축허가를 내주겠다고 해서 낙찰 받은 물건인데, 가남읍으로 승격되어서 걱정이 앞서 다시 서면으로 질의해봤다. 질의한 결과, 완화규정을 적용한다는 답변이 돌아왔다. 동 도로를 이용해서 건축허가한 사실이 있기에 완화규정을 적용하는 것이다. 같은 여주시의 다음 물건을 보면, 우만리에서 우만동으로 승격됐는데, 심석리와 비슷한 케이스지만, 전혀 다른 결과를 보였다.

두 물건을 비교해보면 둘 다 출입에는 지장이 없으나 둘 다 비도시지역이었다가 도시지역으로 승격됐다. 따라서 비도시지역에 해당되지 않는다. 건축법 제45조에 의한 여주시 조례에는 동 도로를 이용해서 건축허가한 사실이 있는 경우, 또다시 사용승낙 없이 현황도로를 이용해 허가를 내준다. 우만동의 건축물관리대장을 보면, 비도시지역일 때 축사, 관리사, 창고 등으로 건축됐다. 아마도 담당자는 주택이 아닌 축사, 관리사, 창고를 정식 건축물로 분류하지 않은 것 같다.

경주시 내남면 노곡리의 경우는 비도시지역으로 현황도로가 있어 담당자의 주관에 의해 건축허가는 가능할 수도 있어 질의해보았다. 역시 지목이 전이기에 개발행위허가 시 도로 관련 법규를 적용해야 한다고 답변하고 있다.

면에서 읍으로 승격

2012 타경 8500 경기도 여주군 가남면 심석리

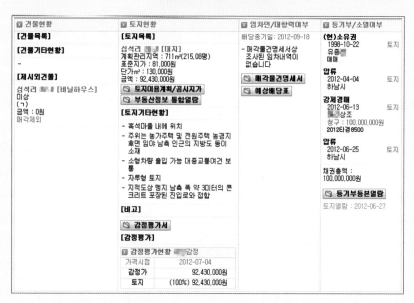

2012 타경 8500 (강제)		매각기일 : 2013-03-04 10:00~ (월)		경매5계 031-880-■■	
소재지	(■■■■) 경기도 여주군 가남면 심석리 ■■■				사건접수 2012-06-04
물건종별	대지	채권자	■■상조	감정가	92,430,000원
토지면적	711㎡ (215.08평)	채무자	유종■	최저가	(64%) 59,155,000원
건물면적	건물 매각제외	소유자	유종■	보증금	(10%)5,916,000원
제시외면적		매각대상	토지만매각	청구금액	100,000,000원
입찰방법	기일입찰	배당종기일	2012-09-18	개시결정	2012-06-13

기일현황

회차	매각기일	최저매각금액	결과
신건	2012-12-10	92,430,000원	유찰
2차	2013-01-21	73,944,000원	유찰
3차	2013-03-04	59,155,000원	매각

박민■/입찰1명/매각61,500,000원(67%)

	2013-03-11	매각결정기일	허가
	2013-04-19	대금지급기한	납부

입찰가감정단에 질문하기 [?]

? 건물현황	? 토지현황	? 임차인/대항력여부	? 등기부/소멸여부
[건물목록]	**[토지목록]**	배당종기일: 2012-09-18	**(현)소유권**
[건물기타현황]	심석리 ■■ [대지]	- 매각물건명세서상	1998-10-22　토지
-	계획관리지역 : 711㎡(215.08평)	조사된 임차내역이	유종■
	표준지가 : 81,000원	없습니다	매매
[제시외건물]	단가㎡ : 130,000원		**압류**
심석리 ■■ [비닐하우스]	금액 : 92,430,000원	? 매각물건명세서	2012-04-04　토지
미상	? 토지이용계획/공시지가	? 예상배당표	하남시
(ㄱ)	? 부동산정보 통합열람		**강제경매**
금액 : 0원	**[토지기타현황]**		2012-06-13　토지
매각제외	- 흑석마을 내에 위치		■■상조
	- 주위는 농가주택 및 전원주택 농경지		청구 : 100,000,000원
	후면 임야 남측 인근의 지방도 등이		2012타경 8500
	소재		**압류**
	- 소형차량 출입 가능 대중교통여건 보		2012-06-25　토지
	통		하남시
	- 자루형 토지		채권총액 :
	- 지적도상 맹지 남측 폭 약 3미터의 콘		100,000,000원
	크리트 포장된 진입로와 접합		
	[비고]		? 등기부등본열람
	? 감정평가서		토지열람 : 2012-06-27
	[감정평가]		
	? 감정평가현황 ■■감정		
	가격시점　　　2012-07-04		
	감정가　　　　92,430,000원		
	토지　(100%) 92,430,000원		

감정평가사의 지적 현황

매각물건 주변 항공사진

출처 : 다음지도 항공사진

경매 진행 시 토지이용계획확인원

소재지	경기도 ▼	여주군 ▼	가남면 ▼	심석리 ▼	일반 ▼	▼	-	🔍 열람

◉ 부분인쇄(1장) ○ 전체인쇄(행위제한내용 포함) 🖶 인쇄

지목	대	면적	711 ㎡
개별공시지가 (㎡당)	87,500원 (2012/01)		

지역지구등 지정여부	「국토의 계획 및 이용에 관한 법률」에 따른 지역·지구등	계획관리지역 , 자연취락지구(심석2)
	다른 법령 등에 따른 지역·지구 등	비행안전제2구역(지원)<군사기지 및 군사시설 보호법>,자연보전권역<수도권정비계획법> ,배출시설설치제한지역<수질 및 수생태계 보전에 관한 법률>
「토지이용규제 기본법 시행령」 제9조제4항 각호에 해당되는 사항		

확인도면	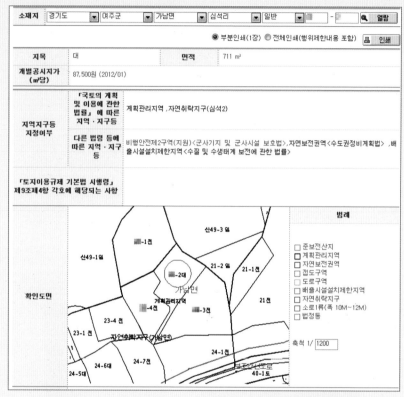

범례

□ 준보전산지
☑ 계획관리지역
□ 자연보전권역
□ 접도구역
□ 도로구역
☑ 배출시설설치제한지역
☑ 자연취락지구
□ 소로1류(폭 10M~12M)
□ 법정동

축척 1/ 1200

가남읍 승격 후 토지이용계획확인원

소재지	경기도 여주시 가남읍 심석리 일반 ██		
지목	대 ❓	면적	711 ㎡
개별공시지가 (㎡당)	113,500원 (2016/01)		
지역지구등 지정여부	「국토의 계획 및 이용에 관한 법률」에 따른 지역·지구등	계획관리지역 , 자연취락지구(심석2)	
	다른 법령 등에 따른 지역·지구등	가축사육제한구역(100m 이내 - 일부제한구역)<가축분뇨의 관리 및 이용에 관한 법률> , 가축사육제한구역(전부제한구역) <가축분뇨의 관리 및 이용에 관한 법률> , 비행안전제2구역 (지원)<군사기지 및 군사시설 보호법> , 자연보전권역<수도권정비계획법> , 배출시설설치제한지역<수질 및 수생태계 보전에 관한 법률>	
「토지이용규제 기본법 시행령」 제9조제4항 각 호에 해당되는 사항			
확인도면			

매각물건 입구도로 전경

매각물건 현황도로 전경

이것이 진짜 맹지에 건축법상 도로 만들기다

가 남 읍

수신 명지토지개발 아카데미 원장 이종실 귀하 (우 ██ 서울특별시 송파구 법원로
██ ████████ ██ ████ (문정동))
(경유)
제목 질의서에 대한 회신

　　귀하께서 질의하신 사항에 대하여 아래와 같이 회신합니다.
　　○ 질의 요지
　　　－ 현황도로를 이용하여 건축 인·허가가 가능한지 여부
　　○ 답변 내용
　　1.「건축법」에서 규정하고 있는 도로는 「건축법」제2조 제11항에 따라 보행과
자동차 통행이 가능한 너비 4미터 이상의 도로로서 「국토의 계획 및 이용에 관한 법률」,
「도로법」, 「사도법」, 그 밖의 관계 법령에 따라 신설 또는 변경에 관한 고시가 된
도로이거나 건축허가 또는 신고 시에 특별시장·광역시장·특별자치시장·도지사·특별자치
도지사 또는 시장·군수·구청장이 위치를 지정하여 공고한 도로를 말합니다.

　　2. 또한 같은 법 제44조 제1항에 따르면 건축물의 대지는 2미터 이상이 도로에
접하여야 한다고 규정하고 있습니다. 따라서 해당 대지의 현황도로는 건축법상의 도로로
볼 수 없음을 알려드립니다.

　　3. 다만,「국토의 계획 및 이용에 관한 법률」에 따른 도시지역 및 지구단위계획
구역 외의 지역 중 동이나 읍에 해당하는 지역에 건축하는 건축물로서 건축조례로 정하는
건축물인 경우「건축법」제5조의 규정에 따라 이 법의 기준을 완화하여 적용할 것을 허가
권자에게 요청할 수 있음을 알려드리니 참고하시기 바랍니다.

　　4. 위 답변내용과 관련하여 자세한 문의사항이 있거나 추가적인 질의가 있으실
경우 가남읍 행정복지센터 건설팀(☎ ██████)으로 문의하여 주시면 성심성의껏 답변
하여 드리겠습니다.　끝.

가　남　읍

주무관　주현██　　건설팀장　구원██　　부읍장　조종██　　가남읍장　남신██　　2017. 1. 18.

협조자

시행　가남읍-1175　　　(2017. 1. 18.)　　　접수

우　12662　　경기도 여주시 가남읍 태평중앙1길 20, (가남읍행정복지센 / http://www.yeoju.go.kr
터)

리에서 동으로 승격한
경기도 여주시 우만동

어떤 신사분이 필자에게 찾아와 "여주시에 땅을 샀는데 건축허가가 나지 않을 것 같다"며 검토를 부탁했다. 그 무렵 필자가 건축과 관련한 분야에서 경험이 쌓였다고 입소문이 났는지, 이야기를 듣고 찾아오는 사람들이 꽤 있었다. 그분은 자리에 앉자마자 "여주시에 땅을 샀는데, 건축허가를 받아주면 모든 비용을 부담하겠다"고 말했다.

그 자리에서 항공사진을 검토해보니 동 도로를 이용해 건축허가가 난 사실이 있음을 알 수 있었다. 필자는 그것을 보고 바로 자신했다. 앞의 여주시 경매 사례에서 본 것처럼 여주시청의 조례와 방문을 통해 직접 확인했던 사안이었기 때문이다. 그분에게 건축허가를 받아주겠다고 약속한 뒤 돌려보냈다.

다음 날 허가 건을 알아보기 위해 여주시청을 찾아갔다. 요즘에는 지방의 많은 지자체에 허가과가 있지만, 당시에는 별로 없던 허가과가 여주시청에는 따로 있었다. 허가과는 주택은 물론, 공장, 창고 건축 등 허가에 관련된 모든 민원을 원스톱으로 해결해주는 부서다. 그 부서에 가서 해당 토지를 보여주며 자신 있게 건축허가를 요청했다.

"아이고, 3개월만 빨리 오시지…."

서류를 살펴보던 담당공무원의 답변이 불길했다. "왜 그러냐?"고 물었더니 그해 11월에 여주군이 여주시로 승격되는 바람에 비도시지역에서 도시지역으로 바뀐 곳은 현황도로로 건축허가를 내주지 말라는 지침이 내려왔다는 것이다. 여주시청을 나오면서 '그 신사분이 오죽 답답했으면 나를 찾아왔겠나' 하고 생각하며 속으로 웃었다. 도시지역의 현황도로는 건축허가를 받기 어렵다는 사실을 잘 알고 있었지만, 그사이 여주군이 시로 승격한 사실을 깜박했던 것이다. 동 도로를 이용해서 건축허가가 난 경우에는 사용승인이 필요 없지만, 축사의 건축이기에 사실상 건축법상 도로가 명확하지 않다.

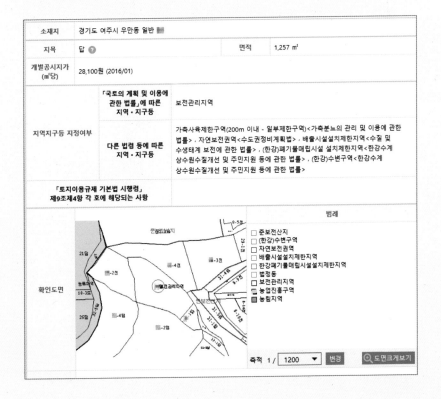

소재지	경기도 여주시 우만동 일반		
지목	답 ❷		면적	1,257 m²
개별공시지가 (㎡당)	28,100원 (2016/01)			

지역지구등 지정여부	「국토의 계획 및 이용에 관한 법률」에 따른 지역·지구등	보전관리지역
	다른 법령 등에 따른 지역·지구등	가축사육제한구역(200m 이내 - 일부제한구역)<가축분뇨의 관리 및 이용에 관한 법률> , 자연보전권역<수도권정비계획법> , 배출시설설치제한지역<수질 및 수생태계 보전에 관한 법률> , (한강)폐기물매립시설 설치제한지역<한강수계 상수원수질개선 및 주민지원 등에 관한 법률> , (한강)수변구역<한강수계 상수원수질개선 및 주민지원 등에 관한 법률>
	「토지이용규제 기본법 시행령」 제9조제4항 각 호에 해당되는 사항	

범례
- □ 준보전산지
- □ (한강)수변구역
- □ 자연보전권역
- □ 배출시설설치제한지역
- □ 한강폐기물매립시설설치제한지역
- □ 법정동
- □ 보전관리지역
- □ 농업진흥구역
- ■ 농림지역

확인도면

축척 1/ 1200 ▼ 변경 🔍 도면크게보기

대상 토지 주변 항공사진

출처 : 다음지도 항공사진

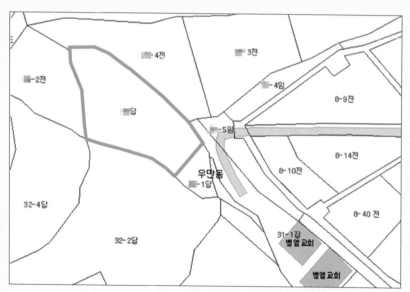

대상 토지 주변 지적 현황

출처 : 스마트국토정보 지적항공지도

여 주 시

수신 명지토지개발 아카데미 원장 이종실 귀하 (우▒▒▒ 서울특별시 송파구 법원로
▒▒▒ ▒▒ ▒▒ ▒▒▒ (문정동))

(경유)

제목 질의 회신(수신자 명지토지개발아카데미 원장 이종실)

1. 귀 아카데미의 무궁한 발전을 기원합니다.

2. 귀하께서 질의하신 우만동 ▒▒번지에 건축하고자 하실 경우 건축법 제2조 1항으
11(도로) 및 같은 법 시행령 제3조의 3(지형적 조건 등에 따른 도로의 구조와 너비)에
적합한 도로(6m)를 확보하여야 하며, 타인의 토지를 경유할 경우 토지사용 동의가 필
요합니다.

3. 우리시 건축행정에 보내주신 관심과 배려에 깊은 감사를 드리며, 자세한 사항은
☎▒▒▒▒▒으로 문의하여 주시기 바랍니다. 끝.

여 주 시

★주무관 김주▒ 건축2팀장 이정▒ 허가지원과장 전결 2017. 1. 26.
권재▒

협조자

시행 허가지원과-6138 (2017. 1. 26.) 접수

우 12619 경기도 여주시 세종로 1 (홍문동, 여주시청) / http://www.yeoju.go.kr

확인번호 :ØEIE-7KCM-6TKU-KW5Y-▨▨▨

■ 건축물대장의 기재 및 관리 등에 관한 규칙 [별지 제1호서식] <개정 2018. 12. 4.>

일반건축물대장(갑)

고유번호	4167010400-1-▨▨▨		명칭		호수/가구수/세대수 0호/0가구/0세대
대지위치	경기도 여주시 무안동	지번 ▨▨▨		도로명주소	경기도 여주군 무내로 ▨▨▨ (무안동)
※대지면적 1,010㎡	연면적 323.07㎡	지역 경지지역		※지구	※구역
건축면적 323.07㎡	용적률 산정용 면적 323.07㎡	주구조 조립식		주용도 축사,관리사	층수 지하 층/지상 1층
※건폐율 31.98%	※용적률 31.98%	높이 m		지붕 조립식	부속건축물
※조경면적 ㎡	※공개 공지·공간 면적 ㎡	※건축선 후퇴면적 ㎡		※건축선 후퇴거리	m

		건축물 현황				소유자 현황			
구분	층별	구조	용도	면적(㎡)	성명(명칭) 주민(법인)등록번호 (부동산등기용등록번호)	주소	소유권 지분	변동일 변동원인
주1	1층	조립식	축사	189.97	윤◯◯ 560505-2-*****	경기도 여주군 여주읍 무안리 ▨▨▨	/	2004.12.24 성명(명칭)변경
주1	1층	조립식	관리사	90.2				
주1	1층	조립식	창고	42.9				
		- 이하여백 -				- 이하여백 -		
						※ 이 건축물대장은 현소유자만 표시한 것입니다.		

이 등(초)본은 건축물대장의 원본내용과 틀림없음을 증명합니다.

발급일 : 2020년 02월 16일
담당자 :
전 화 :

여주시장

※ 표시 항목은 총괄표제부가 있는 경우에는 기재하지 않을 수 있습니다.

297㎜×210㎜[백상지 80g/㎡] 또는 중질지(80g/㎡)

건축물 현황				
구분	층별	구조	용도	면적(㎡)
주1	1층	조립식	축사	189.97
주1	1층	조립식	관리사	90.2
주1	1층	조립식	창고	42.9
		- 이하여백 -		

읍 미만의 지역에서 1가구가 현황도로 사용 중인 토지주의 사용승낙 여부

질 의 서

발신

성명 : 이종실

주소 : 경기도 광주시 태봉로 ○○ ○○○○ ○○○동 ○○○호

010-3727-○○○○ E-mail : 2jsil@hanmail.net

수신

성명 : 노곡리 건축신고 담당

주소 : 경상북도 경주시 내남면 이조중앙길 31 노고면 사무소

질의내용

1. 경상북도 경주시 내남면 노곡리 2○○번지의 토지에 30평 정도의 건축신고 시 현황도로로 사용 중인 산 ○○-5 토지주의 사용승낙 여부.

2. 노곡리 2○○번지의 건축 시 건축법 제44조 1의 해당 건축물의 출입에 지장이 없는지의 유권 해석.

3. 노곡리 산 8○-1의 번지에는 이미 1917년에 적법하게 건축
   되어 2○1번지 앞의 현황도로를 100여 년이 지난 현재까지
   도 사용하고 있으나 이 도로를 이용한다면 21○번지의 출입
   에 지장이 없다고 생각하지 못하는 이유.
4. 건축법 제45조에 의해 사용승인이 필요하다면 건축법 제3조
   읍 미만의 지역에는 건축법 제45조를 적용하지 않는데, 이곳
   의 건축허가 시 반드시 제45조를 적용해야 하는 이유.

2019년 10월 21일

이 종 실

첨부서류

노곡리 일원 항공사진

문화재 보존 검토대상구역 규제

노곡리 산 ○○-5의 건축물관리대장

이와 비슷한 타 지방 건축담당자의 공문 답변

내남면 노곡리 2○1번지 일원 항공사진

출처 : 다음지도 항공사진

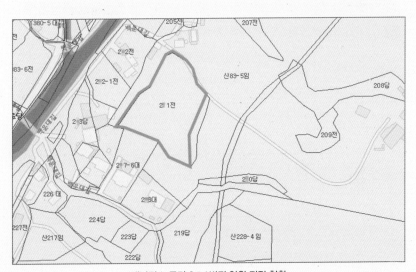

내남면 노곡리 2○1번지 일원 지적 현황

출처 : 스마트국토정보 지적항공지도

현황도로를 이용해 건축된 건축물 사용승인 날짜가 1917년이다.

확인번호:1117-8VQ4-J00G-EWIQ-

■ 건축물대장의 기재 및 관리 등에 관한 규칙 [별지 제1호서식] <개정 2018. 12. 4.>

일반건축물대장(갑)

(2쪽 중 제1쪽)

고유번호	4713033022-2-		명칭		호수/가구수/세대수	0호/0가구/0세대
대지위치	경상북도 경주시 내남면 노곡리	지번		도로명주소		

※대지면적	연면적	※지역	※지구	※구역
137.84㎡	137.84㎡			

건축면적	용적률 산정용 연면적	주구조	주용도	층수
137.84㎡	137.84㎡	블럭조	주택, 부사	지하 0층/지상 1층

※건폐율	※용적률	높이	지붕	부속건축물
%	%		스레트	

※조경면적	※공개 공지·공간 면적	※건축선 후퇴면적	※건축선 후퇴거리
㎡	㎡	㎡	m

건축물 현황					소유자 현황		
구분	층별	구조	용도	면적(㎡)	성명(명칭) 주민(법인)등록번호 (부동산등기용등록번호)	주소	소유권 지분
주1	1층	블럭조	주택	60.16	김규	부산시 동구 좌천동	/
주2	1층	블럭조	부사	77.68	440923-1******		
		- 이하여백 -				- 이하여백 -	
					※ 이 건축물대장은 현소유자만 표시한 것입니다.		

이 등(초)본은 건축물대장의 원본내용과 틀림없음을 증명합니다.

발급일: 2019년 10월 19일
담당자:
전 화:

경주시장

※ 표시 항목은 총괄표제부가 있는 경우에는 기재하지 않을 수 있습니다.

297㎜×210㎜[백상지 80g/㎡] 또는 중질지(80g/㎡)

◆본 증명서는 인터넷으로 발급되었으며, 세움터(www.eais.go.kr)의 인터넷발급문서진위확인 메뉴를 통해 위·변조 여부를 확인할 수 있습니다.
(발급일로부터 90일까지) 또한 문서하단의 바코드로도 진위확인(스캐너용 문서확인프로그램 설치)을 하실 수 있습니다.

고유번호	4713033022-2-			명칭		호수/가구수/세대수	0호/0가구/0세대
대지위치	경상북도 경주시 내남면 노곡리		지번		도로명주소		

구분	성명 또는 명칭	면적(등록)번호	※주차장					승강기		허가일
건축주	김용	220222-1******	구분	옥내	옥외	인근	면제	승용 대	비상용 대	착공일
설계자								※하수처리시설		사용승인일 1917
공사감리자			자주식	대 ㎡	대 ㎡	대 ㎡		형식		관련 주소
공사시공자 (현장관리인)			기계식	대 ㎡	대 ㎡	대 ㎡		용량	인용	지번

※제로에너지건축물 인증	※건축물 에너지효율등급 인증	※에너지성능지표 (EPI)점수	※녹색건축 인증	※지능형건축물 인증	
등급	등급	점	등급	등급	
에너지자립률	에너지절감률(또는 1차에너지 소요량) %(kw/h)	인증점수 점	인증점수 점		지번
유효기간 : ~	유효기간 : ~	※에너지소비총량	유효기간 : ~	유효기간 : ~	
		kw/h			도로명

내진설계 적용 여부	내진능력	특수구조 건축물	특수구조 건축물 유형		
지하수위 G.L m	기초형식	설계지내력(지내력기초인 경우) t/㎡	구조설계 해석법		

변동사항					
변동일	변동내용 및 원인	변동일	변동내용 및 원인		그 밖의 기재사항

※ 표시 항목은 총괄표제부가 있는 경우에는 기재하지 않을 수 있습니다.

◆본 증명서는 인터넷으로 발급되었으며, 세움터(www.eais.go.kr)의 인터넷발급문서진위확인 메뉴를 통해 위·변조 여부를 확인할 수 있습니다.
(발급일로부터 90일까지) 또한 문서하단의 바코드로도 진위확인(스캐너용 문서확인프로그램 설치)을 하실 수 있습니다.

"역사를 품은 도시 미래를 담는 경주"

경주시 내남면

수신 이종실 귀하(경기도 광주시 태봉로 ▓▓ ▓▓▓ ▓▓▓▓ ▓▓▓)

(경유)

제목 진정서 민원 회신

1. 평소 시정발전에 적극 협조하여 주신데 대하여 감사를 드립니다.

2. 귀하의 진정서에 대하여 다음과 같이 알려드립니다.

　가. 진정내용 1번에 대한 사항

　　○ 타인의 대지를 진출입로로 계획하실 경우 토지소유자의 동의를 받아야 합니다.

　나. 진정내용 2번에 대한 사항

　　○ 유권해석기관이 아니므로 답변이 불가합니다.

　다. 진정내용 3번에 대한 사항

　　○ 노곡리 ▓▓▓▓번지 의 경우 건축물대장 상 건축법 이전 건축물로 보여지며 당시
　　　 도로의 설치 등과 관련하여서는 관련내용을 알 수 없어 답변이 불가합니다.

　라. 진정내용 4번에 대한 사항

　　○ 건축법 제3조(적용제외) 제2항에 의거 적용제외이나 국토의 계획 및 이용에 관한
　　　 법률, 개발행위허가 운영지침에 따라 도로관련 법률을 적용시켜야 합니다.

3. 귀하의 민원사항에 대한 만족스러운 답변이 되었기를 바라며, 추가로 궁금하신 사항은
　 내남면사무소 건축담당(054-▓▓▓-▓▓▓▓)으로 연락주시기 바랍니다. 끝.

경주시 내남면장

주무관 박지▓　　부면장 손승▓　　내남면장 박용▓　　2019. 11. 28.

협조자

시행 내남면-13776　　(2019. 11. 28.)　　접수

우 38193　경상북도 경주시 내남면 이조중앙길 31, 내남면행정복지센
　　　　　터 / http://www.gyeongju.go.kr

전화번호 054-779-▓▓▓　팩스번호 054-760-▓▓▓ / ▓▓▓▓@korea.kr　/ 부분공개(5,6)

"정보의 개방과 공유로 일자리는 늘고, 생활은 편리해집니다."

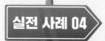

오래된 집을 허물 때는 반드시
신규 건축허가 여부를 검토해야 한다

　몇 년 전, 회사를 정년퇴직하고 농가주택을 구매한 어떤 사람이 지인의 소개로 필자를 찾아왔다. 강원도 홍천에 땅을 샀는데 새 집을 지으려고 하니 건축허가가 나지 않는다며 자문을 구하러 온 것이다. 사연을 들어보니 이랬다.

　그는 은퇴하고 나서 서울의 아파트를 팔아 5억 원을 마련했다. 전원생활을 위해 오래전부터 눈여겨봐왔던 강원도 홍천으로 내려가기 위해서였다. 홍천 지역을 쭉 둘러본 뒤 그중에 마음에 드는 땅을 3억 2,000만 원을 주고 계약했다. 대지와 전을 합쳐 서너 필지인데, 대지 위에는 오래된 농가주택이 지어져 있었다.

"여기 집이 보이죠?"

그가 항공사진을 보여주며 말했다.

"이 땅이 대지거든요. 집이 낡아서 허물고 새 주택을 지으려고 이 땅을 샀어요. 매도자 쪽에서 허물어주는 조건으로 계약했는데, 잔금 날 가서 보니 집을 허물지 않았더라고요."

그는 집을 허무는 데 비용이 들 것 같아서 원래 약속대로 집을 허물고 나면 잔금을 지급하겠다고 하고서는 잔금 일부를 남겨뒀다. 열흘 뒤 가보니 집이 깨끗하게 치워져 있었다. 매도자가 멸실 신고까지 해서 나머지 잔금을 지급했다. 그리고 새 주택을 짓기 위해 군청을 찾아갔다가 그만 날벼락 같은 소리를 들은 것이다. 건축법 조건에 맞지 않아 건축허가를 내줄 수 없다는 것이었다.

이 사람이 한 실수는 흔히 저지르는 실수 중 하나다. 30년 전에 지어진 건축물은 당시의 건축법 규정으로는 가능했겠지만, 지금의 건축법으로 안 되는 경우가 허다하다. 현황도로에서부터 주차장에 이르기까지 여러 가지 건축 관련 규정들이 강화되어왔기 때문이다.

이번 사례를 통해 강조하고 싶은 점은 이럴 때 집을 허물면 절대 안 된다는 것이다. 건축허가를 받지 않고도 현 상태에서 대수선 등으로 얼마든지 새 집으로 증·개축할 수 있기 때문이다. 헌 집이라고 허물고 나서 멸실 신고를 하는 순간, 강화된 현재의 건축법을 적용받는다는 사실을 유념해야 한다. 현황도로든, 주위토지통행권이든 주택이 있어야 권리를 주장할 수 있다. 정 허물고 싶으면 건축사나 전문가를 통해 건축허가가 다시 날 수 있는지 꼼꼼하게 알아본 뒤에 허물어야 한다.

이 사건은 몇 년 전에 있었던 사건인데, 최근에 다시 홍천군에 서면으로 질의를 해보았으나, 답변은 예전과 마찬가지였다. 항공사진에서 보면 엄연한 현황도로가 있고, 비도시지역이기에 건축법 제44조를 적용해서 출입에 지장이 없다고 인정하면 건축허가를 내줄 수도 있지만, 담당자는 현황도로에 접하지 않았다고 판단해서 건축법 제45조를 적용하며 사용승인을 받아와야 해줄 수 있다고 했다.

이처럼 도로는 여러 법이 공존하고 있어 담당자의 주관에 의해 어느 법을 적용하느냐에 따라 결과가 전혀 달라질 수 있다는 것을 명심해야 한다. 이렇게 도로의 정의가 담당자의 주관에 따라 다를 수도 있음은 도로에 관한 규정이 여러 법에 분포되어 각자의 법에 맞게 정의가 내려져 있기 때문이다. 이제 이 책을 읽은 독자들은 건축법상 도로의 개념은 O, X의 논리가 아님을 알게 됐을 것이라고 기대해본다.

대상 토지 주변 항공사진

출처 : 다음지도 항공사진

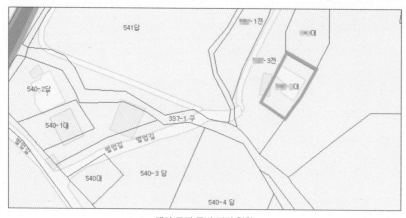

대상 토지 주변 지적 현황

출처 : 스마트국토정보 지적항공지도

소재지	강원도 홍천군 북방면 원소리 일반 [■■]			
지목	대 ❓		면적	317 ㎡
개별공시지가(㎡당)	56,500원 (2019/01) 🔍 연도별 보기			
지역지구등 지정여부	「국토의 계획 및 이용에 관한 법률」에 따른 지역·지구등	계획관리지역		
	다른 법령 등에 따른 지역·지구등	가축사육제한구역<가축분뇨의 관리 및 이용에 관한 법률>		
「토지이용규제 기본법 시행령」 제9조제4항 각 호에 해당되는 사항				

확인도면

범례

밝은 미래 희망찬 홍천

홍 천 군

수신 이종실 귀하 (우████ 서울특별시 송파구 법원로███ ██ ██, ██████

      ███ ███ (문정동))

(경유)

제목 질의내용에 대한 회신

1. 귀하의 무궁한 발전을 기원합니다.

2. 홍천군 북방면 원소리 ████번지 일원 건축허가 가능 여부에 대하여 질의하
신 사항에 대하여 아래와 같이 회신하니, 업무에 참고하시기 바랍니다.

▣ 질의내용

- 강원도 홍천군 북방면 원소리 ████의 토지는 현황도로에 접하여 있으며
████의 토지가 지적도상 도로에 접하여 있습니다. 건축법 제44조에 의하면 비도시지역
중 출입에 지장이 없다면 건축허가가 가능이라는 조항이 있다는 것을 알게 되었습니다.
따라서, ████과 ████ 대지의 건축허가 가능 여부를 알려주시기 바랍니다.

▣ 회신내용

▶ **「건축법」** 검토(※문의 : 종합민원실 건축담당 ☎033-430-████)

- 상기지역은 건축법 제3조(적용의 제외)제2항의 규정에 의거 건축법 제44
조 규정 **"적용 제외"** 지역이므로, 아래 **「국토의계획 및 이용에 관한법률」** 검토 사항을
참고하시기 바랍니다.

▶ **「국토의계획및이용에관한법률」** 검토(※문의:종합민원실 개발허가담당 ☎033-430-████)

- 홍천군도시계획조례 제22조에 의거 부지면적 3천㎡미만의 단독주택 신축
은 부지가 현황도로에 접할 경우 개발행위허가가 가능합니다.

- 원소리 ████번지는 항공사진으로 보아 과거 집터였으나 현재는 집이 철
거되어 현황도로에 접하지 않는 것으로 판단되고,

- 원소리 ████번지 또한 지목상 도로(실제 농지로 이용중)가 아닌 실제 현
황도로에 접하여야 개발행위허가가 가능하며, 현황도로가 없을 경우에는 너비 4m의 도
로를 신설하여야 합니다. 끝.

앞의 답변은 지목이 도로라고 해도 현황이 폐도로인 경우로, 건축법 상 도로로 인정될 수 없으며, 현재 현황도로에 접하지 않아 사도법에 의한 도로를 신설해야 한다는 것이다. 필자가 보기에는 현황도로가 접해 있는 것으로 보이지만, 담당자의 주관은 현황이 접하지 않은 것으로 판단한 사례다.

지적도에 도로는 없어도

다음의 건물은 1988년 11월 허가를 받아 1990년 3월 21일 사용승인이 났다. 필자의 판단으로는 건축법상 도로사용승인이 있었기에 건축허가와 사용승인이 있었을 것이라고 생각한다. 그러나 건축사용승인 후 건축주가 진입도로에 포장을 하지 않아 어디를 사용승낙 받았는지도 모르며, 사용승낙 후 토지주가 지목변경을 신청하지 않으면 건축허가 시의 도면에만 진입도로가 표시되며, 담당자 외에는 누구도 알 수 없다.

또한 일정기간이 지나면 서류를 폐기한다는 법규에 의해 이 건물주인은 현재 도로로 사용 중인 통로를 막는다면, 결국 민법에 의한 주위토지통행권에 의해 통로를 사용해야 하며, 이 경우 도로사용 비용을 또다시 지불해야 된다. 따라서 필자가 이 토지에 건축물을 철거하고 신축시 도로사용승낙이 필요한지의 질의에 의하면, 또다시 사용승낙을 받으라는 담당자의 답변이다.

물론 이 토지는 수용되어 보상을 받았으며 철거되고, 지금은 공원으로 사용 중이다. 그러나 수용되지 않았다면 민원인들의 입장에서는 난해한 문제이기에 실전 사례로 택했다. 2013년 3월부터는 건축허가 시의 도로는 고시되기에 문제가 없어졌으나, 이전에 건축되어 고시되지 않은 도로의 경우 지금도 문제가 되고 있다.

건축물관리대장을 보면 1988년에 건축허가를 받아 1990년도에 사용승인을 받았다. 상식적으로 건축법상 도로사용승인을 받은 후 건축허가가 났으며, 사용승인을 받았다는 것은 명확한 사실이다. 경매로 낙찰 후 재건축을 문의하자 2011년부터는 도로로 고시되어야 한다는 답변과 도로사용승낙을 다시 받아야 한다는 서천군 건축과의 답변이다. 예전의 건축법에 의한 진입도로의 사용승인자료는 인정되지 않고 다시 사용승낙을 받아오라는 서천군의 요구다. 이러한 것이 현실상 건축법상 도로의 문제점의 출발이 된다.

2016 타경 588 충청남도 서천군 장항읍 신창리

2016 타경 588 (강제)		매각기일 : 2016-12-20 10:00~ (화)		경매3계 ▨▨▨-▨▨▨▨ ▨▨▨
소재지	(▨▨▨) 충청남도 서천군 장항읍 신창리 ▨▨▨-▨ ▨▨▨ [도로명] 충청남도 서천군 신창서로 ▨▨-▨ (장항읍)			
용도	주택	채권자	▨▨▨신용보증재단	감정가	80,016,300원
대장용도	단독주택	채무자	김수▨	최저가	(34%) 27,446,000원
토지면적	198㎡ (59.89평)	소유자	김수▨	보증금	(10%) 2,745,000원
건물면적	97.65㎡ (29.54평)	매각대상	토지/건물일괄매각	청구금액	43,637,300원
제시외		배당종기일	2016-04-18	개시결정	2016-01-26

기일현황 ⊙ 입찰5일전			
회차	매각기일	최저매각금액	결과
신건	2016-09-06	80,016,300원	유찰
2차	2016-10-11	56,011,000원	유찰
3차	2016-11-15	39,208,000원	유찰
4차	2016-12-20	27,446,000원	

모의입찰가	0 원	입력	?

▶ 건물현황	▶ 토지현황	▶ 임차인/대항력여부	▶ 등기사항/소멸여부
[건물목록] 신창서로 ■■■ [주택] 적벽돌조 1층 70.45㎡ (21.31평) 단가㎡ : 422,000원 금액 : 29,729,900원 신창서로 ■■■ [주택] 적벽돌조 2층 27.20㎡ (8.23평) 단가㎡ : 422,000원 금액 : 11,478,400원 🔍 **건축물대장** **[건물기타현황]** - 이용상태(주택) - 기본적인 위생설비 및 급·배수설 비 난방설비 등	**[토지목록]** 신창리 ■■■[답] 제2종일반주거지역 : 198㎡(59.89평) 표준지가 : 145,000원 단가㎡ : 196,000원 금액 : 38,808,000원 🔍 **토지이용계획/공시지가** 🔍 **부동산정보 통합열람** **[토지기타현황]** - 충남조선공업고등학교 남측 인근에 위치 - 주위는 전 주택 근린생활시설 등이 형 성 - 본건까지 차량접근이 가능 주위에 버 스정류장이 소재 제반 교통상황은 보 통 - 남측 폭 약 3-4M의 비포장진입로에 접함 - 전통상업보존구역 **[비고]** 🔍 **감정평가서** **[감정평가]**	배당종기일 : 2016-04-18 **전윤■** 전입 : 2006-02-08 확정 : 없음 배당 : 없음 점유 : 전체전세권 설정 후 임대차 성립 되어 우선변제 제외됨 **한국토지주택공사** 전입 : 2006-02-08 확정 : 2006-02-03 배당 : 2016-03-11 점유 : 이 사건 부동산 중 1 층(70.45㎡) 전부 전체전세권 설정 후 임대차 성립 되어 우선변제 제외됨 확정일자가 전입일보다 빠를 경우 가족전입여부 확인 바랍니다. **신상■** 전입 : 없음 확정 : 없음 배당 : 없음 보증 : 10,000,000원 점유 : 주택 2층 27.20㎡ 전 부	**소유권** 1990-04-06 건물 임채■ 보존 **소유권** 2003-05-12 건물/토지 김수■ 매매 **전세권** 2006-02-01 토지 한국토지주택공사 20,000,000원 미배당금 소멸예상 **전세권** 2006-02-03 건물 한국토지주택공사 20,000,000원 미배당금 소멸예상 **전세권** 2008-03-24 건물 신상■ 10,000,000원 특별매각조건예의한 인수
	🔍 **감정평가현황 (주)■■■감정**		**압류** 2009-03-23 건물 국민건강보험공단 (고지-1295)
	가격시점 ... 2016-02-05 감정가 ... 80,016,300원 토지 ... (48.5%) 38,808,000원 건물 ... (51.5%) 41,208,300원	배당표참조 🔍 **매각물건명세서** 🔍 **예상배당표** - 1)별지 첨부 전입세대열 람 내역과 같이 전윤■ 세 대가 전입신고되어 있어 전 입자에 대한 통지를 위하여 점유자로 조사보고함.	(주택) 소액배당 4000 이하 1400 (상가) 소액배당 2500 이하 750 **가압류** 2009-04-21 건물/토지 ■■신용보증재단 19,125,000원 **가압류** 2009-06-16 건물/토지 전북은행 3,093,008원 **압류** 2009-12-23 토지 서천군 (재무과-30693) **강제경매** 2016-01-26 건물/토지 ■■신용보증재단 청구 : 43,637,300원 2016타경588

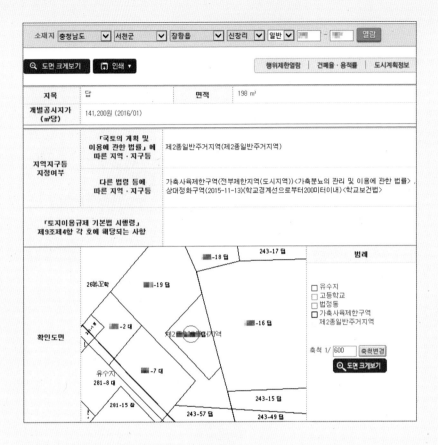

| 소재지 | 충청남도 ▼ | 서천군 ▼ | 장항읍 ▼ | 신창리 ▼ | 일반 ▼ | ▢ - ▢ | 열람 |

행위제한열람 | 건폐율·용적률 | 도시계획정보

| 지목 | 답 | 면적 | 198 ㎡ |
| 개별공시지가 (㎡당) | 141,200원 (2016/01) | | |

| 지역지구등 지정여부 | 「국토의 계획 및 이용에 관한 법률」에 따른 지역·지구등 | 제2종일반주거지역(제2종일반주거지역) |
| | 다른 법령 등에 따른 지역·지구등 | 가축사육제한구역(전부제한지역(도시지역))<가축분뇨의 관리 및 이용에 관한 법률>, 상대정화구역(2015-11-13)(학교경계선으로부터200미터이내)<학교보건법> |

| 「토지이용규제 기본법 시행령」 제9조제4항 각 호에 해당되는 사항 | |

확인도면

범례

☐ 유수지
☐ 고등학교
☐ 법정동
☐ 가축사육제한구역
  제2종일반주거지역

축척 1/ 600 축척변경

도면 크게보기

매각물건 주변 항공사진

출처 : 다음지도 항공사진

감정평가사의 지적 현황

매각물건 전경 및 현황도로 전경

건축물관리대장이 작성되어 있는 매각물건 전경

새로운 내일을 여는 행복한 서천

서 천 군

수신 이종실 귀하 (우 ▨▨▨ 서울특별시 송파구 법원로▨▨ ▨, ▨▨ ▨▨▨ (문정동))

(경유)

제목 질의민원에 대한 회신(이＊실)

　1. 귀 가정의 건강과 행복을 기원합니다.

　2. 귀하께서 상담민원을 통해 제기하신 서천군 장항읍 신창리 ▨▨▨▨번지에 신축허가와 관련하여 질의하신 사항을 다음과 같이 답변 드립니다.

　　가. 질의요지: 지적도상 도로가 없고, 현황상 도로가 있는 장항읍 신창리 ▨▨▨번지(건축물대장 유)에 신축할 경우 ① 인접 토지주의 시용승인 없이 신축이 가능한지, ② 건축 당시 토지주의 사용승락이 이미 있기에 별도의 사용승락 없이 신축이 가능한지에 대한 질의

　　나. 답변내용: 장항읍 신창리 ▨▨▨▨번지는 제2종일반주거지역으로 건축물을 신축할 경우에는 건축법 제44조 규정에 의한 도로(4미터 이상의 도로(건축법 제2조제1항 제11호)에 2미터 이상 접하여야 함)가 있어야 건축허가가 가능하며, 도시지역에서의 도로는 단순히 토지주의 사용승락이 아닌 별도의 도로지정공고가 필요함을 알려드립니다.

　3. 보다 자세한 내용이나 궁금하신 사항이 있으시면 도시건축과(건축팀 ▨▨▨▨)로 문의하시기 바랍니다.　끝.

　　　　　　　　　서 천 군

★주무관 신기▨　　건축팀장 정춘▨　　도시건축과장 조정▨　　전결 2016. 11. 1.

협조자

시행 도시건축과-43385　　(2016. 11. 1.)　　접수

우 33638　충청남도 서천군 서천읍 군청로 57　　　　/ www.seocheon.go.kr

전화번호 ▨▨▨▨▨　팩스번호 ▨▨▨▨▨ / ▨▨▨▨▨ / 비공개(6)

개인정보는 이용 목적이 달성되면 반드시 파기하세요!

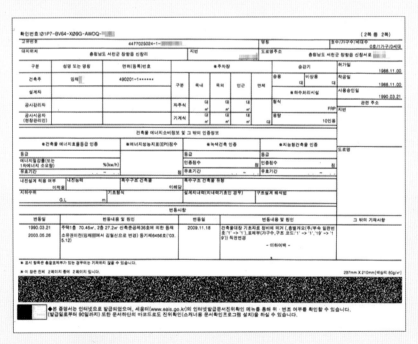

02

건축법에 의한
도로 만들기

건축법에 의한 도로 만들기

건축하고자 하는 토지에 진입도로가 없는 경우, 도로로 사용하고자 하는 토지가 타인의 소유인 경우, 사용승인을 받아 신청하면 건축법상 도로를 만들 수 있다. 건축법에서의 도로는 지목과 관계없이 너비 4미터 이상의 자동차와 사람의 통행이 가능하면 건축법상 도로다. 이 경우 지목과 주인과는 관계없다.

그러나 건축법 제45조에 의하면 타인의 토지를 이용해 진입도로를 만드는 경우 '이해관계인의 사용승낙을 받아야 한다'라고 되어 있다. 타인의 토지를 사용승낙 받아 건축물의 출입에 아무 문제없이 사용해왔다면 건축법상 도로다. 그러나 시간이 흘러 사용승인을 한 사람이나 사용승인을 받은 사람이 변경되어 이 도로를 이용해 건축을 새로이 하려고 하면, 담당공무원에게서 사용승낙을 받아오라는 소리를 들을 것이다. 예전에 건축법상 사용승인을 받았던 도로인지, 또는 사용승인 없이 사용한 도로인지의 구분이 명확하지 않으며, 설사 사용승인했어도 사용권자가 변경된 경우, 물권법과 채권법의 법리적 논리가 제기될 수 있다.

도로로 사용승인은 빌려준 것이기에 채권법이 적용되며, 토지 주인은 물권법이 적용될 수 있다. 물권법과 채권법이 부딪치면 물권법이 우선한다. 그러나 채권도 등기부에 등록해 공시하게 되면 물권법을 적용하게 된다. 따라서 도로법이나 사도법, 건축법에서의 도로는 도로대장에 공시하면 다른 사람의 토지라도 사용승인 시 물권법 적용이 된다.

도로대장에 공시하는 법 이전부터 사용하던 도로의 경우, 한 사람이 사용승낙을 받으면서 불특정 다수가 이미 수십 년을 사용하는 중 새로이 건축 또는 증축하는 경우, 사용승인을 또다시 받을 것을 요구하는 경우가 담당자의 정당한 법 집행인지 의문이 들 수 있다. 이러한 문제가 계속되자 건축법 제45조에 의해 사용승인 없이 건축법상 도로로 지정할 수 있는 경우를 지방자치단체의 조례에 의해 위임하게 됐다. 동 도로를 이용해 한 번이라도 건축허가를 한 경우, 또다시 사용승낙 없이 건축허가를 내준다는 조례가 대부분의 지자체에서 만들어졌다.

민주주의 국가에서 개인의 사유재산권을 보장해주는 것이 맞으며, 사용승낙을 받은 사람의 재산권도 보장해주는 것이 맞다. 어떠한 것이 정당한 법 집행인지는 독자들의 판단이다. 이번 PART에서는 건축법에 의한 건축법상 도로를 만드는 방법을 살펴본다. 2013년 이후 건축법이 개정되어 불특정 다수가 도로를 사용해도 좋다는 인감증명을 첨부해 도로를 만드는 경우, 건축법에 의한 도로대장에 고시하며, 이후에 만든 건축법상 도로는 다툼이 없다. 그러나 그 이전부터 개인의 토지를 사용하던 도로의 경우 문제가 되기도 한다.

토지주의 사용승인을 받아
진입도로를 만드는 방법

만약 그림과 같이 두 집의 토지를 통해 '홍길동'이 건축허가를 받는다고 가정해보자. 그러나 그림과 같이 지적도에 되어 있는 경우와 현황만 그림대로 되어 있는 경우, 허가받는 토지의 주소가 '읍' 이상의 번지와 지목이 내시와 대지가 아닌 경우 결과는 전혀 달라진다.

홍길동	
박철수	나
김영희	가

도로

박철수는 이미 김영희의 '가'의 토지 사용승인을 받아 건축했다. 이러한 경우는 건축법에 정확히 명시되어 있기에 누구나 알 수 있는 것이다. 이때에 '가' 토지가 도로로 고시됐거나 '가'의 토지가 지목이 도로로 지목 변경되고 분할됐으며, 홍길동의 토지가 지목이 대지라면 홍길동은 박철수의 '나'의 도로사용승낙만 받으면 건축이 가능하다.

그러나 홍길동의 토지가 지목이 대지가 아니라면 개발행위허가도 받아야 하며, 개발행위허가 시에는 도로, 또는 하수도의 사용승낙 때문에 어려워질 수 있다. 또한 김영희의 '가' 토지가 분할되지 않고, 지목이 '도로'가 아니라면(토지주가 지목변경을 신청하지 않은 경우) 이야기가 더 복잡(분할도 안 되어 있음)해진다. 읍 미만의 지역과 읍 이상의 지역에서의 건축법 제44조, 제45조 적용제외이지만, 담당자의 주관에 따라 결과가 달라진다.

즉 현황이 도로로 되어 있으나 지적법에 의해 토지주가 지목변경을 신청하지 않았다면, 지목은 예전 지목 그대로이기에 분할도 안 되어 있는 경우가 많다. 이런 경우 현황도로로 판단하게 되며, 시간이 흐르면 근거가 없어진다. 이때에 건축할 토지가 대지가 아니면 개발행위허가를 받아야 하며, 건축법이 아닌 개발행위허가에 의한 진입도로 규제가 제기되고, (건축법의 도로와 개발행위의 도로) 두 법규의 규제를 통과해야 한다. 따라서 여러 가지의 변수가 나오는 것은 실전 사례를 통해 설명하고자 한다.

타인이 만들어 놓은 사도를 사용해서 진입도로를 만드는 방법

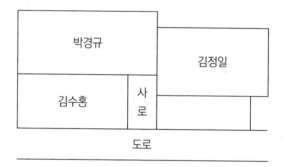

○ **질의**

한번 건축법상 도로로 지정받은 사도를 다른 사람이 사용해 건축허가가 가능한지 여부.

박경규가 건축허가를 받을 때 김수홍에게 사용승인을 받아 시장이나 군수가 도로로 인정한 부분을 이용해서 김정일의 대지에 건축할 경우 김수홍의 동의가 필요한지 여부, 또는 도면상 표기만으로 건축허가가 가능한가?

◉ 회신

시장·군수·구청장이 건축허가(신고) 시 지정된 도로는 건축법 제2조 제1항 제11호의 규정에 의한 도로에 해당하는 것이므로, 이에 접한 다른 대지에 건축 시 그 도로소유자나 이해관계인의 동의가 건축법상 다시 필요한 것은 아니며, 당사자 간의 그 사용·수익 등에 관해서는 민법 등 관계 법령에 따라야 할 사항이다.

회신을 살펴보면, 한번 도로로 지정됐다고 하면, 이해관계인의 동의가 건축법상 다시 필요한 것은 아니라고 해석하고 있다. 하지만 건축법이 아닌 민법상의 문제가 될 수도 있음을 들어 당사자 간 협의가 필요하다는 점을 강조하고 있다. 건축법상 사용승인이 또다시 필요한 것은 아니나 민법상의 보호는 아니라는 답변이다.

그러나 이러한 경우 대부분의 지자체의 조례에 의해 박경규가 정식 건축허가를 받아 건축한 경우, 김수홍이 도로사용승인한 것의 근거자료가 없어도 또다시 김수홍의 사용승인 없이 김정일의 건축허가는 가능하다.

하지만 토지가 지목이 대지가 아닌 경우, 개발행위허가를 동시에 받아야 하기에 이러한 경우도 몇 가지로 결론이 담당자의 주관에 의해 달라진다. 지목이 대지인 경우 건축법만 적용되지만, 개발행위허가 시 국토의 계획 및 이용에 관한 법률도 적용되기에 일어나는 현상이다.

(※ 건축법에서는 앞에서와 같은 민원이 자주 제기되기에 건축법과 건축조례로 정리했으나 개발행위허가 시는 정리된 규정이 없다.)

국유지 불하로
도로 만드는 방법

🔢 국유재산은 행정재산과 일반재산으로 구분한다

행정재산은 공용재산, 공공용재산, 기업용재산, 보존용재산의 4종류로 구분된다. 그중 공용재산은 모든 국민이 공공용으로 사용하는 부동산을 말한다. 즉, 강, 도로, 정부청사 등이 공공용재산이며, 행정재산이다.

국가에서 도로를 만들고자 도로에 필요한 토지를 수용하면 행정재산이 된다. 그러나 도로를 만들고 난 후의 조각 토지는 용도 폐기 대상이다. 이렇게 남은 토지는 인접한 토지 소유자에게 불하하며 처분할 수 있는 행정재산이 된다. 행정부에서 인근 토지주에게 매수하라고 미리 권하지 않지만, 인근 토지주가 매수를 원하면 감정에 의해 불하하게 된다. 이러한 토지를 불하받아 도로를 만드는 방법이다.

국유재산법 [시행 2019. 11. 26.] [법률 제16652호, 2019. 11. 26. 타법개정]

제6조 국유재산의 구분과 종류

① 국유재산은 그 용도에 따라 행정재산과 일반재산으로 구분한다.

② 행정재산의 종류는 다음 각 호와 같다〈개정 2012. 12. 18〉.

공공용재산 : 국가가 직접 공공용으로 사용하거나 대통령령으로 정하는 기한까지 사용하기로 결정한 재산

③ "일반재산"이란 행정재산 외의 모든 국유재산을 말한다.

제23조 용도폐지된 재산의 처리

총괄청은 용도를 폐지함으로써 일반재산으로 된 국유재산에 대하여 필요하다고 인정하는 경우에는 그 처리방법을 지정하거나 이를 인계받아 직접 처리할 수 있다.

제40조 용도폐지

① 중앙관서의 장은 행정재산이 다음 각 호의 어느 하나에 해당하는 경우에는 지체 없이 그 용도를 폐지하여야 한다〈개정 2017. 8. 9〉.

1. 행정목적으로 사용되지 아니하게 된 경우

시행령 제40조 처분의 방법

① 법 제43조 제1항에 따른 경쟁입찰은 1개 이상의 유효한 입찰이 있는 경우 최고가격으로 응찰한 자를 낙찰자로 한다.

② 일반재산이 다음 각 호의 어느 하나에 해당하는 경우에는 법 제43조 제1항 단서에 따라 제한경쟁이나 지명경쟁의 방법으로 처분할 수 있다〈개정 2011. 4. 1, 2012. 6. 19〉.

1. 토지의 용도 등을 고려할 때 해당 재산에 인접한 토지의 소유자를 지명하여 경쟁에 부칠 필요가 있는 경우

❷ 인접한 자투리 땅에 주목하라

이번에는 국유지나 지방자치단체 소유의 토지를 불하받아 도로를 확보하는 방법에 대해 알아보자. 2013년 경기도 평택시 신장동에 낡은 주택이 딸린 대지 90평이 임의경매로 나왔다. 인근에 들어서는 평택

미군기지와 가까워 렌탈 하우스 부지로 제격인 곳이었다. 하지만 3억 3,000만 원에 시작한 경매가가 절반 이하로 떨어졌다. 이유는 바로 코앞에 8m 도로가 지나고 있었지만, 몇 평 안 되는 남의 땅에 가로막혀 너비 1.5m의 뒷골목으로 돌아가야 하는 구조였다는 데 있었다. 그 도로 폭으로는 자동차가 들어갈 수 없어서 낡은 주택을 허물고 새 주택을 지어야 하는데, 건축허가를 받을 수 없었다. 또 대지가 남쪽으로 심하게 경사가 진데다가 북쪽으로는 일조권까지 침해할 우려가 있어 여러모로 불리한 조건이었다.

먼저 지적도를 보면 남쪽 큰 도로 사이에 2필지가 가로막고 있는 게 보였다. 이런 땅은 시 소유 부지일 가능성이 크다. 도로를 만들 때 토지 소유주로부터 수용했다가 공사 후 남은 땅을 지방자치단체 명의로 소유하고 있기 때문이다. 해당 지번으로 등기부등본을 떼보니 짐작한 것처럼 평택시 소유였다.

시유시나 국유시의 경우 단독으로 무엇인가를 지을 수 있는 쓸모 있는 땅은 자기 땅 옆에 붙어 있더라도 불하받기가 쉽지 않다. 하지만 이번 사례처럼 단독으로는 거의 아무것도 할 수 없는 땅일 경우에는 바로 옆에 붙어 있는 땅의 주인에게 불하우선권이 주어진다는 사실을 반드시 알아둬야 한다. 남쪽으로 두 개의 필지 모두가 평택시 소유이고, 그 중 하나만 불하받아도 남쪽으로 도로를 낼 수 있겠다 싶어 필자의 수강생이 해당 물건을 낙찰 받게 됐다. 여기까지는 별 무리 없는 해피엔딩처럼 보였다.

물건을 낙찰 받아 등기 이전을 마치고 나서 그 2필지의 불하신청을 위해 평택시에 갔다. 가서 확인해보니 왼쪽 자투리땅은 왼쪽 집에서 얼마 전에 불하신청해서 그 집 주인이 사용하고 있었다. 등기부등본에 이전 작업이 늦어져 조사 당시에는 나타나지 않은 것이었다. 이제는 오른쪽 자투리땅이 유일한 희망이 되어버린 셈이었다.

문제는 오른쪽 땅에 접한 오른쪽 집 주인도 이번 경매에 응찰했지만, 수강생에 밀려 떨어지고 말았다는 데 있었다. 보통 경매 투자를 할 때 어떤 물건의 가격이 크게 하락하지 않았을 때는 전문가들도 그다지 유심히 보지 않는다. 하지만 이번 물건처럼 가격이 절반 이하로 떨어졌을 때는 세밀하게 들여다보고 관찰한다. 오른쪽 집 주인도 불하를 염두에 두고 있다가 입찰한 모양이었다. 경쟁을 눈치 챈 수강생이 가격을 조금 높게 써서 낙찰 받았더니, 물건을 놓친 그 집 주인이 동시에 불하신청을 한 것이었다. 2필지의 땅은 양쪽 모두에 접해 있으니 두 사람 모두에게 우선권이 주어진다. 평택시에서는 공정한 일 처리를 위해 두 사람을 상대로 입찰한다고 말했다. 그 땅을 불하받기 위해 두 사람이 감정적인 출혈 경쟁을 한다면, 엉뚱한 비용 지출로 수익 실현이 어려울 수 있는 처지가 된 것이었다.

이럴 때는 협상 가능한 모든 길을 빨리 모색하는 게 좋다. 필자는 수강생과 함께 왼쪽 땅을 불하받은 집을 찾아가 혹시 다시 팔 수 있는지를 물었다. 다행히 왼쪽 집은 이 땅을 그냥 마당으로만 쓰고 있어 최소한의 비용으로 되팔겠다고 해서 진입도로를 확보할 수 있게 됐다. 오른쪽 땅이 필요 없게 된 후 입찰에 응하지 않겠다고 시에 통보하니, 오른쪽 집 주인도 반만 사겠다고 했다. 그래서 나머지 반은 우리가 불하받겠다고 요청하고, 오른쪽 땅 절반도 싸게 불하받아 꽤 넓은 진입도로를 확보하게 됐다.

그 뒤로 일이 더 잘 풀려서 땅의 경사도에 맞는 건축 설계가 제대로 나와서 입찰 전에 예상했던 가격으로 렌탈 하우스 건축업자에게 팔 수 있었다. 이 사례를 통해 배울 수 있는 것은 어떤 땅에 진입도로가 없더라도 해당 부지와 도로 사이의 작은 땅을 눈여겨보라는 사실이다. 그 자투리땅이 국유지이거나 지방자치단체 소유일 때는 그 땅을 불하받아 진입도로로 만들면, 건축할 수 있는 훌륭한 토지로 만들 수 있기 때문이다.

2013 타경 3208 경기도 평택시 신장동

2013 타경 3208 (임의)		물번1 [잔금납부] ∨		매각기일 : 2014-06-23 10:00~ (월)		경매4계 ▨▨▨▨▨
소재지	(▨▨▨▨) 경기도 평택시 신장동 ▨▨▨ [도로명주소] 경기도 평택시 목천로25번길 ▨▨ (신장동)					
물건종별	주택	채권자	▨▨▨ ▨ ▨ ▨▨▨ ▨▨유동화전문 유한회사		감정가	328,875,500원
토지면적	296㎡ (89.54평)	채무자	이우▨		최저가	(45%) 147,336,000원
건물면적	113.3㎡ (34.27평)	소유자	김혜▨외2명		보증금	(10%) 14,734,000원
제시외면적	16.5㎡ (4.99평)	매각대상	토지/건물일괄매각		청구금액	677,994,232원
입찰방법	기일입찰	배당종기일	2013-05-21		개시결정	2013-03-05

기일현황

회차	매각기일	최저매각금액	결과
신건	2013-12-30	328,875,500원	유찰
2차	2014-02-03	263,100,000원	유찰
3차	2014-03-10	210,480,000원	유찰
4차	2014-04-14	168,384,000원	변경
5차	2014-06-23	147,336,000원	매각
신동▨/입찰3명/낙찰181,430,000원(55%) 2등 입찰가 : 173,800,000원			
	2014-06-30	매각결정기일	허가
	2014-08-13	대금지급기한	납부

[건물목록]

목천로 ■■■ [주택]
목조
세멘브록조 43.8㎡ (13.25평)
단가㎡ : 200,000원
금액 : 8,760,000원
공부상면적 (37.08㎡)

목천로 ■■■ [주택]
목조
세멘브록조 69.5㎡ (21.02평)
단가㎡ : 200,000원
금액 : 13,900,000원
공부상면적 (26.67㎡)

🔍 **건축물대장**

[건물기타현황]
- 이용상태(단독주택)
- 유류온수 보일러에 의한 난방구조

[제시외건물]

목천로 ■■■ [창고]
목조
단층 1.8㎡(0.54)평
단가㎡ : 30,000원
금액 : 54,000원
매각포함

목천로 ■■■ [창고]
목조
단층 6.1㎡(1.85)평
단가㎡ : 15,000원
금액 : 91,500원
매각포함

목천로 ■■■ [보일러설]
블럭조
단층 1.0㎡(0.3)평
단가㎡ : 50,000원
금액 : 50,000원
매각포함

[토지목록]

신장동 ■■■ [대지]
제1종일반주거지역 : 296㎡(89.54평)
표준지가 : 570,000원
단가㎡ : 1,030,000원
금액 : 304,880,000원

🔍 **토지이용계획/공시지가**
🔍 **부동산정보 통합열람**

[토지기타현황]
- 신장1동주민센터 동측 인근에 위치
- 주위는 단독주택 기존 단독주택이 혼재
- 본건은 차량접근 불가능 남측 동측 근거리에 시내 노선버스정류장이 소재 대중교통 보통
- 북동측 북서측 노폭 약 1미터의 포장 도로에 접합

[비고]

🔍 **감정평가서**

[감정평가]

🔍 감정평가현황 ■ 감정	
가격시점	2013-03-11
감정가	328,875,500원
토지	(92.7%) 304,880,000원
건물	(6.89%) 22,660,000원
제시외포함	(0.41%) 1,335,500원

배당종기일 : 2013-05-21
- 매각물건명세서상 조사된 임차내역이 없습니다

🔍 **매각물건명세서**
🔍 **예상배당표**

▷ 주민센터 전입세대
== 전입세대없음 ==
열람일시 : 2013-12-19

🔍 **전입세대열람**

(근)저당
2007-05-25   건물/토지
수산업협동조합중앙회
242,400,000원

(근)저당
2008-05-21   건물/토지
수산업협동조합중앙회
68,400,000원

소유권
2008-06-03   건물/토지
박재■
매매

소유권
2009-04-30   건물/토지
이우■
매매

가압류
2012-12-21   건물/토지
수산업협동조합중앙회
10,285,926원

임의경매
2013-03-06   건물/토지
수산업협동조합중앙회
청구 : 677,994,232원
2013타경3208
■■■■■■■■■유동화전
문유한회사
(02-399-0100)
▷ 채권총액 :
321,085,926원

🔍 **등기부등본열람**

건물열람 : 2013-03-14
토지열람 : 2013-03-14

감정평가사의 지적 현황

매각물건 주변 항공사진

출처 : 다음지도 항공사진

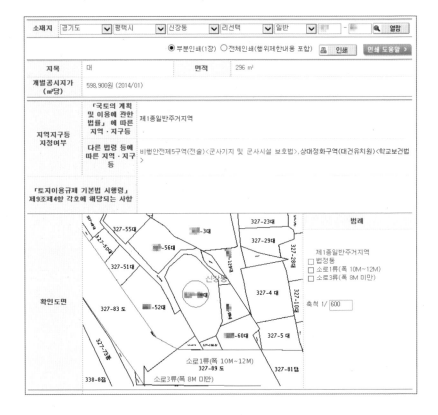

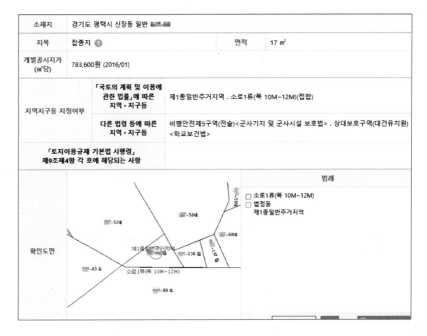

소재지	경기도 평택시 신장동 일반 █████			
지목	잡종지 ❓		면적	17 ㎡
개별공시지가 (㎡당)	783,600원 (2016/01)			
지역지구등 지정여부	「국토의 계획 및 이용에 관한 법률」에 따른 지역·지구등	제1종일반주거지역 , 소로1류(폭 10M~12M)(접합)		
	다른 법령 등에 따른 지역·지구등	비행안전제5구역(전술)<군사기지 및 군사시설 보호법> , 상대보호구역(대건유치원) <학교보건법>		
	「토지이용규제 기본법 시행령」 제9조제4항 각 호에 해당되는 사항			

범례
☐ 소로1류(폭 10M~12M)
☐ 법정동
제1종일반주거지역

3○○-92번지의 국유지 지적도

매각물건 전경 1

매각물건 전경 2

등기사항전부증명서(말소사항 포함) - 토지

||||||||||||||||||||

[토지] 경기도 평택시 신장동 ▩▩-136

고유번호 1354-2011-▩▩▩▩▩

【 표　제　부 】 （토지의 표시）

표시번호	접　수	소　재　지　번	지　목	면　적	등기원인 및 기타사항
1	2011년8월17일	경기도 평택시 신장동 ▩▩-136	잡종지	18㎡	분할로 인하여 경기도 평택시 신장동 ▩▩-92에서 이기

【 갑　　구 】 （소유권에 관한 사항）

순위번호	등　기　목　적	접　수	등　기　원　인	권　리　자　및　기　타　사　항
1 (전 1)	소유권이전	1998년5월4일 제12763호	1998년5월1일 공공용지협의취득	소유자 평택시 3120 분할로 인하여 순위 제1번 등기를 경기도 평택시 신장동 ▩▩-92에서 전사 접수 2011년8월17일 제26296호.

-- 이 하 여 백 --

관할등기소 수원지방법원 송탄등기소

• 본 등기사항증명서는 열람용이므로 출력하신 등기사항증명서는 법적인 효력이 없습니다.
• 실선으로 그어진 부분은 말소사항을 표시함. • 등기기록에 기록된 사항이 없는 갑구 또는 을구는 생략함. • 증명서는 컬러 또는 흑백으로 출력 가능함
열람일시 : 2014년07월18일 19시42분40초

1/1

토지 안에 있는 폐도로

다음에 살펴볼 토지도 경매가 진행됐고, 4차까지 가격이 하락한 물건이다. 1종 일반주거지역으로, 도시 중심에 있는 토지가 4차까지 떨어지는 것은 드문 경우다. 그래서 권리분석을 해본 결과, 총 4필지이며, 중앙에 국유지 토지의 도로가 지나가고 있었다.

지적도에는 도로가 있지만, 항공사진으로 본 결과, 현재는 사용하지 않는 폐도로가 가운데로 지나가고 있는 것을 확인했다. 중심에 있는 토지 때문에 건축허가가 불가능하기에 가격이 하락한 것이다. 앞에서도 설명했지만, 이런 경우에는 바로 옆 토지주가 불하신청하면 감정을 통해 수의계약으로 불하해준다. 그래서 필자의 강의를 수강 중인 한 사람에게 낙찰을 권했고, 단독으로 낙찰 받았다. 그 후 수의계약으로 중앙에 있는 도로 32㎡를 매입했다. 등기부등본을 보면, 2016년 9월에 매매한 것으로 나온다. 이제는 총 40평으로 어엿한 근린생활시설 건축물을 세울 수 있는 토지로 만들었다.

2014 타경 15973 전라남도 목포시 양동

2014 타경 15973 (강제)		매각기일 : 2016-04-11 10:00~ (월)		경매1계 061-
소재지	(■■■■) 전라남도 목포시 양동 ■■-■ 외3필지 [도로명] 전라남도 목포시 북항로 ■■ (양동)			
용도	대지	채권자	■■■■	감정가	50,898,000원
토지면적	98㎡ (29.64평)	채무자	최복■	최저가	(45%) 22,802,000원
건물면적		소유자	최복■	보증금	(10%) 2,281,000원
제시외		매각대상	토지만매각	청구금액	40,900,551원
입찰방법	기일입찰	배당종기일	2015-03-04	개시결정	2014-12-23

기일현황 ▼간략보기

회차	매각기일	최저매각금액	결과
신건	2015-11-30	50,898,000원	유찰
2차	2016-01-11	35,629,000원	유찰
3차	2016-02-29	28,503,000원	유찰
4차	2016-04-11	22,802,000원	매각
	낙찰24,610,000원(49%)		
	2016-04-18	매각결정기일	허가
	2016-05-18	대금지급기한 납부 (2016.05.09)	납부
	2016-06-29	배당기일	완료
	배당종결된 사건입니다.		

☑ 건물현황

[건물목록]

[건물기타현황]
-

[제시외건물]
양동 ■■■-■ ■ ■ [컨테이너 및에 등석화장실]
미상
(ㄱ)
금액 : 원
매각제외

☑ 토지현황

[토지목록]

양동 ■■-■ [대지]
제1종일반주거지역 : 32㎡(9.68평)
표준지가 : 372,000원
단가㎡ : 510,000원
금액 : 16,320,000원

양동 ■■-■■ [대지]
제1종일반주거지역 : 26㎡(7.86평)
표준지가 : 372,000원
단가㎡ : 459,000원
금액 : 11,934,000원

양동 ■■■-■ [대지]
제1종일반주거지역 : 36㎡(10.89평)
표준지가 : 372,000원
단가㎡ : 612,000원
금액 : 22,032,000원

양동 ■■■-■ [도로]
제1종일반주거지역 : 4㎡(1.21평)
표준지가 : 372,000원
단가㎡ : 153,000원
금액 : 612,000원

☑ 토지이용계획/공시지가
☑ 부동산정보 통합열람

[토지기타현황]
- ■■파크맨션아파트 북측 인근에 위치
- 주변은 상가 및 후면 주택이 소재한 주택상가지대
- 본건까지 차량출입 가능 대중교통수단이용은 무난시됨
- 1) - 3) 유사 사다리형 토지 접면도로 및 인접필지와 대체로 등고평탄시 일련번호 4) 삼각형 토지 접면도로 및 인접필지와 대체로 등고평탄시
- 1) 남측 왕복 4차선의 아스팔트 포장도로에 접함 2) 북서측 폭 약 3m의 시멘트 포장도로에 접함 3) 남측 왕복 4차선의 아스팔트 포장도로로 서측 폭 약 4m 북서측 폭 약 3m의 시멘트 포장도로에 접함 4) 본건이 도로임

[비고]

☑ 임차인/대항력여부

배당종기일 : 2015-03-04
- 매각물건명세서상 조사된 임차내역이 없습니다

☑ 매각물건명세서
☑ 예상배당표

☑ 등기사항/소멸여부

소유권
1996-12-04   토지
최복■
협의분할에 의한 상속

가등기
1999-06-11   토지
김찬■
2004다59546 판례보기

가등기(가처분)
2014-04-03   토지
■■신용보증기금
광주지방법원목포지원
(2014가단■■■)
가처분취소보기
2015.08.03 일부해제
2002다58389 판례보기

가압류
2000-03-27   토지
기술신용보증기금
21,119,997원

압류
2001-03-26   토지
국 - 목포세무서
(46210-1568)

가압류
2004-02-12   토지
■■금융공사
37,011,459원

가압류
2004-09-21   토지
■■금융공사
27,706,648원

가압류
2008-10-09   토지
■■보증보험
12,445,730원

압류
2012-12-20   토지
목포시
(세정과-21778)

강제경매
2014-12-23   토지
■■■■
청구 : 40,900,551원
2014타경■■배당종결

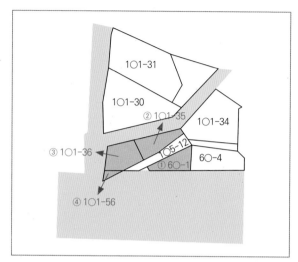

감정평가사의 지적 현황

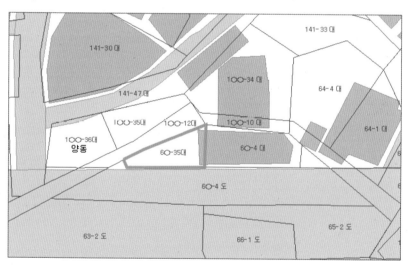

매각물건 중심에 있는 1○○-12의 폐도로 부지

소재지	전라남도 목포시 양동 █████		
지목	대 ❓	면적	32 m²
개별공시지가 (m²당)	376,000원 (2016/01)		
지역지구등 지정여부	「국토의 계획 및 이용에 관한 법률」에 따른 지역 · 지구등	도시지역 , 제1종일반주거지역	
	다른 법령 등에 따른 지역 · 지구등	가축사육제한구역<가축분뇨의 관리 및 이용에 관한 법률> , 주거환경개선지구(2004-12-08)(대성양동지구) <도시저소득주민의주거환경개선을위한임시조치법> , 상대정화구역<학교보건법>	
「토지이용규제 기본법 시행령」 제9조제4항 각 호에 해당되는 사항			
확인도면			

중심에 있는 도로는 지적도에만 있으며 현재는 폐도로다

매각물건 전경

등기사항전부증명서(말소사항 포함) - 토지

고유번호 2011-1996-■■■■■■

[토지] 전라남도 목포시 양동 ■■■■

【 표 제 부 】 (토지의 표시)

표시번호	접 수	소 재 지 번	지목	면 적	등기원인 및 기타사항
1 (전 2)	2000년3월2일	전라남도 목포시 양동 ■■■■	대	27㎡	
					부동산등기법 제177조의 6 제1항의 규정에 의하여 2000년 03월 20일 전산이기

【 갑 구 】 (소유권에 관한 사항)

순위번호	등 기 목 적	접 수	등 기 원 인	권리자 및 기타사항
1 (전 1)	소유권보존	1996년7월16일 제31795호		소유자 국 관리청 철도교통부
				부동산등기법 제177조의 6 제1항의 규정에 의하여 2000년 03월 20일 전산이기
1-1	1번등기명의인표시변경	2000년6월9일 제25635호	2000년5월30일 인수인계	관할교통부의 성명(명칭) 재정경제부
1-2	1번등기명의인표시변경	2010년3월2일 제8595호	2008년2월29일 정부조직법개정(법률 제8852호.)	재정경제부의 성명(명칭) 기획재정부 등록번호 221

열람일시 : 2017년01월08일 14시25분21초

1/3

순위번호	등 기 목 적	접 수	등 기 원 인	권리자 및 기타사항
2	소유권이전	2016년10월7일 제40530호	2016년9월22일 매매	소유자 손기■ 751231-******* 경상남도 하동군 화개면 정금대비길 ■■■ 거래가액 금11,718,000원

【 을 구 】 (소유권 이외의 권리에 관한 사항)

순위번호	등 기 목 적	접 수	등 기 원 인	권리자 및 기타사항
1	근저당권설정	2016년10월19일 제42209호	2016년10월19일 설정계약	채권최고액 금24,000,000원 채무자 손기■ 경상남도 하동군 화개면 정금대비길 ■■■ 근저당권자 목포농업협동조합 201136-0000563 전라남도 목포시 영산로 ■■■(석현동) (대성지점) 공동담보 토지 전라남도 목포시 양동 ■■■ 토지 전라남도 목포시 양동 ■■■ 토지 전라남도 목포시 양동 ■■■
2	지상권설정	2016년10월19일 제42210호	2016년10월19일 설정계약	목 적 건물 기타 공작물이나 수목의 소유 범 위 토지의 전부 존속기간 2016년 10월 19일부터 만30년 지 료 없음 지상권자 목포농업협동조합 201136-0000563 전라남도 목포시 영산로 ■■■(석현동)

-- 이 하 여 백 --

열람일시 : 2017년01월08일 14시25분21초

2/3

하천이나 구거를 점유허가로 복개하거나 다리를 만드는 방법

　맹지 탈출의 고전적인 방법 중 하나는 하천이나 구거를 활용하는 방법이다. 이 또한 건축법에서 정한 연결도로의 확보 규정에서 나온 것이다. 복개된 하천이나 구거 부지인 경우에 모든 지방자치단체가 건축법상 도로로 인정하고 있나. 하천이나 구거는 대부분 국유지 또는 지자체다. 지목이 하천이나 구거이며, 현재 현황도로로 사용하고 있는 경우에는 건축법상 도로로 인정하고 있다. 현황도로가 아니라도 점유허가를 통해 도로로 인정받을 수 있다.

　구거는 하천보다는 규모가 작은 물이 흐르는 토지를 '구거'라고 한다. 주로 논 같은 토지에 물을 대기 위한 토지의 지목이 구거다. 그러나 주변 환경의 변화(논이 없어지며)로 인해 지목은 구거이며, 국가나 지자체가 주인인 토지이지만, 물이 흐르지 않는 구거가 상당히 많다. 이런 경우의 토지를 도로로 이용하면 대부분 건축법상 도로로 인정해서 건축허가를 내준다.

그러나 지목이 하천 또는 구거이며, 현황이 물이 흐르는 경우는 다르다. 구거를 횡으로 사용하는 경우에는 다리를 놓거나 물이 흐를 수 있는 관을 묻으면 건축법상 도로로 인정받는다. 그러나 종으로 사용하며 관을 묻거나, 복개 공사하는 것은 민원이 없어야 하고, 복개해도 아무 문제(이웃의 농사나 장마 시 피해)가 없다는 게 확인되어야 하므로 쉬운 방법은 아니다. 이 방법을 아는 사람들은 길이 나 있는 개천 너머의 땅도 소홀히 보지 않는다. 다리만 놓으면 건축 가능한 훌륭한 땅으로 변모할 수 있기 때문이다. 다리의 길이가 길어도 허가는 내주지만 금액으로는 상당한 부담이 될 수도 있다.

결론적으로 이야기하자면 국유지인 하천 구거가 현황이 물이 흐르지 않으면 건축법상 도로로 인정받을 수 있다. 그러나 물이 흐르는 하천이나 구거는 다리를 만들어야 되는 경제적 부담이 있다.

경고문 덕분에
싸게 낙찰 받은 사례

2012년도의 일이다. 경기도 가평군 가평읍에 있는 2필지의 임야 425평이 임의경매로 나왔다. 최초 가격은 1억 2,600만 원이었는데, 4분의 1인 3,300만 원까지 하락했다. 현장을 가보니 개발업자가 임야를 개발해 집을 지을 수 있도록 반듯하게 분할했다가 일이 잘못되어 경매로 나온 것으로 보였다. 이 필지로 들어오는 입구에 다리를 놓아 진입도로를 만든 뒤 개발허가를 받은 것이었다. 문제는 입구의 다리가 막혀 있었고, 경고문까지 붙어 있었던 데 있었다. 경고문에는 '본 교량은 개인 사유지이므로 무단출입 시 민형사상 고발 조치하겠다'는 엄포성 내용이 적혀 있었다. 경매가가 4분의 1까지 떨어진 것은 바로 이 때문이었다.

이 다리가 경고 문구대로 그냥 사유지라면 다리 안쪽의 땅은 졸지에 맹지로 전락할 뿐만 아니라, 낙찰을 받더라도 다리 사용료, 또는 구매비로 얼마의 비용이 더 들지 알 수 없는 상황이어서 응찰자로서는 난감할 수밖에 없다. 개발허가를 받은 사실을 믿고, 혹시나 해서 해당 군청에 가서 확인해봤다. 그랬더니 문제의 다리를 포함한 진입도로가 도로관리대장에 올라가 있는 것을 발견했다. 그것을 확인하는 순간, 엉터리 경고문에 '많은 사람이 당했구나' 하는 생각에 알 수 없는 쾌감이 솟구쳤다.

필자의 수강생 중 한 명에게 입찰을 권유해 입찰에 참여했으나 경고문 때문에 다른 사람이 이 물건에 참여 안 하리라 생각하고 최저가로 입찰을 권했다. 그런데 의외로 한 명이 참여해 결국 낙찰에는 실패했다.

2012 타경 22856 가평군 가평읍 개곡리

2012 타경 22856 (임의)		매각기일 : 2013-07-24 10:30~ (수)		경매1계 ▩▩▩▩	
소재지	경기도 가평군 가평읍 개곡리 ▩▩▩ 외2필지				
용도	임야	채권자	한○○○○○○	감정가	126,853,000원
토지면적	1404㎡ (424.71평)	채무자	이○○	최저가	(26%) 33,254,000원
건물면적		소유자	차○○○○	보증금	(10%)3,325,400원
제시외		매각대상	토지일괄매각	청구금액	181,165,994원
입찰방법	기일입찰	배당종기일	2012-08-17	개시결정	2012-05-24

기일현황 ☑간략보기

회차	매각기일	최저매각금액	결과
신건	2012-11-21	126,853,000원	유찰
2차	2012-12-26	101,482,000원	유찰
	2013-01-30	81,186,000원	변경
3차	2013-03-06	81,186,000원	유찰
4차	2013-04-10	64,949,000원	유찰
5차	2013-05-15	51,959,000원	유찰
6차	2013-06-19	41,567,000원	유찰
7차	2013-07-24	33,254,000원	매각
마서▩/입찰2명/낙찰37,999,999원(30%)			
	2013-07-31	매각결정기일	허가
	2013-08-30	대금지급기한 납부 (2013,08,29)	납부
	2013-09-16	배당기일	완료
배당종결된 사건입니다.			

▶ 물건현황/토지이용계획	▶ 면적(단위:㎡)	▶ 임차인/대항력여부	▶ 등기사항/소멸여부
을미촌마을 북동측 인근에 위치 주위는 전, 답 등의 농경지, 임야, 농가주택 등이 혼재 차량접근 가능하며, 인근에 버스정류장이 소재 대중교통사정은 다소 불편시됨 북서하향의 완경사지대내 자체지반 평탄화 작업중인 사다리형(또는 유사사다리형)토지 맹지이며 인접필지를 통해 출입가능 기호1)하천구역 계획관리지역(개곡리 ■■■) 계획관리지역(개곡리 ■■■) 농림지역 계획관리지역(개곡리 ■■■) 일괄매각, 맹지	**[토지]** 개곡리 ■■■■■ 계획관리지역 463㎡ (140.06평) 계획관리지역 　　현황"잡종지" 개곡리 ■■■■■ 계획관리지역 461㎡ (139.45평) 계획관리지역 　　현황"잡종지" 개곡리 ■■■■■ 농림지역 계획관리지역 480㎡ (145.2평) 농림지역 계획관리지역 　　현황"잡종지"	배당종기일 : 2012-08-17 - 매각물건명세서상 조사된 임차내역이 없습니다	**소유권**　　　　이전 2009-02-19　　토지 이OOOOO 매매 **소유권(지분)**　이전 2011-07-28　　토지 이OO 　공유물 분할 　이혜■,차오■,최망■지분 **(근)저당(지**　토지소멸기 **분)**　　　　준 2011-07-28　　토지 한OOOOOO 226,200,000원 　이혜■,차오■지분 **지상권**　　　　소멸 2011-07-28　　토지 한OOOOOO **(근)저당**　　　소멸 2011-07-28　　토지 이OO 210,000,000원 **가등기**　　　　소멸 2011-07-28　　토지 이OO 　공유자전원지분 **임의경매**　　　소멸 2012-05-24　　토지 한OOOOOO 청구 : 181,165,994원

☞ 토지이용계획/공시지가
☞ 부동산정보 통합열람

▶ 감정평가현황 ■■감정

가격시점	2012-06-05
감정가	126,853,000원
토지	(100%) 126,853,000원

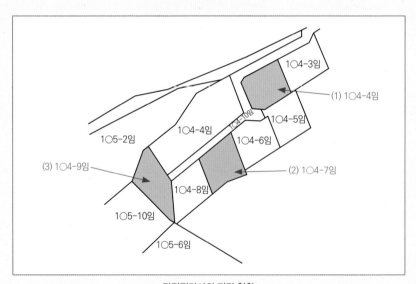

감정평가사의 지적 현황

매각물건 주변 항공사진 및 지적도

출처 : 다음지도 항공사진

매각물건 출입도로로 사용 중인 교량 전경

도로 사용 경고판

충청북도 충주시 앙성면 용대리

이번에는 필자의 수강생 중 한 명이 구거 부지를 활용해 집을 지은 사례를 살펴보자. 충북 충주에 있는 땅인데, 연결도로가 지적도상에는 아주 좁게 있지만, 현황은 없어 고민하다가 부지 바로 옆에 붙어 있는 구거 부지를 활용해 집을 지었다. 관할 시에 구거점용허가신청을 낸 뒤 도로포장을 해 집을 지을 수 있게 했다.

여기서 알아둬야 할 점은 구거점용을 신청했다고 해서 반드시 허가로 이어지지는 않는다는 사실이다. 수강생의 경우에는 개천을 따라 세로로 허가를 받았는데, 물이 흐르는 구거에 30m 정도 관을 묻고 도로를 넓힌 뒤에 건축허가를 받았다. 이것은 상당히 드문 경우였으나 대표적인 사례이므로 소개하니 참고했으면 한다. 필자도 이와 비슷한 곳에 신청한 적이 있었지만, 허가를 받지 못했던 경험이 있다.

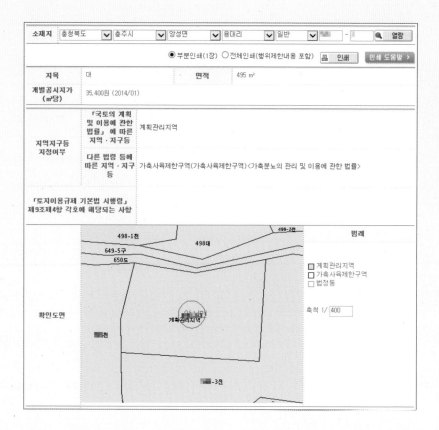

| 소재지 | 충청북도 ▾ | 충주시 ▾ | 앙성면 ▾ | 용대리 ▾ | 일반 ▾ | ▓▓ - | 🔍 열람 |

● 부분인쇄(1장) ○ 전체인쇄(행위제한내용 포함)   🖨 인쇄   인쇄 도움말 >

| 지목 | 대 | 면적 | 495 ㎡ |
| 개별공시지가
(㎡당) | 35,400원 (2014/01) | | |

지역지구등 지정여부	「국토의 계획 및 이용에 관한 법률」에 따른 지역·지구등	계획관리지역
	다른 법령 등에 따른 지역·지구 등	가축사육제한구역(가축사육제한구역)<가축분뇨의 관리 및 이용에 관한 법률>
「토지이용규제 기본법 시행령」 제9조제4항 각호에 해당되는 사항		

| 확인도면 | 범례

□ 계획관리지역
□ 가축사육제한구역
□ 법정동

축척 1/ 400 |

498-1천   498대   499-2천
649-5구
650도
▓▓천
▓▓-3천
계획관리지역

구거를 이용한 도로 지적도 및 항공사진

출처 : 다음지도 항공사진

공장진입 전용 토지도 출입에
지장이 없는 도로로 인정될까?

2016년 충남 아산시에 경매로 나온 3필지의 땅은 '공장전용 사도가 건축법상 도로로 해석될 수 있는지' 여부를 보여주는 경우다. 지목은 일부 대지와 전, 답으로 구성됐고, 읍 이하의 비도시지역에 해당하는 땅이다. 그림을 보면 큰 도로에서 주택까지 진입도로기 연결된 것을 확인할 수 있는데, 문제는 이 통로가 바로 옆 공장에서 개설한 사도라는 것이다. 공장에 속해 있는 개인 사유지이기 때문에 통상적인 공로가 아니며, 불특정 다수가 통행하는 도로도 아니다. 경매로 나온 집은 오래전에 도랑 옆길을 이용해 집을 지은 후, 공장의 도로가 생기고 나서 함께 쓰고 있었다. 이러한 경우 이 물건을 낙찰 받아 낡은 주택을 허물고 새로 건축을 할 수 있을까?

만일 이 도로가 불특정 다수가 다니는 통로라면, 건축법 제45조(주민이 오랫동안 이용해온 사실상의 통로)에 의거해 허가를 받을 수 있지만, 공장이 개설해 공장만 쓰고 있는 전용 통로여서 허가를 자신할 수가 없었다. 그래서 아산시에 해당 부지 3필지에 기존 건축물을 철거하고 건축물을 신축할 경우, 현재 통로로 사용하고 있는 도로의 소유자로부터 사용승인을 받아야 하는지를 서면으로 질의했다. 비도시지역이기 때문에 출입에 지장이 없다고 판단할 경우 건축허가를 내줄 수도 있을 거라고 생각했지만, 보내온 답변은 생각보다 복잡했다.

먼저 인근에 철도노선이 예정됐다는 점과 함께 해당 부지가 대지, 전, 답으로 구성되어서 건축하기 위해서는 건축허가(신고), 개발행위허가, 농지전용허가, 개인하수처리시설 설치신고, 철도보호지구 내의 행위신고 등의 인허가를 받아야 한다는 것이었다.

또한 도로와 관련해서도 도로조건을 충족해야 한다고 알려왔다. 도로조건을 충족하기 위해서는 통로로 사용 중인 토지의 소유주로부터 사용승인을 받아 진입도로를 개설해야 한다는 것이다. 해당 부지가 비도시지역이기 때문에 허가권자에 따라 출입에 지장이 없다고 판단하면 건축허가를 내줄 수도 있겠지만, 아산시에서는 이렇게 판단했다.

이번 사례에서 또 하나 알아야 할 점은 지목이 대지가 아닐 경우 허가관계가 다소 복잡하다는 것이다. 건축 대상 부지가 단순히 대지라면 건축과에서만 허가를 받으면 된다. 하지만 지목에 전과 답의 농지가 포함된 경우에는 농지과와 도시개발과에도 들러 농지전용이나 개발행위허가를 추가로 받아야 한다. 이번 사례는 건축과에 해당하는 도로의 해석문제도 쉽지 않았지만, 농지전용이나 상하수도 설치 같은 개발행위허가라는 더 까다로운 산을 넘어야 하는 그런 사안이었다. 집이 너무 낡아 새로이 건축할 경우 문제가 많을 것 같아서 결국 필자는 이 물건 입찰을 포기했다.

2016 타경 3194 충청남도 아산시 영인면 신현리

2016 타경 3194 (임의)		매각기일 : 2016-11-08 10:00~ (화)			경매7계 ██ ██ ██	
소재지	(████) 충청남도 아산시 영인면 신현리 ███ 외3필지					
	[도로명] 충청남도 아산시 신현로23번길 ██(영인면)					
용도	대지	채권자	김기█		감정가	197,104,000원
토지면적	2101㎡ (635.55평)	채무자	정만█		최저가	(45%) 89,396,000원
건물면적		소유자	정만█		보증금	(10%) 8,940,000원
제시외	제외 : 212㎡ (64.13평)	매각대상	토지만매각		청구금액	170,000,000원
입찰방법	기일입찰	배당종기일	2016-05-30		개시결정	2016-03-25

기일현황

회차	매각기일	최저매각금액	결과
	2016-06-21	182,442,000원	변경
	2016-07-26	182,442,000원	변경
신건	2016-08-30	182,442,000원	유찰
2차	2016-10-04	127,709,000원	유찰
3차	2016-11-08	89,396,000원	매각
정만█/입찰5명/낙찰114,000,000원(58%) 2등 입찰가 : 103,330,000원			
	2016-11-15	매각결정기일	허가
	2016-12-15	대금지급기한 납부 (2016.12.14)	납부
	2017-01-12	배당기일	진행

이것이 진짜 맹지에 건축법상 도로 만들기다

건물현황	토지현황	임차연/대항력여부	등기사항/소멸여부
[건물목록]	**[토지목록]**	배당종기일 : 2016-05-30	**소유권**
	신현리 ▨▨▨ [대지]		2001-12-13　토지
[건물기타현황]	계획관리지역 : 307㎡(92.87평)	**백삼봉**	남명▨
-	표준지가 : 63,000원	전입 : 2014-03-31	협의분할로 인한 상속
	단가㎡ : 103,000원	확정 : 없음	**소유권**
[제시외건물]	금액 : 31,621,000원	배당 : 2016-04-25	2007-04-02　토지
신현리 ▨▨▨ [창고]		보증 : 2,000,000원	정만▨
목조	신현리 ▨▨▨ [대지]	점유 : 건물의 전부	협의분할에 의한 상속
(ㄱ) 22㎡(6.65)평	계획관리지역 : 479㎡(144.9평)		**(근)저당**
단가㎡ : 9,000원	표준지가 : 63,000원	🖘 **매각물건명세서**	2007-04-02　토지
금액 : 198,000원	단가㎡ : 103,000원	🖘 **예상배당표**	아산축산업협동조합
매각제외	금액 : 49,337,000원		67,600,000원
		- 본 임대관계 조사서는 관	**지상권**
신현리 ▨▨▨ 외 1필지 [주택]	신현리 ▨▨▨ [답]	할 동사무소의 전입세대 열	2007-04-02　토지
목조	계획관리지역 : 559㎡(169.1평)	람 내용을 토대로 작성하였	아산축산업협동조합
(ㄴ) 78㎡(23.59)평	표준지가 : 50,000원	다.	**압류**
단가㎡ : 71,000원	단가㎡ : 72,000원		2010-06-11　토지
금액 : 5,538,000원	금액 : 40,248,000원		아산시
매각제외			(세무과-11595)
	신현리 ▨▨▨ [전]		**(근)저당**
신현리 ▨▨▨ [창고]	계획관리지역 : 756㎡(228.69평)		2013-08-26　토지
목조	표준지가 : 50,000원		김기▨
(ㄷ) 48㎡(14.52)평	단가㎡ : 81,000원		170,000,000원
단가㎡ : 34,000원	금액 : 61,236,000원		**압류**
금액 : 1,632,000원			2013-09-24　토지
매각제외	🖘 **토지이용계획/공시지가**		국 - 천안세무서
	🖘 **부동산정보 통합열람**		(재산세과-5656)
신현리 ▨▨▨ 외 1필지 [창고]			**압류**
시멘트블록조	**[토지기타현황]**		2015-08-05　토지
(ㄹ) 64㎡(19.36)평	- 배내마을 서측 인근에 위치		아산시
단가㎡ : 33,000원	- 주위는 농경지 및 공장 등이 소재한		(교통행정과-41238)
금액 : 2,112,000원	마을주변 농경지대		**임의경매**
매각제외	- 본건 또는 인접필지 까지 차량의 접근		2016-03-25　토지
	이 가능 인근 노선버스정류장과의 거		김기▨
신현리 ▨▨▨ [수목]	리 및 운행빈도수 등을 고려시 제반교		청구 : 170,000,000원
단풍나무,감나무등약2주	통상황은 보통		2016타경▨▨
(ㅁ)	- 부정형의 완경사지		▷ 채권총액 :
금액 : 500,000원	- 기호1-3)지적도상 맹지임		237,600,000원
매각제외	- 기호4)지적도상 맹지 남동측 타인소유		
	의 토지(6M 내외의 진입로)를 통해 접		🖘 **등기사항증명서**
신현리 ▨▨▨ [수목]	근은 가능		토지열람 : 2016-04-11
소나무등약6주			
(ㅂ)	**[비고]**		
금액 : 1,000,000원	※ 감정평가서상 제시외건물가격이 명시		
매각제외	되어있지않음, 입찰시 확인요함.		
	※ 제시외건물및수목이영향을받지않은		
신현리 ▨▨▨ [수목]	감정가:신현리 ▨▨▨ (34,998,000원), 신		
소나무등약3주	현리 ▨▨▨ (54,606,000원), 신현리		
(ㅅ)	▨▨▨ (65,016,000원)		
금액 : 2,000,000원	※ 제시외건물이영향을받지않은감정가:		
매각제외	신현리 ▨▨▨ (42,484,000원)		
	※ 감정가격은 제시외건물및수목의 영향		
	을 받지않는 토지의 감정가격이나 경매		
	진행은 제시외건물및수목의 영향을 받아		
	감안된 토지의 감정가격으로 진행합니		
	다,입찰시 확인요함;		

소재지	충청남도 아산시 영인면 신현리 ██████		
지목	전 ⑦	면적	756 ㎡
개별공시지가(㎡당)	53,700원 (2019/01) 🔍 연도별 보기		

지역지구등 지정여부	「국토의 계획 및 이용에 관한 법률」에 따른 지역·지구등	계획관리지역
	다른 법령 등에 따른 지역·지구등	가축사육제한구역(일부제한구역200m)<가축분뇨의 관리 및 이용에 관한 법률>
「토지이용규제 기본법 시행령」 제9조제4항 각 호에 해당되는 사항		<추가기재> 경계중복에 따라 용도지역이 중복 발급될 수 있으니 관련실과에 확인 바랍니다.

확인도면

범례

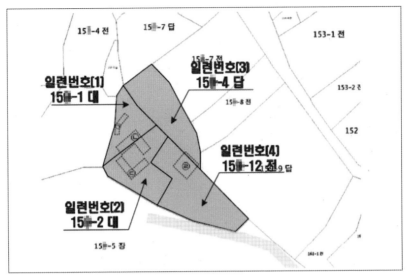

감정평가사의 지적 현황

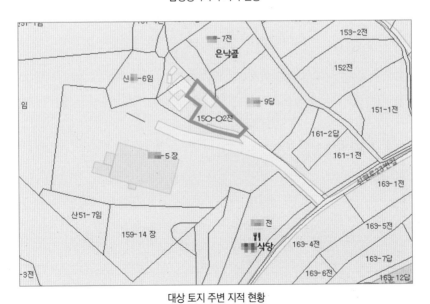

대상 토지 주변 지적 현황

출처 : 스마트국토정보 지적항공지도

건축물 및 진입도로 전경

매각물건 주변 항공사진

출처 : 다음지도 항공사진

2016 전국체전 성공개최! 31만 아산시민과 함께!

 아 산 시

수신 이종실 귀하 (우█████ 서울특별시 송파구 법원로█ █ ████ ████
      █ ████ (문정동))

(경유)

제목 질의민원에 대한 회신[이종*]

1. 귀하의 무궁한 발전을 기원합니다.

2. 아산시 영인면 신현리 ███-1외 3필지 건축을 위한 도로관련 민원에 대하여
아래와 같이 회신합니다.

■ **민원요지**

○ 아산시 영인면 신현리 ███-1외 3필지에 기존건축물을 철거하고 건축물을 신축
할 경우, 기존 도로로 사용하고 있는 영인면 신현리 ███-5번지(장) 토지 소유자의
토지사용승낙이 필요한지 여부

■ **회신내용**

가. 우리시 영인면 신현리 ███-1외 3필지는 지목이 대지, 전, 답이며, 용도지역상
계획관리지역으로 인근에 철도노선이 예정되어 있습니다. 상기 토지에 건축물을 건축하기
위해서는 건축허가(신고), 개발행위허가, 농지전용허가, 개인하수처리시설설치신고, 철도보
호지구내의 행위신고 등의 인·허가를 득하여야 합니다.

나. 귀하께서 질의하신 도로관련사항에 개발행위허가, 농지전용허가, 건축허가(신고)에
대하여 검토한 결과, 개발행위허가에 필요한 기반시설 중 도로조건을 충족하여야 합니다.

다. 기반시설인 도로 조건을 충족하기 위해서는 우리시 영인면 신현리 ███-5번지 토지
소유자의 토지사용승낙을 득하여 진입도로를 개설하여야 하며, 또한 영인면 신현리 ███-5번지의
일부를 도로로 개설 할 경우 건축물 소유자가 표시변경 신청하여 건축물대장의 대지면적 및
배치도 등을 수정함을 알려드립니다.

라. 위의 질의에 대한 회신은 법령에서 규정한 설계도서 등 구비서류 없이 단순히
귀하께서 질의하신 도로관련 사항에 대한 답변임을 알려드립니다.

3. 추가 문의사항이 있으신 경우, 우리시 허가담당관실(☎ █ ███, 담당자 : 김대 █)로
연락주시면 성심껏 답변드리도록 하겠습니다. 끝.

문서관리카드허가담당관-67168 (2016.10.27. 시행) 1/2

PART

03

건축법에 의해
고시된 도로

도로로 고시된 건축법상 도로

제45조 도로의 지정·폐지 또는 변경

① 허가권자는 제2조제1항 제11호 나목에 따라 도로의 위치를 지정·공고하려면 국토교통부령으로 정하는 바에 따라 그 노로에 대한 이해관계인의 동의를 받아야 한다.

다만, 다음 각 호의 어느 하나에 해당하면 이해관계인의 동의를 받지 않고 건축위원회의 심의를 거쳐 도로를 지정할 수 있다(개정 2013. 3. 23).

1. 허가권자가 이해관계인이 해외에 거주하는 등의 사유로 이해관계인의 동의를 받기가 곤란하다고 인정하는 경우.

2. 주민이 오랫동안 통행로로 이용하고 있는 사실상의 통로로서 해당 지방자치단체의 조례로 정하는 것인 경우.

② 허가권자는 제1항에 따라 지정한 도로를 폐지하거나 변경하려면 그 도로에 대한 이해관계인의 동의를 받아야 한다.

그 도로에 편입된 토지의 소유자, 건축주 등이 허가권자에게 제1항에 따라 지정된 도로의 폐지나 변경을 신청하는 경우에도 또한 같다.

③ 허가권자는 제1항과 제2항에 따라 도로를 지정하거나 변경하면 국토교통부령으로 정하는 바에 따라 도로관리대장에 이를 적어서 관리해야 한다(개정 2011. 5. 30, 2013. 3.23)

사유지를 건축법에 의해 진입도로로 사용했으나 시간이 흘러 사용승인에 의한 건축법상 도로가 되면서 현황상 도로지만, 주인이 바뀌거나 해서 많은 민원이 발생했다. 그러자 2013년 3월 23일 이후로 건축물 허가 시 진입도로를 사용승낙한 경우, 불특정 다수가 사용할 수 있도록 허가한다는 토지주의 인감을 첨부하고, 건축법에 의한 도로관리대장에 기록한 뒤 고시하게 됐다. 고시한 도로는 주인이 변경되어도 사용승낙 없이 누구나 사용하는 도로가 됐다. 따라서 2013년 3월 23일 이후 건축허가 시 도로대장에 고시된 진입도로는 누구나 사용할 수 있으나, 일반인들은 이 도로가 법 개정 후에 만들어진 도로인지를 확인할 수 있는 방법은 도로대장을 관리하는 담당자들에게 문의해야 알 수 있다.

필자가 전화로 문의했을 때는 아마 바빠서 그런 것이겠지만, 담당자가 고시를 참고하라고 하면서 끊을 때도 있었다. 그러나 방문해 물어보면 대부분 정확히 가르쳐준다. 그러나 2013년 3월 이후에 개발됐다고 하더라도, 비도시지역에 토지주의 사용승낙 없이 건축되는 경우의 진입도로는 건축법에 의한 도로대장에 고시되지 않는다. 읍 미만의 지역에서는 건축법 제44조와 45조를 적용하지 않는 경우 일어나는 현상이다. 따라서 도로의 생성과정을 정확히 알고, 차분히 조사한 후 투자를 결심해야 된다.

건축법상 도로 공고 고시 사례

민원인에게 우편으로 보내진
도로지정 공고 서류

인천광역시 옹진군청 공고 제2014-711호

건축허가(신고)에 따른 도로지정 공고

건축허가(신고) 처리에 따른 건축법 제2조 제1항 제11호 나목 및 동법 제45조 제1항의 규정에 의거 다음과 같이 도로지정 사항을 공고 합니다.

2014. 10. 20.

인천광역시 옹진군수

가. 도로지정 근거
- ○ 건축법 제45조(도로의 지정·폐지 또는 변경)
- ○ 건축법시행규칙 제26조의3(도로대장 등)

나. 도로지정 내역

구분	소재지	지번	지정면적	소유자(건축주)	지목	도로길이	도로너비	비고
계			997㎡			162m	6m	
1	영흥면 내리	1██8-98	245㎡	( )	임야			
2	영흥면 내리	1██8-105	210㎡	( )	임야			2014-건축민원과-신축신고-171호
3	영흥면 내리	1██8-134	542㎡	( )	임야			

다. 공고 방법 : 옹진군청 홈페이지 게시

라. 대장 열람 : 옹진군청 건축민원과 건축허가팀(☎ 032-899-████)에 비치

도로지정 공고는 했으나
도로준공 미완성으로 지목은 임야

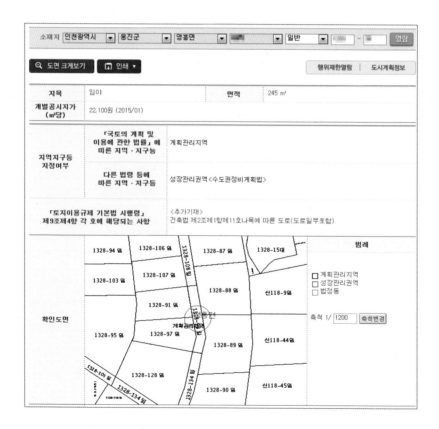

건축법상 도로 동의 일자와
토지 소유자의 서명이 들어간
건축법상 도로관리대장

■ 건축법 시행규칙[별지 제27호서식] 〈개정 2012.12.12〉

도로관리대장

(2면 중 제1면)

지정번호		

대지위치		지번
건축주	생년월일(사업자 또는 법인등록번호)	허가(신고)번호
도로길이	도로너비	도로면적
m	m	m²

이해관계인동의서

아래 부분을 건축법 제45조에 따른 도로로 지정함에 동의합니다.
※ 지정된 도로는 건축법 제2조에 따른 도로로 인정됩니다.

관련지번	동의 면적(m²)	동의 일자	토지 소유자	생년월일 (법인등록번호)	서명 또는 인
		작성자: 직급	성명		(서명 또는 인)
		확인자: 직급	성명		(서명 또는 인)

2012타경 43682
경기도 용인시 기흥구 신갈동

2012 타경 43682 (임의)		매각기일 : 2013-06-20 10:30~ (목)		경매15계 031-210-■■	
소재지	(■■■-■■) 경기도 용인시 기흥구 신갈동 ■■■-■			사건접수 2012-08-29	
물건종별	임야	채권자	양희■	감정가	404,482,000원
토지면적	662㎡ (200.25평)	채무자	장석■	최저가	(41%) 165,676,000원
건물면적		소유자	허완■	보증금	(10%)16,568,000원
제시외면적		매각대상	토지매각	청구금액	107,143,010원
입찰방법	기일입찰	배당종기일	2012-11-23	개시결정	2012-08-30

기일현황 ⊙ 입찰27일전

회차	매각기일	최저매각금액	결과
신건	2013-01-17	404,482,000원	유찰
2차	2013-02-19	323,586,000원	유찰
3차	2013-03-21	258,869,000원	유찰
4차	2013-04-18	207,095,000원	변경
4차	2013-05-21	207,095,000원	유찰
5차	2013-06-20	165,676,000원	

감정가감정단에 질문하기 [?]

모의입찰가 [0 원] 입력 [?]

? 건물현황	? 토지현황	? 임차인/대항력여부	? 등기부/소멸여부
[건물목록]	**[토지목록]**	배당종기일: 2012-11-23	**(근)저당**
	신갈동 ■■■-■ [임야]		2009-12-09 토지
[건물기타현황]	자연녹지지역 : 662㎡(200.25평)	- 매각물건명세서상	■■■수산업협동조합
-	표준지 : 99,200원	조사된 임차내역이	1,690,000,000원
	단가㎡ : 611,000원	없습니다	
	금액 : 404,482,000원		**지상권**
	[🔍 토지이용계획/공시지가]	[📋 매각물건명세서]	2009-12-09 토지
	[🔍 부동산정보 통합열람]	[📋 예상배당표]	경기남부수산업협동조합
	[토지기타현황]		**(근)저당**
	- 신갈JC 북서측 인근에 위치		2011-07-15 토지
	- 주위는 임야 및 소규모공장 등이 혼재		신영■
	- 차량의 진출입이 가능 인근 간선도로		40,000,000원
	변에 마을버스정류장이 소재 등 제반		**(근)저당**
	대중교통사정 보통		2012-06-13 토지
	- 가장형 완경사의 토지		양희■
	- 지적도상 맹지이나 동측 로폭 약 5m		135,600,000원
	내외의 포장도로와 접합		**(근)저당**
	[비고]		2012-06-13 토지
	[🔍 감정평가서]		김진■
	[감정평가]		135,600,000원
	? 감정평가현황 ■■■감정		**임의경매**
	가격시점 2012-10-26		2012-08-30 토지
	감정가 404,482,000원		양희■
	토지 (100%) 404,482,000원		청구 : 107,143,010원
			2012타경43682
			채권총액 :
			2,001,200,000원
			[🔍 등기부동본열람]

도로관리대장 등재 여부는 해당 관청에 가서 확인할 것

2012년에 경기도 용인시 기흥구 신갈동에 경매로 나온 200평의 임야가 있었다. 이것이 타인의 토지를 활용해 진입도로를 확보한 좋은 사례다. 해당 물건은 주택을 짓기에 알맞은 직사각형의 반듯한 토지로 4억 원에 시작한 경매 가격이 1억 6,000만 원까지 떨어졌다. 역시 진입도로가 문제였다. 항공사진을 보면 해당 물건까지 길이 나 있지만, 지목이 도로가 아니라 대지로 된 사유지였다. 이 토지주의 사용승인을 받아야만 건축할 수 있다는 이야기다. 땅은 좋아 보이지만, 이 점 때문에 유찰이 거듭된 것이었다.

하지만 항공사진을 보면 2011년 이후 해당 도로가 주변 택지를 개발하면서 개발행위허가를 받은 것으로 보였다. 이는 해당 물건까지 연결된 도로가 도로관리대장에 이미 등재되어 있을 가능성이 크다는 뜻이다. 도로관리대장에 올라가 있을 것으로 보고, 관할 구청에 가서 직접 확인을 해봤다.

"네. 도로관리대장에 올라가 있습니다."

구청의 담당자가 친절하게 알려줬다.

"그렇다면 이 현황도로 주인의 사용승인 없이도 건축허가가 나겠네요?"

"네. 건축허가 나는 데 아무런 문제없습니다."

이렇게 담당자와의 대화를 통해 진입도로의 문제가 해결됐으니 해당 물건은 안심하고 응찰해도 된다는 사실을 확인했다. 이렇게만 말하면 매우 간단해 보이지만, 현장에서 옥석을 구분하는 것은 말처럼 쉬운 게 아니다. 필자의 수강생 한 명이 이 물건을 낙찰 받아 꽤 높은 수준의 이익을 실현할 수 있었던 물건이었으나 입찰하기 전 취하됐다. 여기서 중요한 실전 팁 하나를 소개하면, 일반인이 건축법에 의한 도로관리대장을 확인할 수 있는 민원 제도가 현재 갖춰져 있지 않다는 사실이다.

따라서 관할 관청에 직접 가서 담당자에게 물어보는 게 지금으로서는 최선이다. 건축법에 의한 도로관리대장 열람은 담당공무원만 할 수 있기 때문이다. 전화로 물어볼 수도 있겠지만, 대개는 고시를 확인해보라고 하고 통화를 끝내기 마련이다. 이번 용인시의 담당자에게 건축법상 도로대장을 고시 말고 볼 수 있는 방법을 서면으로 질의하자, 전화로 고시 외에는 일반인들은 건축법상 도로대장을 볼 수 있는 방법이 없다고 하며, 서면 답변에서는 언급이 없다. 결론은 건축법상 도로로 고시됐다면 개인의 토지라고 해도 건축허가 시 별도의 사용승낙을 요구하지 않는다.

매각물건 진입도로 5○○-17(대) 도로 미준공

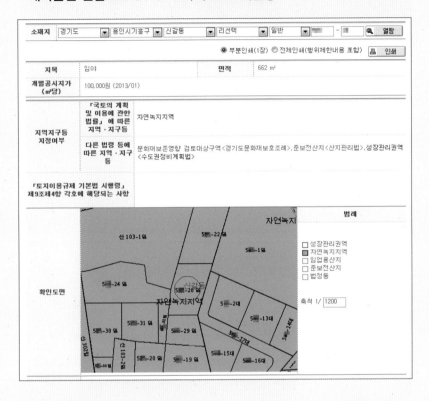

소재지	경기도 ▼ 용인시기흥구 ▼ 신갈동 ▼ 리선택 ▼ 일반 ▼ ▼ ████ - ███ 🔍 열람		
	○ 부분인쇄(1장) ○ 전체인쇄(형위제한내용 포함) 🖨 인쇄		
지목	임야	면적	662 ㎡
개별공시지가 (㎡당)	100,000원 (2013/01)		
지역지구등 지정여부	「국토의 계획 및 이용에 관한 법률」에 따른 지역·지구등	자연녹지지역	
	다른 법령 등에 따른 지역·지구 등	문화재보존영향 검토대상구역<경기도문화재보호조례>,준보전산지<산지관리법>,성장관리권역<수도권정비계획법>	
「토지이용규제 기본법 시행령」 제9조제4항 각호에 해당되는 사항			
확인도면			

범례

□ 성장관리권역
■ 자연녹지지역
□ 임업용산지
□ 준보전산지
□ 법정동

축척 1/ 1200

매각물건 주변 항공사진

매각물건 토지 전경 1

매각물건 토지 전경 2

건축법상 도로대장에 등재됐다는 기흥구청의 답변

- 용인시 인구 100만 돌파 새로운 출발 -

기 흥 구

수신 이종실 귀하 [서울 송파구 문정동 법원로 ▨▨ ▨, ▨▨▨▨▨▨▨▨ ▨▨ 508호]

(경유)

제목 민원 회신 (신갈동 ▨▨-17번지 도로대장 관련)

　　1. 평소 우리시정에 많은 관심과 협조하여 주심에 깊은 감사를 드리며, 귀하의 가정에 행복이 가득하시길 기원합니다.

　　2. 귀하께서 문의하신 민원에 대하여 다음과 같이 답변하오니, 추가로 궁금하신 사항은 기흥구청 건축허가과(건축허가팀, ☎ 324-▨▨▨)로 문의하여 주시기 바랍니다.

《민원 요지》

　- 신갈동 ▨▨▨-28번지 토지 매입예정자로서 신갈동 ▨▨-17번지 토지가 도로 지정 공고되었는지 여부 및 별도 인터넷에서 확인할 수 있는 방법이 있는지 여부.

《회신 내용》

　- 귀하께서 문의하신 신갈동 ▨▨-17번지(지목:대, 면적 : 756.0㎡)는 2013년 3월 26일 신갈동 ▨▨-15번지 외 1필지 상의 건축허가 처리 시 기흥구청 공고 제2013-8 (2013.03.26.)호로 도로지정 공고된 사항임을 알려드립니다.　끝.

기 흥 구 청 장

실무관	건축허가팀장	건축허가과장	전결 2017. 2. 16.
이민▨	임성▨	김진▨	

협조자

시행　건축허가과-5749　　　(2017. 2. 16.)　　　접수

우 16963　　경기도 용인시 기흥구 관곡로 95(구갈동, 기흥구청)　/ www.yongin.go.kr

전화번호 031-324-▨▨▨　　팩스번호 031-324-▨▨▨　/▨▨▨▨▨▨@korea.kr　　/ 비공개(6)

2014 타경 9334
경기도 화성시 향남읍 동오리

2014 타경 9334 (강제)		**매각기일 : 2015-02-03 10:30~ (화)**		**경매17계 031-210-**
소재지	(■■-■■) 경기도 화성시 향남읍 동오리 ■■			
현황용도	전	채권자	■■보증기금	감정가	67,390,000원
토지면적	293㎡ (88.63평)	채무자	권영■	최저가	(24%) 16,181,000원
건물면적		소유자	권영■	보증금	(10%) 1,619,000원
제시외		매각대상	토지만매각	청구금액	57,128,408원
입찰방법	기일입찰	배당종기일	2014-05-13	개시결정	2014-02-27

기일현황 ▼간략보기

회차	매각기일	최저매각금액	결과
신건	2014-09-12	67,390,000원	유찰
2차	2014-10-21	47,173,000원	유찰
3차	2014-11-20	33,021,000원	유찰
4차	2014-12-23	23,115,000원	유찰
5차	2015-02-03	16,181,000원	매각
	김근■/입찰6명/낙찰25,116,900원(37%) 2등 입찰가 : 21,780,000원		
	2015-02-10	매각결정기일	허가
	2015-03-25	대금지급기한 납부 (2015.03.25)	납부
	2015-04-27	배당기일	완료
	배당종결된 사건입니다.		

---

① 건물현황

[건물목록]

[건물기타현황]
-

[제시외건물]
동오리 ■■-■■ [컨테이너박스1동]
미상
(ㄱ)
금액 : 원
매각제외

② 토지현황

[토지목록]
동오리 ■■-■■ [전]
계획관리지역 : 293㎡(88.63평)
표준지가 : 80,000원
단가㎡ : 230,000원
금액 : 67,390,000원

🔲 토지이용계획/공시지가
🔲 부동산정보 통합열람

[토지기타현황]
- 동오사거리 북동측 인근에 위치
- 부근은 공장 및 창고 농경지 임야 등이 소재
- 본건까지 차량 출입이 가능 인근에 버스정류장이 소재 등 대중교통 사정은 보통
- 가장형 토지
- 서측 현황 약 4미터의 포장도로(32-1번지: 지목은 전이나 현황 콘크리트 포장된 개인소유의 토지임)와 접함

[비고]
※ 감정평가서상 제시외건물가격이 명시되어있지않음. 입찰시 확인요함.

③ 임차인/대항력여부

배당종기일 : 2014-05-13
- 매각물건명세서상 조사된 임차내역이 없습니다

🔲 매각물건명세서
🔲 예상배당표

④ 등기사항/소멸여부

소유권
1991-05-29   토지
장미■
매매

소유권
2010-10-22   토지
권영■
매매(수원지방법원 2009나■■■ 조정조서)

강제경매
2014-02-27   토지
■■보증기금
청구 : 57,128,408원
2014타경■■■■배당종결;

▷ 채권총액 :
57,128,408원

🔲 등기사항증명서
토지열람 : 2014-03-11

타인에 의해 현황도로(전)가 고시에 의해 사도로 바뀐 사례

경매로 나온 부동산의 가격이 내려갈 때는 문제점이 있는 것이다. 이번 경매 물건도 직접 답사한 후에 역시 문제점이 있다는 생각이 들었다. 경매 대상 물건의 지목이 전이며, 농지취득자격증명이 필요한데, 바닥에 콘크리트를 쳤고, 불법 컨테이너도 있었다. 그뿐만이 아니다. 앞의 진입도로 역시 지목이 전이었다. 즉 법률상 현황도로다.

그러나 근처 부동산에서 가격을 확인하니 평당 100~120만 원 정도 간다고 해서 바로 포기하지는 않았다. 그리고 화성시청 건축과 담당공무원을 찾아가서 현황도로를 이용한 건축허가를 받을 수 있는지를 물었다. 담당자의 답은 역시 사용승인을 받아오라는 것이었다. 이어 읍사무소에 들러 농지 담당자와 상의하니, 농지취득자격증명은 원상복구 각서 제출 시 해주겠다는 답을 들었다.

도로만 문제라고 생각하며 현장을 다시 답사하니, 이 토지를 지난 다음 필지는 진입하는 토지의 지목이 도로로 되어 있었다. 즉 필자가 낙찰 받으려는 토지의 전면 현황도로만 지목이 전이었다. 그리고 이 토지를 지나 넓은 토지가 기다리고 있기에 누군가는 이 토지를 이용해서 건축허가를 받을 것이라는 확신이 들었다. 따라서 한 수강생에게 낙찰을 권하며, 낙찰 후 2~3년만 기다리면 진입도로가 해결될 것이라고 말했다. 그러자 수강생은 "토지 투자 2~3년은 기본이지요"라며 입찰에 참여하기로 결심하고, 전 가격을 조금 넘겨 낙찰 받았다. 예상대로 2~3년 정도를 기다려 앞의 현황도로가 건축법상 도로가 되면 되팔기로 한 것이다. 낙찰을 받은 후에는 컨테이너를 처리해야 해서 컨테이너 문에 전화번호를 적은 종이를 붙이고 기다렸다. 그러나 열흘을 기다려도 아무 연락이 없었다. 할 수 없이 컨테이너를 강제로 치워야 되겠다고 생각하고, 마지막으로 통고서를 다시 붙인 후, 열흘 정도 기다려 보기로 했다. 일주일 정도 지나자 전화가 왔다.

컨테이너 주 : 동오리 토지 낙찰 받은 사람이라고 하셔서 전화했습니다.
필자 : 아, 네. 안녕하세요. 동오리 컨테이너 주인이신가요? 다름이 아니라 컨테이너 좀 치워주셨으면 해서요.
컨테이너 주 : 네, 제가 컨테이너 주인입니다. 제가 가지고 있던 토지인데, 사정이 어려워져서 토지도 경매로 날렸습니다. 제가 어려우니 컨테이너 치울 비용 좀 도와주셨으면 합니다.
필자 : 얼마나 필요하신지요?
컨테이너 주 : 100만 원 정도면 됩니다.

이 이야기를 듣는 순간, 100만 원을 그냥 날린다는 것이 아까워서 제안했다.

필자 : 그럼 100만 원 드릴 테니 컨테이너를 제게 넘기시지요.
컨테이너 주 : 그럼, 그렇게 합시다.
필자 : 그러면 컨테이너 안에 있는 물건 다 치우고 전화하시면, 제가 확인 후 100만 원을 드리겠습니다.

그런데 전화를 끊고 열흘을 기다려도 전화가 안 온다. 다시 전화해서 물건을 다 치웠는지 물었다. 그랬더니 "아니요. 제가 다른 곳에 알아봤더니 이 정도 컨테이너는 200만 원 정도 간다기에 다른 곳에 팔려고요"라는 대답이 돌아왔다. "저는 컨테이너를 200만 원 내고 살 마음이 없으니 그럼 다른 곳에 팔고 빨리 치워주세요"라고 답했다. 그 후 다시 20일 정도 지난 후 현장을 가보니, 여전히 컨테이너가 그대로 있었다. 다시 전화해서 왜 안 치우냐고 묻자, 그제야 100만 원 주고 컨테이너를 가져가라고 한다. 할 수 없이 합의서를 작성하고 현장에 있던 컨테이너를 인수 받았다. 그 후 바로 근처 부동산 중개소에 가서 컨테이너와 땅을 월세로 빌려주면 얼마를 받을 수 있는지 물어보고, 월세로 내놔 달라고 부탁하고 왔다. 이제 2~3년 정도 현황도로가 정식 건축법상 도로가 되기를 기다리면 된다는 안도감이 생겼다.

1년 정도 지나 그 동네를 지나는 길에 현장을 가봤더니 현황도로를 지나 공장을 신축하고 있었다. 즉시 화성시 건축과에 들러 건축허가 가능 여부를 질의하자, "지금 그 현황도로를 사용승인을 받아 건축허가가 진행 중입니다. 그 건물이 준공되면 아마 현황도로의 지목이 건축법에 의해 고시된 후 도로로 변경될 것입니다. 그 후 건축허가를 신청하면 토지주의 사용승인 없이 건축허가 가능합니다"라고 한다. 이 말을 얼마나 기다렸는지 모른다.

입찰 당시 토지이용계획확인원

도로로 사용 중인 ○○-1의 지목이 '전'으로 되어 있다.

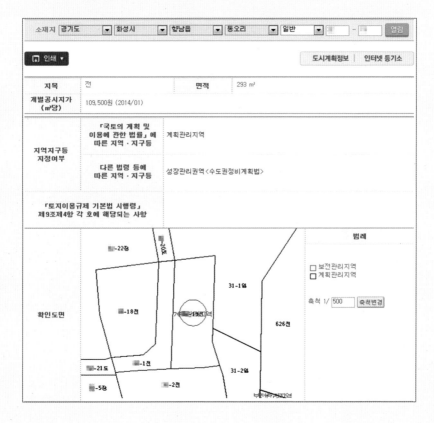

현재 토지이용계획 확인원

도로로 사용 중인 ○○-1의 지목이 '도'로 변경됐다(도로대장에 기록).

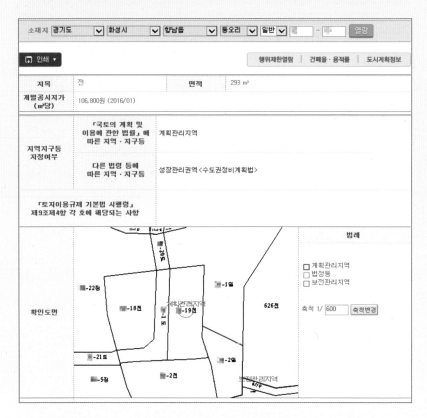

매각물건 토지 전경 1

매각물건 토지 전경 2

전면의 현황도로를 이용해서 공장이 들어설 가능성이 있다

출처 : 다음지도 항공사진

2012 타경 65781
경기도 용인시 처인구 모현면 오산리

2012 타경 65781 (임의)		매각기일 : 2014-04-03 10:30~ (목)			경매13계 031-210-■■■■	
소재지	(■■■■) 경기도 용인시 처인구 모현면 오산리 ■■ 외1필지				사건접수 2012-12-26	
물건종별	전	채권자	■■협동조합자산관리회사	감정가	874,650,000원	
토지면적	1275㎡ (385,69평)	채무자	김기■	최저가	(24%) 210,004,000원	
건물면적		소유자	김기■	보증금	(10%)21,001,000원	
제시외면적		매각대상	토지일괄매각	청구금액	321,930,112원	
입찰방법	기일입찰	배당종기일	2013-03-13	개시결정	2012-12-27	

기일현황

회차	매각기일	최저매각금액	결과
신건	2013-08-22	874,650,000원	유찰
2차	2013-09-26	612,255,000원	유찰
3차	2013-10-29	428,579,000원	유찰
4차	2013-11-26	300,005,000원	유찰
5차	2013-12-24	210,004,000원	변경
5차	2014-02-05	210,004,000원	변경
5차	2014-04-03	210,004,000원	매각

최순■/입찰6명/낙찰300,025,000원(34%)
2등 입찰가 : 255,890,000원

	2014-04-10	매각결정기일	허가
	2014-05-20	대금지급기한	

건물현황	토지현황	임차인/대항력여부	등기부/소멸여부
[건물목록] **[건물기타현황]** -	**[토지목록]** 오산리 ■■■ [전] 자연녹지지역 : 641㎡(193.9평) 표준지가 : 170,000원 단가㎡ : 686,000원 금액 : 439,726,000원 오산리 ■■■ [임야] 자연녹지지역 : 634㎡(191.78평) 표준지가 : 170,000원 단가㎡ : 686,000원 금액 : 434,924,000원 🔍 **토지이용계획/공시지가** 🔍 **부동산정보 통합열람** **[토지기타현황]** - 43번 국도변 "네이처코리아 물류창고" 서측 인근에 위치 - 주위는 전원주택 농가주택 및 농장 농경지(전 답) 및 야산 등이 소재 인근에 공장 및 창고시설 등이 소재 자연녹지지역 내 주택 및 농경지대 - 본건까지 차량출입 가능 노선버스가 통행 43번 국도까지는 대체로 가까운거리이나 통행빈도 등 보아 대중교통사정은 다소 열세임 - 남서측 경사지의 부정형 토지 복축 및 남축 경계부근에 석축조성 및 서측에는 콘크리트 구조물로 수로(구거) 설치 있으며 건축허가(허가번호2007-361호)를 득 착공신고를 하였으나 기준시점 현재까지 방치된 상태로 토지의일부가 인접한 구거 및 현황도로에 포함되었는지 여부가 어려운 상태로 정확한 경계 확인을 위해서는 측량을 요합니다 - 기호 2 토지는 노폭 약 4미터의 포장도로와 남축 접합 기호 1 2 토지 등north 노폭 약 4미터 정도의 포장 있는 현황도로가 개설 있으나 정확한 경계확인 및도로의 권원 등은 확인 할 수 없었는 바 경매참여시 각별한 주의가 요망됨 - 수질보전특별대책지역 **[비고]**	배당종기일 : 2013-03-13 - 매각물건명세서상 조사된 임차내역이 없습니다 📄 **매각물건명세서** 📄 **예상배당표**	**소유권** 1983-09-26 토지 민세■■ 매매 **소유권** 2006-04-28 토지 김기■■ 매매 **(근)저당** 2008-09-12 토지 농협은행 386,400,000원 **(근)저당** 2008-09-23 토지 김은■ 150,000,000원 **(근)저당** 2009-02-16 토지 최영■ 150,000,000원 **가압류** 2010-10-12 토지 ■보증기금 76,500,000원 **압류** 2010-12-21 토지 국 - 용인세무서 (재산세1과-6599) **가압류** 2011-01-20 토지 ■■■건설 100,000,000원 **압류** 2011-01-21 토지 용인시처인구 (처인구세무과-129) **임의경매** 2012-12-27 토지 농협은행 청구 : 321,930,112원 2012타경■■■ 농업협동조합자산관리회사

이미 건축허가가 났던 토지의 경우

2013년에 경기도 용인시 처인구에 380평의 토지가 경매로 나왔는데, 8억 7,000만 원에서 시작한 가격이 다섯 번이나 유찰된 후 2억 1,000만 원까지 떨어졌다. 수도권에 입지한 좋은 땅이었지만, 이렇게 가격이 내려간 것은 이 땅에 전 주인이 건축허가를 받아 착공신고를 했기 때문이다. 따라서 전 주인의 허가권을 매입하면 진입도로와 건축허가도 동시에 해결되지만, 전 주인이 허가권을 얼마나 요구할지는 불투명한 것과 토지가 길쭉해서 못생긴 것도 가격하락의 원인 중 하나였다. 그러나 이 토지 옆을 지나는 구거가 넓으며, 수로를 콘크리트로 만들어 지적도보다는 1~1.5m 정도 넓게 사용하게 되어 있었다.

먼저 해당 부지는 지적도상 서쪽 경계에 너비 3m 안팎의 구거가 길게 가로로 놓여 있었고, 남쪽으로 현황도로가 나 있으나 지목이 임야였다. 지적도만 보면 380평의 땅이 맹지가 되는 셈이다. 반대로 긍정적인 점은 전 토지 주인이 이미 건축허가를 받아 착공신고를 해놨다는 사실이다. 현장에 가보니 구거 토지에 콘크리트로 수로 공사만 해놓은 채 나대지로 방치되어 있었다. 필자가 보기에는 구거는 집을 지을 수는 없지만, 마당으로는 쓸 수 있어 오히려 도움이 될 것 같았다.

허가권을 가진 사람을 찾으려면 해당 구청에 물어보는 게 가장 빠르다. 그러나 개인정보 보호로 허가권자를 직접 알려주려 하지 않는다. 이때는 건축허가를 대행한 건축사무소나 토목설계사무소를 물어본 뒤, 그 사무소에서 허가권자의 이름과 연락처를 알아내면 된다. 담당자에게 물어보니 2종 근린생활시설로 5년 전에 착공허가를 받았다는 사실과 함께 개발행위허가를 대행한 토목설계사무소를 알려줬다.

허가권 관련 문의 후 담당자에게 인사한 뒤 구청을 나오려고 하는데, 담당자가 필자에게 물었다.

"경매 때문에 오셨죠?"

"네, 그런데요."

"전화 문의가 너무 많이 오기에 며칠 전 현장을 가봤어요."

"현장에 가보셨다고요?"

"네, 가봤습니다."

"착공한 흔적이 없죠?"

"네. 구거 옹벽공사 외에는 나대지나 다름없던데요."

"그렇죠. 5년이 지났는데도 그대로여서 제가 며칠 전에 건축허가를 취소해버렸습니다."

나오려다가 우연히 듣게 된 그 말은 매우 중요한 단서였다. 그 말을 듣는 순간 허가권 구매 비용을 아낄 수 있게 됐다는 생각이 드는 한편, 맹지 문제를 다시 해결해야 한다는 난제가 떠올랐다. 그래서 기왕 말이 나온 김에 담당자에게 물었다.

"한 가지만 물어보겠습니다. 해당 부지는 지적도상 맹지인데, 어떻게 건축허가가 났습니까?"

그랬더니 담당공무원이 항공사진을 보여주면서 말했다.

"앞에 있는 주택들이 건축허가를 받으면서 도로 사용승인을 받아 연결도로가 도로로 고시되어서 사용승인이 없어도 이제는 건축허가가 납니다."

담당공무원의 말은 로또나 다름없었다.

매각물건 토지이용계획확인원

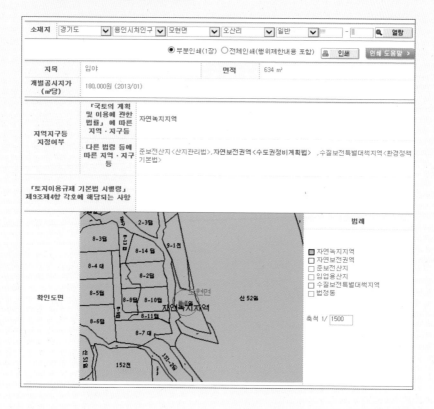

소재지	경기도 ▼	용인시처인구 ▼	모현면 ▼	오산리 ▼	일반 ▼	-	🔍 열람

● 부분인쇄(1장) ○ 전체인쇄(벌위제한내용 포함) 🖶 인쇄 | 인쇄 도움말 >

지목	임야	면적	634 ㎡
개별공시지가 (㎡당)	180,000원 (2013/01)		

지역지구등 지정여부	「국토의 계획 및 이용에 관한 법률」에 따른 지역·지구등	자연녹지지역
	다른 법령 등에 따른 지역·지구 등	준보전산지<산지관리법>,자연보전권역<수도권정비계획법> ,수질보전특별대책지역<환경정책기본법>
「토지이용규제 기본법 시행령」 제9조제4항 각호에 해당되는 사항		

확인도면	2-3답 / 8-3답 / 8-14답 / 8-1전 / 8-4 대 / 8-2답 / 8-5답 / 8-8답 / 8-10답 / 자연녹지지역 / 8-6답 / 8-11답 / 8-7 대 / 152전 / 131-2호 / 산 52일	범례 ■ 자연녹지지역 □ 자연보전권역 □ 준보전산지 □ 임업용산지 □ 수질보전특별대책지역 □ 법정동 축척 1/ 1500

매각물건의 입구 도로를 이용한 건축허가 현황

출처 : 다음지도 항공사진

낙찰 받은 토지의 건축 준공된 항공사진

출처 : 다음지도 항공사진

2013 타경 216
경기도 평택시 독곡동

2013 타경 216 (임의) 2013타경223 2013타경7156		매각기일 : 2014-05-07 10:00~ (수)		경매2계 031-650-	
소재지	(　　　) 경기도 평택시 독곡동 　　외13필지				사건접수 2013-01-07
물건종별	도로	채권자	중소기업은행의	감정가	3,788,420,000원
토지면적	8278㎡ (2504.08평)	채무자	이채　외1명	최저가	(25%) 950,439,000원
건물면적		소유자	종합건설	보증금	(10%) 95,044,000원
제시외면적		매각대상	토지일괄매각	청구금액	451,926,081원
입찰방법	기일입찰	배당종기일	2013-03-26	개시결정	2013-01-08

기일현황

회차	매각기일	최저매각금액	결과
신건	2013-06-17	3,788,420,000원	유찰
2차	2013-07-22	3,030,736,000원	유찰
3차	2013-09-02	2,424,589,000원	유찰
4차	2013-10-07	1,939,671,000원	유찰
5차	2013-11-11	1,551,737,000원	변경
5차	2014-01-20	1,551,737,000원	변경
6차	2014-03-31	1,357,770,000원	변경
7차	2014-05-07	950,439,000원	매각
강대　외2인/입찰9명/낙찰2,300,000,000원 (61%)			
2등 입찰가 : 2,235,000,000원			
	2014-05-14	매각결정기일	허가
	2014-06-23	대금지급기한	납부
	2014-07-09	배당기일	진행

정정공고 ▶ 정정일자 : 2014-04-30

? 건물현황	? 토지현황	? 임차인/대항력여부	? 등기부/소멸여부
[건물목록] **[건물기타현황]** -	**[토지목록]** 독곡동 ▨▨▨ [도로] 자연녹지지역 제1종일반주거지역 : 1,297㎡(392.34평) 표준지가 : 395,000원 단가㎡ : 170,000원 금액 : 220,490,000원 독곡동 ▨▨▨ [임야] 자연녹지지역 : 523㎡(158.21평) 표준지가 : 395,000원 단가㎡ : 510,000원 금액 : 266,730,000원 독곡동 ▨▨▨ [임야] 자연녹지지역 : 508㎡(153.67평) 표준지가 : 395,000원 단가㎡ : 510,000원 금액 : 259,080,000원 독곡동 ▨▨▨ [임야] 자연녹지지역 : 542㎡(163.95평) 표준지가 : 395,000원 단가㎡ : 510,000원 금액 : 276,420,000원 독곡동 ▨▨▨ [임야] 자연녹지지역 제1종일반주거지역 : 381㎡(115.25평) 표준지가 : 450,000원 단가㎡ : 530,000원 금액 : 201,930,000원 독곡동 ▨▨▨ [임야] 자연녹지지역 제1종일반주거지역 : 427㎡(129.17평) 표준지가 : 395,000원 단가㎡ : 510,000원 금액 : 217,770,000원 독곡동 ▨▨▨ [임야] 자연녹지지역 : 524㎡(158.51평) 표준지가 : 395,000원 단가㎡ : 510,000원 금액 : 267,240,000원	배당종기일 : 2013-03-26 - 매각물건명세서상 조사된 임차내역이 없습니다 🖼 매각물건명세서 🖼 예상배당표	**소유권** 2009-12-31　　토지 ▨▨종합건설 (거래가) 1,360,000,000원 매매 **(근)저당** 2009-12-31　　토지 중소기업은행 1,200,000,000원 **(근)저당** 2009-12-31　　토지 중소기업은행 720,000,000원 **(근)저당** 2010-08-04　　토지 중소기업은행 600,000,000원 **(근)저당** 2011-03-09　　토지 이계▨외1명 675,000,000원 **임의경매** 2013-01-08　　토지 중소기업은행 청구 : 451,926,081원 2013타경▨▨ 중소기업은행의▨▨▨ (02-2179-2400) **임의경매** 2013-01-08　　토지 중소기업은행 청구 : 1,480,000,000원 2013타경▨▨▨ (02-2179-2400) **강제경매** 2013-05-07　　토지 이남▨ 청구 : 14,414,227원 2013타경▨▨▨ 이남▨ 채권총액 : 3,195,000,000원 🖼 등기부등본열람 토지열람 : 2013-01-17

10억 원짜리 진입도로 해석

2013년 초여름, 경기도 평택에 좋은 땅이 경매로 나왔다. 임야 2,500평이 37억 8,000만 원의 감정가에 임의경매로 나왔는데, 다섯 차례 유찰 후 9억 5,000만 원까지 가격이 내려가버렸다. 환상형 도로를 따라 14채의 단독주택을 지을 수 있게끔 구획 정리까지 끝내놓은 훌륭한 땅이었지만, 문제는 진입도로였다. 전 소유주가 토지가 경매에 나올 것을 예비해 병목에 해당하는 진입도로만 따로 신탁회사에 신탁해둔 것이었다.

이 상태에서 건축허가를 받을 수 있는지 여부가 토지의 가치를 좌우하는 결정적인 변수가 됐다. 필자가 면밀하게 권리분석을 해보니 두 가지 방법이 있어 보였다. 하나는 이전 소유주로부터 건축허가를 사들이는 방법이었다. 이전 소유주가 건축허가를 받아 착공계까지 낸 것으로 확인됐기 때문이있다. 두 번째는 이전 건축허가를 취소하고, 새로 건축허가를 얻는 방법이 있었다. 평택시청에 문의해보니 건축과에서는 건축허가를 내주지 않을 이유가 없다는 대답을 들었다. 하지만 토지의 지목이 임야이기 때문에 도시개발과에서 개발행위허가와 전용허가를 받아야 한다고 했다. 이 방법은 진입도로를 확보하지 않는 한 진입도로를 통한 하수도 굴착허가 등 개발 관련 허가를 받기가 어려워 보였다. 그래서 허가권과 진입도로를 구매하는 데 비용이 들더라도 전자의 방법으로 해결하는 것이 낫다는 결론에 이르렀다.

시청 개발과에 들러 건축허가를 대행한 설계사무소를 물어 우여곡절 끝에 토지 소유주인 A종합건설과 연락이 닿았다. 수원에 있는 회사 사무실을 알아내 다음 날 대표를 직접 만나 허가권을 놓고 협상에 들어갔다. 건축허가권과 신탁된 진입도로를 넘겨주시라고 청하자, 대표는 원하는 것을 들어 드리면 자신에게 뭘 주시겠냐고 정중히 물어왔다.

필자는 사전에 허가권의 금액을 미리 계산해둔 상태였다. 이런 규모의 토지에 건축허가를 처음부터 다시 받는다면 1년 정도 소요될 것이고, 비용은 진입도로 구매비와 대체산림조성비 3,000만 원을 비롯해 최소한 1억 5,000만 원은 들 것으로 추정됐다. 필자는 그 두 배를 줘도 괜찮은 협상이라고 판단하고 3억 원을 제시했다.

1억 5,000만 원 정도의 금액이면 1억 5,000만 원을 불러 반 정도인 7,000만 원 정도에 협상하려는 게 보통 사람들의 생각이지만, 필자는 아예 3억 원을 불러 그 자리에서 협상을 매듭짓고자 했다. 필자의 제의에 2분여 동안 아무런 말도 하지 않던 대표가 드디어 입을 열었다.

"그 금액으로는 좀 어렵겠습니다. 그 앞에 땅(진입도로)만 해도 돈과 노력이 엄청 들었습니다."

해당 부지의 지적도를 자세히 보면, 진입도로에 조각 땅이 두 개 붙어 있는 게 보인다. 해당 단지는 5,000㎡ 이상 규모의 택지로, 진입도로의 너비가 최소 6m 이상 되어야 한다. 도로 두 곳의 폭이 6m가 안되다 보니 조각 땅을 사서 6m 도로로 만든 게 지적도에 그대로 드러나 보였다. 진입도로를 확보하느라 고생한 것은 틀림없어 보였지만, 그래도 3억 원의 제안을 수락하지 않은 것은 의외였다.

필자는 협상 테이블에서 일단 물러났다. 이 자리에서 흥정을 더 이어가는 것은 하수다. 이 정도면 3억 원에 수락할 뜻이 있음을 보여준 것이나 마찬가지였다. 게다가 필자에게는 이전 허가를 취소하고, 새로 허가 절차를 밟는 두 번째 옵션이 남아 있기 때문에 상대방보다 훨씬 유리한 입장이었다.

허가권 구매 협상을 일단락 짓고, 이번에는 NPL(Non Performing Loan, 금융회사의 부실채권) 협상에 나섰다. 해당 물건은 유동화전문회사의 NPL로 유찰을 거듭하고 있었다. 유동화전문회사 NPL 담당자를 만나 17억 원에 팔 것을 제안했다. 제안한 가격의 근거는 대략 다음과 같았다.

매각 현황을 보면 5차 매각 때 매각가격이 15억 5,000만 원이었고, 이때 유동화전문회사는 두 차례나 입찰 변경을 신청했다. 이런 점으로 미뤄볼 때 그 이전 가격인 19억 원 근처에 손실분기점이 있을 것으로 짐작했다. 젊은 NPL 담당자는 필자의 제안에 거듭 거부 의사를 밝혔다.

"그 가격에는 안 된다고 말씀드렸잖습니까?"

"땅 소유주였던 건설회사 대표를 만나고 왔는데, 건축허가권 구매비만 3억~4억 원 정도 들 것 같습니다. 19억 원에 사면 총 23억 원에 사는 꼴인데, 그렇게 되면 전혀 수익성이 없습니다."

"뭐 하러 허가권을 사려고 하세요? 해당 부지는 새로 건축허가를 신청해도 허가를 받을 수 있는 땅입니다."

NPL 담당자는 A4용지에 적힌 각 담당자의 의견서를 보여주며 말했다. 필자는 그 의견서를 보고서 깜짝 놀랄 수밖에 없었다. 경매에서 가장 어렵다는 도로 문제를 이 정도로 깔끔하게 해결할 수 있는 실력을 갖추고 있다니 놀랄 수밖에 없었다.

해당 물건의 담당관청인 송탄출장소 담당 주무관은 문제의 진입도로가 도로관리대장에 등재되어서 도로로 볼 수 있기는 하지만, 배수로 등이 지날 경우 토지사용승인서가 필요할 수 있다고 판단했다. 그런데 NPL 담당자가 내놓은 의견서에 의하면 출장소의 상급기관인 평택시청 담당 주무관의 판단은 달랐다.

"문제의 진입도로는 이미 준공되어서 지목이 도로로 변경된 상태이며, 평택시 도로관리대장에 등재된 상태이므로, 해당 토지의 건축 인허가 변경 시 도로소유자의 토지사용승인서는 불필요하다."

이 판단에 대한 이유도 자세히 기술되어 있었다.

"배수로 등과 관련해 도로관리대장에 등재됐다고 함은 이미 당해 도로로 배수관로 및 전기선로 등이 매설됐다는 것을 전제로 하고 있으므로 이 건처럼 이미 도로가 준공되고, 도로관리대장에 등재된 이후 소유권을 취득한 자는 이미 당해 도로가 배수관로 등이 매설됐음을 알고 취득했다고 봐야 하므로 인허가 변경 시 토지사용승인서는 별도로 필요하지 않다."

관청에 문서로 관련 질의를 수없이 해봤지만 이처럼 명쾌한 답변은 보지 못했다. NPL 담당자에게 한 부만 복사해달라고 부탁해서 의견서를 손에 넣은 뒤 다시 해당 관청인 송탄출장소를 찾아갔다.

"왜 자꾸 물어보시는 거예요? 안 된다고 말씀드렸잖습니까?"

담당 주무관은 여전히 현 상태에서 새로운 개발행위허가는 어렵다고 우겼다. 필자는 할 수 없이 상급기관 주무관의 의견서를 보여줬다.

"이 토지의 도로사용승인서 한 장에 몇 억 원이 왔다 갔다 하는 것은 알고 계시죠? 상급기관에서는 도로관리대장에 기재됐으니 다시 도로사용승인을 받을 필요 없다고 하는데, 혼자서 자꾸 우기면 사람들이 무슨 꿍꿍이가 있는 것으로 보지 않겠어요?"

의견서를 보여주면서 말하자, 그제야 주무관의 태도가 달라졌다.

"도로관리대장에 올라가 있으면 다시 사용승인을 받지 않아도 된다는 판례나 실제 사례 하나만 증빙해오면 해드리겠습니다."

이것으로 허가권을 구매하지 않고 건축허가 문제를 해결했다. 다시 NPL 담당자를 만나 다시 협상을 벌였다. 23억 원의 채권을 18억 원에 구매하는 것으로 합의가 끝났다. 이제는 23억 원에 낙찰 받는 일만 남은 셈이다. 필자는 경매 물건의 덩치가 커서 수강생들이 십시일반으로 단체 응찰 방법을 권했으나, 의견이 맞지 않아 결국은 한 수강생의 지인이 단독으로 응찰해 물건을 낙찰 받았다.

그로부터 2년 뒤 이 물건이 얼마나 큰 수익이 됐는지 수강생으로부터 뒷이야기를 들었다. 그 지인은 23억 원에 해당 토지를 낙찰 받은 뒤 은행에서 21억 원을 대출받았다. 유동화전문회사에 18억 원을 주고도 수중에 3억 원이 남은 셈이다. 그 지인은 2년 치 은행이자로 1억 2,000만 원을 은행에 넣어두고, 해당 토지를 2년간 지켰다가 거의 두 배 이상 오른 가격에 팔았다고 한다. 건축허가와 관련한 도로가 경매 투자에서 얼마나 중요한 역할을 하는지 잘 보여주는 사례다.

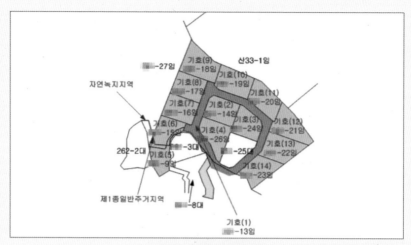

매각물건 감정평가사의 서류

매각물건 주변 항공사진

출처 : 다음지도 항공사진

매각물건 토지이용계획확인서

소재지	경기도 ▼ 평택시 ▼ 독곡동 ▼ 리선택 ▼ 일반 ▼ ▬ - 24 🔍 열람

●부분인쇄(1장) ○전체인쇄(행위제한내용 포함) 🖶 인쇄   인쇄 도움말 >

지목	임야	면적	508 m²
개별공시지가 (㎡당)	119,000원 (2013/01)		

지역지구등 지정여부	「국토의 계획 및 이용에 관한 법률」에 따른 지역·지구등	자연녹지지역
	다른 법령 등에 따른 지역·지구 등	비행안전제5구역(전술)<군사기지 및 군사시설 보호법>,상대정화구역(전원유치원)<학교보건법>
「토지이용규제 기본법 시행령」 제9조제4항 각호에 해당되는 사항		

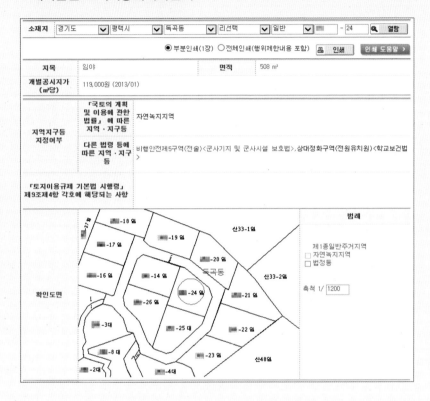

확인도면

범례

☐ 제1종일반주거지역
☐ 자연녹지지역
☐ 법정동

축척 1/ 1200

앞의 단지 진입도로로 사용 중이며, 경매 매물에서 빠져 있는 독곡동 ○○○-11의 토지

사도관리대장에 등재된 후 개발행위 준공에 의한 지목이 도로개발행위 토지 면적 2,000㎡ 이상으로, 건축법상 6m 도로 확보요구에 의한 도로변 옆 조각 땅을 진입도로에 포함한다.

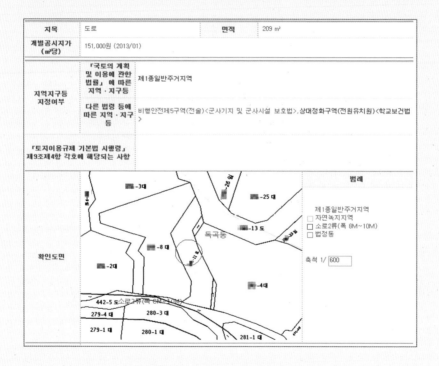

매각물건 전경

매각에 제외된 출입도로 전경

※ 평택 공무원과 건축사의 의견

1. 평택시청 송탄출장소 건축과[담당: ▓▓▓ 주무관, 031-▓▓▓-▓▓▓]

문제가 되고 있는 경매목적물 토지의 진입도로 평택시 독곡동 ▓-11은 지목이 도로이며, 평택시 도로관리대장 상 등재(분할 전 독곡동 ▓-8번지로 등재되었으나 분할되어 현황은 ▓-11임)된 상태이므로 도로로 볼 수 있음. 그러나, 배수로 등이 해당 필지를 지나는 경우에는 관할관청에서 인허가 등과 관련하여 별도로 협의 후 토지사용승낙서 제출을 요구할 수 있음.

2. 평택시청 건설도시과 도시관리팀[담당: ▓▓▓ 주무관, 031-▓▓▓▓▓▓▓]

평택시 독곡동 ▓-11은 이미 준공이 되어 지목이 도로로 변경된 상태이며, 평택시 도로관리대장에 등재된 상태이므로 경매목적물 토지의 인허가 변경 시 도로소유자의 토지사용승낙서 불필요함.
배수로 등과 관련하여 도로관리대장에 등재되었다고 함은 이미 당해 도로로 배수관로 및 전기선로 등이 매설되어 있다는 것을 전제로 하고 있으므로 본 건처럼 이미 도로가 준공되고 도로관리대장에 등재된 이후 소유권을 취득한 자는 이미 당해 도로가 배수관로 등이 매설되었을을 알고 취득했다고 보아야 하므로 인허가 변경 시 토지사용승낙서는 별도로 필요하지 않음.

3. ▓ 건축사사무소 문의 결과[상담자: ▓▓▓ 실장, 031-▓▓▓▓▓]

평택시 독곡동 ▓-11은 이미 준공이 되어 지목이 도로로 변경된 상태이며, 평택시 도로관리대장에 등재된 상태이므로 경매목적물 토지의 인허가 변경 시 도로소유자의 토지사용승낙서 불필요할 것으로 예상되나 타 현장에서 진입도로 소유자에 의한 통행방해 등이 문제가 된 경우는 있음.

4. ▓▓종합건축사사무소 문의 결과[상담자: ▓▓▓ 건축사, 031-▓▓▓▓▓]

평택시 독곡동 ▓-11은 이미 준공이 되어 지목이 도로로 변경된 상태이며, 평택시 도로관리대장에 등재된 상태라면 경매목적물 토지의 인허가 변경 시 도로소유자의 토지사용승낙서 불필요하다고 볼 수 있으나 예상 외의 사안들로 인해 인허가 변경이 어려운 경우도 있을 수 있음.

PART

04

지적도상 도로 없이 건축허가 받기

건축법 제44조 출입에 지장이 없는 경우의 진입도로

1999년 2월 8일, 건축법 제33조 대지와 도로의 관계 법률 ①의 1은 당해 건축물의 출입에 지장이 없다고 인정되는 경우로 개정됐다. 건축법상 도로의 너비가 건축법에서 정해지기 오래전부터 형성된 마을인 경우와 건축법에서 요구하는 도로의 너비가 부족한 경우, 신축허가가 불가능한 일들이 벌어지게 됐다. 따라서 1999년 2월 8일, 건축법의 대지와 도로의 관계 법률에 당해 건축물의 출입에 지장이 없는 경우를 만들었다. 이로써 담당자들의 주관적인 견해에 의해 건축법상 도로의 너비가 부족해도 건축허가를 내주는 경우가 생기게 된다.

하지만 이 조항을 무조건 다 적용하는 것은 아니고, 건축법에서 도로의 너비가 정해지기 전부터 마을사람들이 대부분 사용하던 도로에 한해 적용하며, 이러한 도로를 관계 공무원들은 '마을안길'이라고 부른다. 따라서 예전부터 마을안길로 사용하는 도로를 이용해 형성된 마을에서의 신축허가 시 이 조항을 인용해 건축허가를 내준다. 출입에 지장이 없는 경우로 신축허가 받는 토지는 건축선에 의해 4미터의 도로를 확보하며 허가를 해주고 있다.

즉 현재 건축하고자 하는 토지의 도로가 건축법에서 요구하는 도로의 너비에 부족한 경우라도 건축선을 적용하며, 건축법에서 요구하는 도로의 너비 4미터를 건축허가 시 확보한다. 그러나 예전부터 사용하던 도로가 아닌 경우에는 건축법에서 요구하는 도로의 너비를 엄격히 적용한다.

건축법

제33조 대지와 도로의 관계
① 건축물의 대지는 2미터 이상을 도로(自動車만의 通行에 사용되는 道路를 제외한다)에 접하여야 한다. 다만, 다음 각 호의 1에 해당하는 경우에는 그러하지 아니하다〈개정 1999. 2. 8〉.
　1. 당해 건축물의 출입에 지장이 없다고 인정되는 경우
　2. 건축물의 주변에 대통령령이 정하는 공지가 있는 경우
② 건축물의 대지가 접하는 도로의 너비, 그 대지가 도로에 접하는 부분의 길이 기타 그 대지와 도로의 관계에 관하여 필요한 사항은 대통령령이 정하는 바에 의한다〈개정 1999. 2. 8〉.

제36조 건축선의 지정
① 도로와 접한 부분에 있어서 건축물을 건축할 수 있는 선은 대지와 도로의 경계선으로 한다. 다만, 제2조제11호의 규정에 의한 소요너비에 미달되는 너비의 도로인 경우에는 그 중심선으로부터 당해 소요너비의 2분의 1에 상당하는 수평거리를 후퇴한 선을 건축선으로 하되, 당해 도로의 반대쪽에 경사지·하천·철도·선로부지 기타 이와 유사한 것이 있는 경우에는 당해 경사지 등이 있는 쪽 도로경계선에서 소요너비에 상당하는 수평거리의 선을 건축선으로 하며, 도로의 모퉁이에 있어서는 대통령령이 정하는 선을 건축선으로 한다.

담당공무원을 설득해
현황도로로 인정받다

현황도로의 인정 여부는 토지의 가치와 바로 직결된다. 땅값이 비싼 수도권일수록 현황도로의 해석 문제는 단순한 행정판단을 넘어 재산권 행사나 수익 여부로 이어질 수 있다. 여기에 나오는 경기도 용인의 경매 사례는 현황도로에 대한 행정적 판단이 토지의 가치에 어떤 영향을 미치는지를 잘 보여준다. 또 경매인들에게서 뜨거운 관심을 받는 NPL이 어떻게 유통되는지 들여다보는 기회이기도 해서 소개하고자 한다.

몇 년 전 경기도 용인시 처인구에 대지 360평이 임의경매로 나왔다. 채권자는 NPL을 취급하는 유동화전문회사로 5억 원에 시작한 경매 가격이 2억 5,000만 원까지 떨어지자 회사가 방어 입찰해서 채권을 회수한 뒤, 다시 1년이 지난 후에 경매로 내놨다.

여기서 먼저 채권 규모를 잠깐 살펴보자. 매각물건명세서에 나와 있는 등기부등본을 보면, 은행에서 세 차례에 걸쳐 설정한 근저당은 총 4억 2,000만 원이라는 것을 알 수 있다. 그렇다면 실제 채권은 3억 원을 조금 넘고, 유동화전문회사가 은행으로부터 매입한 채권 규모 또한 그 정도라고 짐작할 수 있다. 그런데 유동화전문회사가 방어 입찰에 들어가 다시 사들인 금액이 2억 9,000만 원이다. 이는 2억 9,000만 원 이하로 떨어지면 유동화전문회사는 손해를 입을 수 있다는 사실을 보여주는 대목이다.

1년 동안 채권을 보존하고 있다가 감정가 5억 원에 재경매에 들어갔으나, 세 차례 유찰을 거쳐 예전처럼 절반 가격인 2억 5,000만 원까지 다시 떨어진 것이다. 수도권 1종 일반주거지역의 대지 360평이 1년이 지난 뒤에도 감정가의 절반까지 또 떨어지는 데는 그만한 이유가 있는 법이니, 관련 자료를 세세히 살펴봤다.

항공사진을 보면 반듯한 현황도로가 나 있지만, 지적도상에는 도로가 없는 맹지다. 1종 일반주거지역의 도시지역이라면 비도시지역에 비해 건축법이 훨씬 엄격하게 적용된다. 마을 안쪽으로 이어지는 이 현황도로를 가지고 건축허가를 받을 수 있다면, 해당 대지는 4억 원 이상의 가치가 있는 땅으로 변모하는 것이고, 건축허가를 받지 못하면 2억 5,000만 원도 비싼 땅이 된다. 이 경매 물건의 포인트는 바로 '건축허가 여부'였다.

현장에 가보니 항공사진과는 상황이 조금 다르다. 항공사진에는 해당 대지 아래쪽이 공터로 나와 있지만, 직접 가보니 꽤 큰 규모의 교회가 신축됐다. 사진을 보면 교회 출입구 앞으로 현황도로가 포장됐음을 볼 수 있다. 경매에 나온 대지는 바로 이 현황도로에 접해 있었다. 교회가 지어졌으니 건축허가가 나올 수도 있겠다 싶어 관련 자료를 챙겨 구청의 담당공무원을 만나러 갔다. 담당자에게 토지이용계획확인원과 항공사진을 보여준 뒤, 지적도상 맹지이나, 이 현황도로를 이용해 건축허가를 내줄 수 있는지를 물었다. 담당공무원은 그리 오래지 않아 바로 답을 줬다.

"당연히 안 되죠."

예상한 대로였다. 담당공무원의 답이 "된다"는 쪽이었으면 금싸라기 같은 땅이 절반 금액까지 떨어질 리가 없었기 때문이다. 필자는 담당공무원의 답변을 들은 후 준비해간 용인시 건축조례를 보여줬다. 앞에서 지방자치단체의 건축조례는 현황도로를 판단하는 데 매우 중요한 규정이라고 설명했다. 용인시 건축조례 제30조는 '이해관계인의 동의를 받지 않고 도로로 지정할 수 있는 경우'를 두 가지로 명시하고 있다. 그중 두 번째 조항이 '주민이 사용하고 있는 통로를 이용해 신축허가(신고)가 된 경우'다. 다시 말해 불특정 다수가 사용하고 있고, 그 도로를 이용해 건축허가가 난 적이 있으면, 토지주의 사용승인 없이 건축허가를 내줄 수 있다는 것이다.

이 조례를 읽어 본 담당자는 용인시의 건축조례를 한 번도 보지 않은 사람처럼 잠시 낭황하더니, 컴퓨터를 켜고서는 해당 부지를 다시 살펴봤다. 건축 담당자의 컴퓨터는 관할 지역의 항공사진이 바로 뜨고, 주택을 클릭하면 건축물관리대장 유무 여부가 바로 나오도록 하는 시스템을 갖췄다. 주변 건물을 클릭해보니 건축물관리대장이 다 나왔다. 자료를 다 살펴본 담당자가 이렇게 답변했다.

"해당 지역이 예전 비도시지역일 때 건축허가를 받지 않고, 건축신고로 지어졌기 때문에 해줄 수가 없습니다."

담당공무원이 건축허가를 내주지 않는 쪽으로 마음을 먹으면 이렇게 될 수도 있다는 것을 잘 보여주는 대목이었다. 만약 필자가 건축을 모르는 문외한이었다면 담당자의 이 같은 답변에 자리에서 물러났을지 모른다. 하지만 필자는 젊은 시절 건설회사에 들어가 건축 분야에서 산전수전 경험을 쌓은 터여서 건축에 관해서는 누구보다 잘 안다고 자부하고 있다.

여기서 먼저 건축허가와 건축신고의 차이를 짚고 넘어가자. 건축신고는 건축물의 규모가 다음의 내용에 적용된다면 신고사항이다. 이 이상의 규모는 전부 건축허가사항이다. 허가나 신고의 경우 둘 다 건축법에 적합해야 하나, 건축신고인 경우 제출하는 서류에 건축사의 날인 의무가 없다.

건축법

제14조 건축신고
① 제11조에 해당하는 허가 대상 건축물이라 하더라도 다음 각 호의 어느 하나에 해당하는 경우에는 미리 특별자치시장·특별자치도지사 또는 시장·군수·구청장에게 국토교통부령으로 정하는 바에 따라 신고를 하면 건축허가를 받은 것으로 본다.
1. 바닥면적의 합계가 85제곱미터 이내의 증축·개축 또는 재축
2. 관리지역, 농림지역 또는 자연환경보전지역에서 연면적이 200제곱미터 미만이고 3층 미만인 건축물의 건축
3. 연면적이 200제곱미터 미만이고, 3층 미만인 건축물의 대수선
4. 연면적의 합계가 100제곱미터 이하인 건축물

건축허가와 신고는 건축의 규모 외에는 제출서류나 절차가 똑같다는 점을 알아둬야 한다. 건축신고는 도시지역의 경우, 건축 연면적이 100㎡ 이하, 비도시지역은 200㎡ 이하, 건축허가는 도시지역의 경우

연면적이 100㎡ 이상, 비도시지역은 200㎡ 이상이다. 다시 말해 건물이 일정 규모 이상이 되면 건축사가 설계해서 확인 도장을 찍어야 하고, 일정 규모 이하는 건축사의 도장을 안 찍어도 된다는 것이다. 이 규모의 차이 외에는 건축계획서, 법정기본도면, 배치도 등 허가와 신고에 필요한 서류는 둘 다 같다. 그러니까 허가와 신고 둘 다 합법적인 건축 과정이고, 관련 법규와 맞아야 허가와 신고가 이뤄지는 것이다.

건축허가나 신고사항에 의해 적법하게 건축된다면 건축물관리대장이 만들어진다. 즉 건축물관리대장이 있다면 적법한 건축법에 의해 건축됐다는 뜻이다.

사정이 이런 데도 담당공무원은 건축신고로 이뤄져서 승인해줄 수가 없다는 답변을 한 것이다. 프린트해갔던 용인시 건축조례 제2항에도 '건축허가(신고)가 된 경우'라고 명시해 허가와 신고를 동일시하고 있지 않은가. 건축신고는 무슨 불법이나 비합법인 것처럼 말하는 담당공무원과 목소리를 높이면 일반 그르칠 것 같아서 문서로 답변을 받아두겠다고 생각하고 그곳에서 나왔다.

해당 부지에 주변 현황도로를 이용해서 건축허가를 해줄 수 있는지를 묻는 질의서를 보내자 구청에서 곧바로 답변해줬다. 회신에서는 뜻밖에도 이전 면담 때와는 달리 건축할 수 있다는 답변을 보내왔다. 참고로 답변 내용을 살펴보자.

먼저 논쟁이 됐던 주변 건축물의 합법과 비합법에 대해서는 '주변 건축물들은 건축 당시 도시지역 외 지역에서 건축법에 의한 건축허가(신고포함) 절차 없이 건축된 후 건축물대장에 등재된 건축물로 판단되며, 이는 건축 당시 건축법에 의한 건축허가(신고) 대상이 아니었으므로 불법 건축물에 해당하지 않는다'고 답했다. '건축신고를 통해 지으면 비합법적인 건물이냐?'라는 질의에 허가와 신고의 문제를 피한 채 이처럼 불법 건축물이 아니라고 답해온 것이다.

우리가 흔히 알고 있는 건물 양성화라는 것도 알고 보면 건축법과 맞아야 해주는 조치다. 건축신고나 건축물 양성화에 의해 건축물대장이 만들어졌다면 모두 합법 건축물이라는 사실을 알아두자. 그러나 추후 불법행위가 적발된다면 건축물대장에 위반건축물이라는 기재사항이 생기게 된다.

이어 토지주의 동의 없이 건축허가가 가능한지 묻는 질의에 대해서는 건축법 제44조의 '출입에 지장이 없는 경우'라는 단서 조항을 들어 건축허가를 내줄 수 있다고 답변해왔다. 필자는 건축법 제45조와 용인시 건축조례의 '주민들이 사용하고 있는 사실상의 통로로 동 통로를 이용해 건축허가(신고)가 난 경우'를 들어 허가 여부를 질의했는데, 구청은 이 조항으로는 해줄 수가 없다고 답하는 대신, 물어보지도 않은 건축법 제44조의 규정에 의거해 건축허가를 내주겠다는 것이다.

구청이 건축법 제45조로는 건축허가를 해줄 수 없다고 답한 배경에 대한 필자의 분석은 다음과 같다. 항공사진을 다시 보면 경매 물건을 지나는 현황도로가 막다른 도로가 아니다. 만일 막다른 도로라면, 주변의 어느 건물이 이 도로를 이용해 지었다고 볼 수 있지만, 이 도로가 여러 도로로 연결되어서 반드시 이 도로로 건축허가가 났다고 보기는 어렵다고 해석한 것이다.

이번 사례는 다소 복잡한 면이 있어 건축법상 허가와 관련한 여러 가지를 배울 수 있었다. 어쨌든 중요한 것은 건축허가가 가능하다는 관할

관청의 서면 답변을 받아낸 점이었다. 이 답변서는 관련 경매 투자에서 2억 원 이상의 가치를 가진 셈이었다.

이 답변서 하나로 해당 물건이 실제 감정가 수준의 가치가 있는 토지라는 게 명백해졌다. 이제 이 물건을 낙찰 받으려면, 채권자인 유동화전문회사와 NPL 방식으로 풀면 된다. NPL에 관심 있는 독자를 위해 어떻게 이 물건을 낙찰 받을 수 있었는지 그 과정을 잠깐 소개하겠다. NPL에 큰 관심이 없는 독자라면 이어지는 부분은 가볍게 보도록 하자.

먼저 매각물건명세서에 보면 채권자의 채권 청구금액이 3억 4,300만 원으로 나와 있다. 채권자인 유동화전문회사에 연락해서 이 채권 금액에 팔라는 협상을 해야 한다. 문제는 채권 금액을 얼마에 매입하느냐 여부다. 대개 이런 경우 채권자 쪽에서는 3억 1,800만 원에 팔려고 한다. 하지만 한 해 전에 회사가 방어 입찰에 들어가면서 2억 9,000만 원의 금액을 썼다. 이 금액이 손해를 보지 않는 하한선인 셈이다. 그래서 필자는 협상에 임하면서 2억 8,000만 원을 제시했다. 해당 부지에 건축허가가 나온다는 사실을 알고 있지만, 가격 하락의 원인인 건축허가의 불투명성을 제기하면 협상의 여지가 있을 것 같았다.

그렇게 협상을 벌인 끝에 2억 8,000만 원에 인수하기로 합의하고, 계약금 10%를 지급했다. 계약서 사본에서 볼 수 있듯 매입조건은 10% 범위 안에서 차액을 보전해주고, 당해 세는 매수자가 부담하는 조건이었다. 2억 8,000만 원 이상 쓸 사람은 없을 것으로 보지만, 혹시 2억 8,000만 원 이상 쓰는 사람이 나오면 10% 범위 안에서 차액을 보전해준다는 조건도 있었다.

여기서 필자는 2억 8,000만 원에 채권을 인수하되, 채권 청구액

3억 5,400만 원 전액을 다 넘겨달라고 하고 최종 계약을 했다. 이제 다음 할 일은 입찰에 들어가 물건을 낙찰 받는 것이었다. 입찰 당일 유동화전문회사에서 필자가 지급한 계약금 2,800만 원을 법정에 갖고 와서 입찰보증금으로 쓸 수 있게 해준다. 필자가 할 일은 채권 청구금액인 3억 5,400만 원 전액을 최고가로 적어내면 된다. 2억 5,000만 원까지 떨어진 물건을 그렇게 높이 쓸 사람은 없기 때문이다. 그렇게 물건을 낙찰 받아 최고가매수신고인이 되고 나서 잔금을 내면, 법원은 채권액을 고스란히 돌려준다. 거기서 2억 8,000만 원을 유동화전문회사에 지급하고, 필자는 2억 8,000만 원에 해당 물건을 낙찰 받은 셈이 됐다.

NPL을 산다는 것은 결국 배당을 산다는 의미다. 아파트는 NPL 거래 방식이 좀 다르지만, 토지는 이러한 방식으로 한다. 이번 경매 사례에서 본 것처럼 NPL 거래의 좋은 점은 서류상으로는 3억 5,400만 원에 낙찰 받은 것이 되어서 되팔 때도 그만큼 양도소득세의 경감 효과를 누릴 수 있다는 점이다. 다만 2016년 7월부터는 대부업법 개정으로 개인은 NPL 거래를 할 수 없고, 대부업 법인만 가능해졌다는 사실을 알아두자.

2012 타경 8320 경기도 용인시 처인구 남사면 아곡리

2012 타경 8320 (임의)		매각기일 : 2014-02-20 10:30~ (목)		경매4계 031-210-■■■	
소재지	(■■■·■■■ 경기도 용인시 처인구 남사면 아곡리 ■■■·■)			사건접수 2012-02-16	
물건종별	대지	채권자	■■■■■유동화전문유한회사	감정가	497,700,000원
토지면적	1185㎡ (358.46평)	채무자	이근■	최저가	(51%) 254,822,000원
건물면적		소유자	이근■	보증금	(10%)25,483,000원
제시외면적		매각대상	토지매각	청구금액	343,265,630원
입찰방법	기일입찰	배당종기일	2012-05-08	개시결정	2012-02-16

기일현황

회차	매각기일	최저매각금액	결과
신건	2012-05-31	497,700,000원	유찰
2차	2012-07-04	398,160,000원	유찰
3차	2012-08-21	318,528,000원	유찰
4차	2012-09-18	254,822,000원	변경
4차	2012-11-20	254,822,000원	변경
4차	2012-12-18	254,822,000원	매각
■■■■■유동화/입찰4명/낙찰290,000,000원(58%)			
	2012-12-26	매각결정기일	불허가
신건	2013-06-28	497,700,000원	유찰
2차	2013-08-20	398,160,000원	유찰
3차	2013-09-24	318,528,000원	유찰
4차	2013-10-24	254,822,000원	변경
4차	2013-11-21	254,822,000원	변경
4차	2013-12-19	254,822,000원	변경
4차	2014-02-20	254,822,000원	매각
입찰4명/낙찰354,000,000원(71%)			
	2014-02-27	매각결정기일	허가
	2014-04-10	대금지급기한	납부
	2014-05-16	배당기일	진행

📄 건물현황	📄 토지현황	📄 임차연/대항력여부	📄 등기부/소멸여부
[건물목록]	**[토지목록]**	배당종기일 : 2012-05-08	**소유권**
[건물기타현황]	아곡리 ▓▓▓ [대지]	- 매각물건명세서상	1990-05-15　　토지
-	제1종일반주거지역 : 1,185㎡(358.46평)	조사된 임차내역이	이근▓
	표준지가 : 235,000원	없습니다	매매
	단가㎡ : 420,000원	🔲 **매각물건명세서**	**(근)저당**
	금액 : 497,700,000원	🔲 **예상배당표**	2007-06-21　　토지
	🔲 **토지이용계획/공시지가**		우리은행
	🔲 **부동산정보 통합열람**		300,000,000원
	[토지기타현황]		**지상권**
	- 남곡초교 북측 인근의 남산동마을 내에 소재		2007-06-21　　토지
	- 부근은 지방도주변농촌지대		우리은행
	- 차량접근 가능 인근 버스정류장까지의 거리 및 운행상태 주요 간선도로와의 접근성 등을 고려할 때 대중교통의 이용편의는 다소 불편		**(근)저당**
			2009-02-27　　토지
			우리은행
	- 인접 도로 대비 등고평한탄 부정형의 토지		60,000,000원
	- 남측 본건 토지 일부를 포함한 4M내외의 포장도로와 접합		**(근)저당**
	[비고]		2010-06-29　　토지
	매각대상 토지중 일부는 현황도로로 이용 중임.		우리은행
			60,000,000원
	🔲 **감정평가서**		**가압류**
	[감정평가]		2011-12-22　　토지
	📄 감정평가현황 (주) ▓▓감정		▓▓신용보증재단
	가격시점　　2012-02-18		20,000,000원
	감정가　　497,700,000원		**가압류**
	토지　　(100%) 497,700,000원		2012-02-15　　토지
			▓▓신용보증재단
			7,964,500원
			임의경매
			2012-02-17　　토지
			우리은행
			청구 : 343,265,630원
			2012타경6320
			▓▓▓▓▓▓▓▓▓▓유동화전문유한 회사
			(032-430-3300)
			채권총액 : 447,964,500원
			🔲 **등기부등본열람**
			토지열람 : 2012-02-29

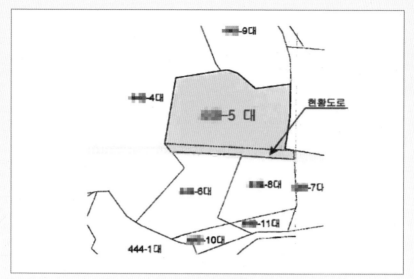

감정평가사의 지적 현황

매각물건 주변 항공사진

출처 : 다음지도 항공사진

소재지	경기도 ▼	용인시처인구 ▼	남사면 ▼	아곡리 ▼	일반 ▼	▨ - 5	🔍 열람

○ 부분인쇄(1장) ○ 전체인쇄(행위제한내용 포함) 🖶 인쇄 인쇄 도움말 >

지목	대	면적	1,185 m²
개별공시지가 (㎡당)	229,000원 (2013/01)		

지역지구등 지정여부	「국토의 계획 및 이용에 관한 법률」에 따른 지역·지구등	제1종일반주거지역
	다른 법령 등에 따른 지역·지구 등	가축사육제한구역( )〈가축분뇨의 관리 및 이용에 관한 법률〉,성장관리권역〈수도권정비계획법〉,공장설립승인지역〈수도법〉,상대정화구역〈학교보건법〉
「토지이용규제 기본법 시행령」 제9조제4항 각호에 해당되는 사항		

확인도면	

범례
□ 제1종일반주거지역
□ 성장관리권역
□ 공장설립승인지역
□ 가축사육제한구역
□ 학교환경위생 정화구역
□ 절대정화구역
□ 상대정화구역
□ 소로2류(폭 8M~10M)
□ 소로1류(폭 10M~12M)
□ 중로3류(폭 12M~15M)
□ 초등학교
□ 법정동

축척 1/ 1200

교회 쪽 매각물건 현황도로 전경

매각물건 대지 전경

– 도로명주소로 빠르고 편리한 생활 –

처 인 구

수신 이종실 귀하 (우░░░░░ 서울 서초구 서초동 ░░░░ ░░░░░░ 부동산전문
가협회)

(경유)

제목 질의서 회신(이종실)

1. 귀하의 가정에 행복을 기원합니다.

2. 귀하께서 우리구에 제출한 질의서 내용을 검토한 바, 「우리구 남사면 아곡리
░░-5번지의 건축허가 가능여부」와 관련한 내용으로 아래와 같이 회신하여 드리오니
참고하시기 바랍니다.

　　　　가. 상기 토지 주변 건축물의 합법 또는 비합법 건축물로 판단하는 근거 에
대하여는

　　　　－ 상기 토지 주변 건축물(░░-3,░░-4번지 및 건축물대장상 ░번지)은
건축 당시 도시지역 외 지역에서 건축법에 의한 건축허가(신고 포함) 절차 없이 건축된
후 건축물대장에 등재된 건축물로 판단되며, 이는 건축 당시 건축법에 의한 건축허가(신고
포함) 대상이 아니었으므로 불법건축물에 해당하지 않음.

　　　　나. 상기 토지에 접한 통로의 토지소유자 동의없이 건축허가(신고 포함) 가능
여부

　　　　－ 건축법 제44조(대지와 도로의 관계) 제1항 규정에 의거 건축물의 대지
는 2미터이상이 동법 제2조 11호 규정에 의한 '도로'에 접하여야 하나, 상기 토지는 '도
로'에 접하고 있지 않음. 다만, 건축법 제44조 단서 규정에 의거 해당 건축물의 출입에
지장이 없다고 인정되는 경우 예외할 수 있는 바, 건축허가(신고 포함) 신청 시점에서
현재 상기 토지에 접한 통로와 같이 불특정 다수인이 수년간 이용한 통로가 있어 해당
건축물의 출입에 지장이 없을 경우에는 상기 통로를 이용하여 건축허가(신고 포함)가
가능할 것으로 판단됨(단, 기타 관련법 저촉사항 없을 경우에 한함).

　　　　－ 아울러, 귀하께서 질의한 우리시 건축조례 제30조 규정은 건축법 제
45조 제1항의 단서 조항 및 동조 제2호 규정에 의거 주민이 오랫동안 통행로로 이용
하고 있는 사실상의 통로로 주민이 사용하고 있는 통로를 이용하여 신축허가(신고)가
된 경우 이해관계인의 동의를 받지 아니하고 건축위원회의 심의를 거쳐 도로로 지정할
수 있도록 규정한 사항으로, 문의하신 토지에 접한 통로는 주민이 오랫동안 이용하고
있는 통로에는 해당되나, 상기 통로를 이용하여 신축허가(신고)가 된 경우가 확인되지
않는 바, 동 규정을 적용하는 것은 어려울 것으로 판단됨. 끝.

근저당권 매입의향서

귀사에서 소유 관리중인 근저당권을 아래의 조건으로 매입하기를 희망합니다.

- 아 래 -

1. 물건 : 경기도 용인시 처인구 남사면 아곡리 ▨▨▨
2. 경매사건번호 : 2012타경8320
3. 희망 매입가 : 이억팔천만원(₩280,000,000)
4. 매입조건 : 채무인수(계약시 10%, 잔금 90%)
   ○ 차액보전 : 인수금액의 10% 범위내
   ○ 당해세 약100만원 매수자 부담
   ○ 경매비용 남은자금 ▨▨▨▨ 반환
5. 계약자 : ▨▨▨▨ 외2명 개인명의

2013년 11월 8일

매입희망사 : ▨▨▨▨(인) 010-▨▨▨▨
　　　　　전화 02-▨▨▨▨, 팩스 02-▨▨▨▨
　　　　　(주)▨▨▨▨▨ 대표이사 .
　　　　　서울시 광진구 구의강변로 ▨▨ ▨▨▨▨(구의동, ▨▨▨▨▨)

　　　　　　　　　　　　　　▨▨▨▨▨유동화전문유한회사 귀하

도시지역 안의 현황도로

　일반상업지역의 토지가 4억 3,000만 원에서 1억 5,000만 원까지 떨어진 경우를 본 적이 있다. 토지이용계획확인원을 보니 지적도상 맹지였다. 항공사진을 보니 도시중심가였다. 상업지역이 맹지이고, 현황도로를 사용하며 건축허가가 나지 않은 나대지인 경우는 필자도 처음 본 사례였다.

　그래서 한번 답사해보기로 하고 현장을 살펴보니, 현황도로이며 너비가 4m는 넘어 보였다. 비슷한 경우 비도시지역에서는 '마을안길'이라고 불리는데, 거의 건축허가를 내준다. 하지만 이 토지는 도시지역 중심가에 있는 중심상업지역이었다. 이렇게 좋은 토지가 현재까지 나대지로 있었다는 것은 아마도 건축허가를 내주지 않았을 것이라고 추측할 수 있었다. 그래도 만약 허가받을 수 있다면 약 2억 원 정도 수익이 발생하니 미련을 가질 수밖에 없었다.

　그래서 바로 이 토지를 얻기 위한 행동에 옮겼다. 포천시 건축조례 제25조 6에 '사실상 주민이 사용하고 있는 통로'가 있기에 이 조항을 출력해서 포천시청 건축과에 구두로 질의했다. 담당공무원이 필자에게 2층에 가면 심의위원이 있으니, 심의위원에게 직접 질의해보라고 해서 직접 만나 구두로 질의했다. 역시나 답은 안 된다는 것이었다.

　현황도로의 인정 여부 중 현황도로로 사용 중인 토지가 본인의 토지인 경우도 있을 수 있으며, 현황도로로 사용 중인 토지가 다른 사람의 토지인 경우가 있다. 그러나 포천의 경우는 본인의 토지 일부를 현황도로로 사용 중이었다. 용인시에서 구두 답변과 달리 서면 답변에서는 건축허가를 내줄 수 있다는 답변을 받은 적이 있어서, 이번에도 서면으로 포천시 건축과에 질의했다.

이번에도 역시 구두 질의와는 달리, '현황도로로 사용하고 있는 토지의 건폐율, 용적률을 제외하고 신청하면 건축허가가 가능하다'고 답변이 왔다. 이 답변이 2억 원짜리 서류임은 독자들도 알 수 있기에 더 이상의 이야기는 필요 없다고 생각한다.

2016 타경 3617 경기도 포천시 신읍동

2016 타경 3617 (임의)		매각기일 : 2016-09-30 10:30~ (금)		경매9계 031-828-	
소재지	(　　) 경기도 포천시 신읍동 　　 [도로명] 경기도 포천시 중앙로 　　(신읍동)				
용도	주택	채권자	신용협동조합	감정가	432,451,200원
토지면적	393㎡ (118.88평)	채무자	김보	최저가	(34%) 148,331,000원
건물면적	21.6㎡ (6.53평)	소유자	김보	보증금	(10%)14,834,000원
제시외		매각대상	토지/건물일괄매각	청구금액	316,920,861원
입찰방법	기일입찰	배당종기일	2016-05-02	개시결정	2016-02-12

기일현황

회차	매각기일	최저매각금액	결과
신건	2016-06-17	432,451,200원	유찰
2차	2016-07-22	302,716,000원	유찰
3차	2016-08-26	211,901,000원	유찰
4차	2016-09-30	148,331,000원	매각
한경　/입찰13명/낙찰218,900,000원(51%)			
	2016-10-07	매각결정기일	허가
	2016-11-18	대금지급기한 납부 (2016.10.25)	납부
	2016-11-29	배당기일	진행

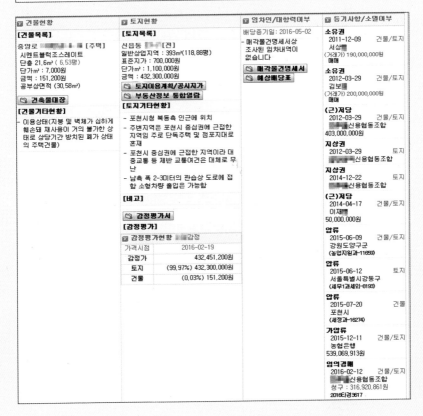

▷ 건물현황	▷ 토지현황	▷ 임차인/대항력여부	▷ 등기사항/소멸여부
[건물목록] 중앙로 　　 [주택] 시멘트블럭조스레이트 단층 21.6㎡ (6.53평) 단가㎡ : 7,000원 금액 : 151,200원 공부상면적 (30.58㎡) 🔍 건축물대장 **[건물기타현황]** - 이용상태(지붕 및 벽체가 심하게 훼손돼 재사용이 거의 불가한 상태로 상당기간 방치된 폐가 상태의 주택건물)	**[토지목록]** 신읍동 　　 [전] 일반상업지역 : 393㎡(118.88평) 표준지가 : 700,000원 단가㎡ : 1,100,000원 금액 : 432,300,000원 🔍 토지이용계획/공시지가 🔍 부동산정보 통합열람 **[토지기타현황]** - 포천시청 북동측 인근에 위치 - 주변지역은 포천시 중심권에 근접한 지역임 주로 단독주택 및 점포지대로 혼재 - 포천시 중심권에 근접한 지역이라 대중교통 등 제반 교통여건은 대체로 무난 - 남측 폭 2~3미터의 관습상 도로에 접합 소형차량 출입은 가능함 **[비고]** 🔍 감정평가서 **[감정평가]**	배당종기일 : 2016-05-02 - 매각물건명세서상 조사된 임차내역이 없습니다 🔍 매각물건명세서 🔍 예상배당표	**소유권** 2011-12-09　건물/토지 서상 (거래가) 190,000,000원 매매 **소유권** 2012-03-29　건물/토지 김보 (거래가) 200,000,000원 매매 **(근)저당** 2012-03-29　건물/토지 　　신용협동조합 403,000,000원 **지상권** 2012-03-29　　토지 　　신용협동조합 **지상권** 2014-12-22　　토지 　　신용협동조합 **(근)저당** 2014-04-17　건물/토지 이재 50,000,000원 **압류** 2015-06-09　건물/토지 강원도양구군 (농업지원과-11659) **압류** 2015-06-12　　토지 서울특별시강동구 (세무1과세와-6199) **압류** 2015-07-20　　건물 포천시 (세정과-16274) **가압류** 2015-12-11　건물/토지 농협은행 539,069,913원 **임의경매** 2016-02-12　건물/토지 　　신용협동조합 청구 : 316,920,861원 2016타경3617

[감정평가현황] ▷ 감정평가현황 　　감정

가격시점	2016-02-19
감정가	432,451,200원
토지	(99.97%) 432,300,000원
건물	(0.03%) 151,200원

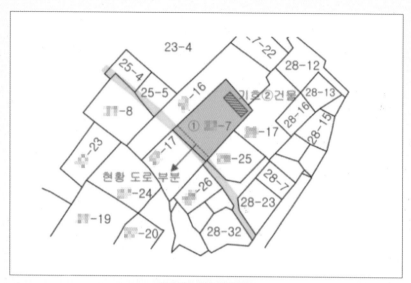

감정평가사의 지적 현황

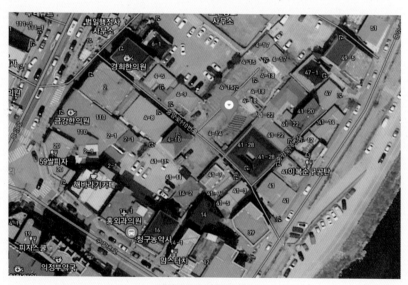

매각물건 주변 항공사진

출처 : 다음지도 항공사진

매각 토지와 주변 사진

일부 토지를 도로로 사용 중인 도로와 매각 토지 전경

소재지	경기도 포천시 신읍동 ███████		
지목	전 ❓	면적	393 ㎡
개별공시지가 (㎡당)	980,500원 (2016/01)		
지역지구등 지정여부	「국토의 계획 및 이용에 관한 법률」에 따른 지역·지구등	도시지역 , 일반상업지역	
	다른 법령 등에 따른 지역·지구등	성장관리권역<수도권정비계획법> , 배출시설설치제한지역<수질 및 수생태계 보전에 관한 법률> , 상대정화구역(포천교육지원청 문의)<학교보건법>	
	「토지이용규제 기본법 시행령」 제9조제4항 각 호에 해당되는 사항		
확인도면			

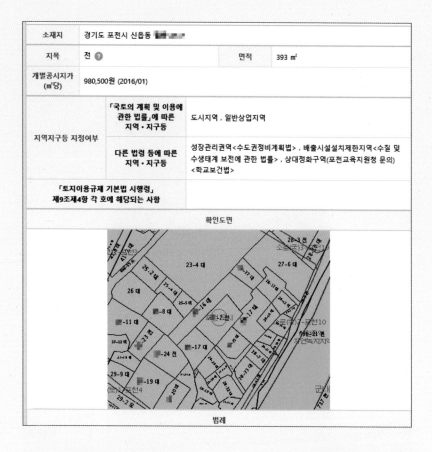

범례

"시민과 함께하는 행복도시 포천"

포 천 시

오성과 한음

수신 명지토지개발 아카데미 원장 이종실 귀하 (우▨▨▨ 서울특별시 송파구 법원로 ▨▨ ▨ (문정동))

(경유)

제목 질의서 회신(이종실)

1. 귀 가정에 건강과 행복이 가득하시길 기원드리며, 평소 우리시 시정에 많은 관심을 가져주시고 적극 협조해 주심에 깊은 감사를 드립니다.

2. 귀하께서 우리시 신읍동 ▨▨번지, 건축허가와 관련하여 질의하신 사항에 대하여 아래와 같이 회신 드립니다.

- 아 래 -

가. 질의내용)
- 포천시 신읍동 ▨▨번지 일부에 포장되어 통로로 사용 중인 부분을 제외하여 건축허가가 가능한지 여부

나. 답 변)
- 상기 대지는 주민이 장기간 통행로로 이용하는 통로에 접하고 있어 통로 부분을 대지면적에서 제척할 시 건축허가가 가능한 것으로 판단되며, 「포천시 건축 조례 제25조(이해관계인의 미동의 도로지정기준) 규정에 따른 도로지정 여부는 우리시 건축과 (☎538-▨▨▨)에서 담당함을 알려드립니다.

3. 더 궁금하신 사항은 허가담당관실 건축민원1팀(☎538-▨▨▨)으로 전화주시면 친절하게 상담해 드리겠습니다. 끝.

포 천 시

주무관	▨▨▨	건축민원1팀 장	▨▨▨	허가담당관	▨▨▨	전결 2017. 1. 3.

협조자

시행 허가담당관-330   (2017. 1. 3.)   접수

우 11147   경기도 포천시 중앙로 87 (신읍동, 포천시청)   / http://www.pocheon.go.kr

전화번호 031-538-▨▨▨   팩스번호 031-538-▨▨▨▨ / ▨▨▨@korea.kr   / 비공개(6)

도시지역 '마을안길'의 건축법상 해석

충남 보령에 경매로 나온 토지가 현황도로에 접한 사례를 보자. 지금까지의 사례를 통해 살펴본 것처럼 같은 현황도로라고 하더라도 각 토지가 처한 환경에 따라 건축에 대한 해석이 크게 달라질 수 있다. 이 땅도 바로 앞에 나온 포천의 사례와 비슷한 것 같지만, 세부적으로 살펴보면 약간의 차이가 있다.

해당 물건은 330평 정도 되는 대지인데, 2억 3,000만 원의 매각가가 절반까지 떨어졌다. 현장에 가봤더니 현황도로가 있는데, 지적도에는 도로가 없어서 가격이 크게 떨어진 것이었다. 현황도로는 불특정 다수가 사용하고 있는 이른바 '마을안길'로 이어져 있다. 해당 토지가 마을안길에 접해 있으면 헌 집을 허물고 건축허가를 다시 받는 데 아무런 문제가 없다. 그러나 문제는 마을안길에서 다시 10m 정도 이어진 골목길을 연결통로로 사용하는 것이었다. 해당 물건은 헌 주택이 딸린 땅과 주택이 없는 나대지로 구성되어 도로 문제만 해결되면 두 필지로 분리해서 되팔아도 꽤 높은 수익이 실현될 물건이었다.

건축물대장이 있다면 같은 도로를 이용해서 건축허가를 받은 사실만으로 문제가 해결된다. 주택이 한 채 있기는 하지만, 건축물관리대장이 없는 무허가 건축물이다. 그래서 보령시에 서면으로 질의했더니 먼저 전화로 답을 줬다. "문제의 골목길을 마을안길이라고 하기도, 아니라고

하기도 모호해서 서면으로는 원론적인 답변밖에 해줄 수 없다"며, "정식 건축허가를 접수하면 심의해보고 결정하겠다"라고 말했다.

그 후 매우 원론적인 답변서를 보내줬다. 답변서에는 건축법 제2조 제1항 제11호의 도로의 정의와 건축법 제44조의 '접도 의무'만을 적시해놓고, 10m 정도의 골목 연결통로를 현황도로로 이용해 건축허가가 가능한지 여부에 대해서는 구체적인 답변을 제시하지 않았다.

다시 한 번 강조하지만 이런 사안은 O, X로 단정하기가 매우 어렵다. 담당공무원이 어떤 법규를 적용하느냐에 따라 달라질 수 있다는 점을 유념해야 한다. 하지만 필자의 오랜 경험에 의하면, 서면에 의한 답변이 이 정도일 때 실제 인허가 과정에서는 긍정적인 해석을 받을 확률이 상당히 높다. 건축허가를 내주었을 경우 민원의 소지가 있을 수 있다고 생각하면 어떤 이유를 들어서도 허가를 안 해주는 방향으로 가지만, 민원의 소지가 없다면 가능한 허가를 내주는 방향으로 결정되는 경우가 많기 때문이다. 그러나 독자 여러분들은 이러한 무허가 건물을 매입해도 매도를 어떻게 하는지를 알기 어렵다.

필자의 《이것이 진짜 토지개발이다 2》의 건축법 편을 보면, 무허가 건축물을 낙찰 받아 양성화해 매도하는 법 등을 실전사례를 통해 절차나 방법을 자세히 소개했다.

2016 타경 15856 충청남도 보령시 명천동

2016 타경 15856 (강제)		매각기일 : 2016-11-22 10:00~ (화)		경매5계 041-640-■■	
소재지	(■■■) 충청남도 보령시 명천동 ■■ [도로명] 충청남도 보령시 명암2길 ■■(명천동)				
용도	대지	채권자	이미■외1명	감정가	235,008,000원
토지면적	1088㎡ (329.12평)	채무자	김명■	최저가	(100%) 235,008,000원
건물면적		소유자	김명■	보증금	(10%)23,501,000원
제시외	제외 : 99.4㎡ (30.07평)	매각대상	토지만매각	청구금액	21,500,000원
입찰방법	기일입찰	배당종기일	2016-05-09	개시결정	2016-02-15

기일현황

회차	매각기일	최저매각금액	결과
신건	2016-09-13	235,008,000원	유찰
2차	2016-10-18	164,506,000원	유찰
3차	2016-11-22	115,154,000원	매각

낙찰140,100,000원(60%)

최종기일 결과 이후 정지된 사건입니다.

? 건물현황	? 토지현황	? 임차인/대항력여부	? 등기사항/소멸여부
[건물목록]	**[토지목록]**	배당종기일: 2016-05-09	**소유권**
	명천동 ■■ [대지]		1994-11-10 토지
[건물기타현황]	자연녹지지역 : 1,088㎡(329.12평)	박지■	김명■
	표준지가 : 167,000원	전입 : 1998-12-12	재산상속
[제시외건물]	단가㎡ : 216,000원	확정 : 없음	**(근)저당**
명천동 ■■ [주택]	금액 : 235,008,000원	배당 : 없음	2003-08-28 토지
시멘트블록및목조	**◎ 토지이용계획/공시지가**	점유 :	■■축산업협동조합
(ㄱ) 61.6㎡(18.63평)		현황조사 권리내역	39,000,000원
단가㎡ : 210,000원	**◎ 부동산정보 통합열람**		**지상권**
금액 : 12,936,000원	**[토지기타현황]**	김영■	2003-08-28 토지
매각제외		전입 : 2003-07-09	■■축산업협동조합
	- 대명중학교 북서측 인근에 위치	확정 : 없음	**(근)저당**
명천동 ■■ [창고]	- 주위일원은 단독주택 농경지 및 임야	배당 : 없음	2009-01-02 토지
시멘트블록조	등이 혼재한 일반주택지대	점유 :	■■축산업협동조합
(ㄴ) 18.3㎡(5.54평)	- 본건 인근까지 차량 접근이 가능 인근	현황조사 권리내역	24,000,000원
단가㎡ : 90,000원	에 버스정류장이 소재 제반 교통상황		**(근)저당**
금액 : 1,647,000원	은 무난	최윤■	2011-07-05 토지
매각제외	- 부정형의 평탄한 토지	전입 : 2005-08-03	■■축산업협동조합
	- 지적상 맹지로 남서측의 인접필지에	확정 : 없음	38,000,000원
명천동 ■■ [창고]	개설된 관습로를 통해 출입이 가능함	배당 : 없음	**가압류**
시멘트블록및목조	- 하수처리구역	점유 :	2015-08-21 토지
(ㄷ) 19.5㎡(5.9평)		현황조사 권리내역	이미■외
단가㎡ : 90,000원	**[비고]**		21,500,000원
금액 : 1,755,000원		**◎ 매각물건명세서**	**강제경매**
매각제외	**◎ 감정평가서**	**◎ 예상배당표**	2016-02-15 토지
	[감정평가]	- 별첨 전입세대열람 내역	이미■외
명천동 ■■ [수목]	? 감정평가현황 ■■ 감정	과 같이 소유자 김명■ 외	청구 : 21,500,000원
감나무,동백나무등	가격시점 2016-02-25	에 미확인전입자 김영■,	**2016타경15856**
(ㄹ)	감정가 235,008,000원	박지■, 최윤■ 세대가 전	이미■외1명
금액 : 원	토지 (100%) 235,008,000원	입신고되어 있어 전입자에	
매각포합	제시외제외 (6.95%) 16,338,000원	대한 통지를 위하여 점유자	▷ 채권총액 :
		로 조사보고함. {전입자 김	122,500,000원
		영■은 명천동 ■■번지의	
		전입자이며, 전입자 박지■	**◎ 등기사항증명서**
		와 전입자 최윤■은 명암2	토지열람 : 2016-02-29
		길 ■■의 전입자임}	

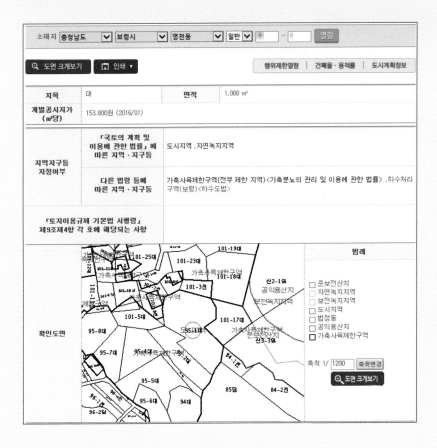

소재지	충청남도 ▼ 보령시 ▼ 영천동 ▼ 일반 ▼ ▓ - ▓	열람

🔍 도면 크게보기   🖨 인쇄 ▼   행위제한열람 | 건폐율·용적률 | 도시계획정보

지목	대	면적	1,088 ㎡
개별공시지가 (㎡당)	153,800원 (2016/01)		

지역지구등 지정여부	「국토의 계획 및 이용에 관한 법률」에 따른 지역·지구등	도시지역, 자연녹지지역
	다른 법령 등에 따른 지역·지구등	가축사육제한구역(전부 제한 지역)〈가축분뇨의 관리 및 이용에 관한 법률〉, 하수처리 구역(보령)〈하수도법〉

「토지이용규제 기본법 시행령」 제9조제4항 각 호에 해당되는 사항	

확인도면

범례

☐ 준보전산지
☐ 자연녹지지역
☐ 보전녹지지역
☐ 도시지역
☐ 법정동
☐ 공익용산지
☐ 가축사육제한구역

축척 1/ 1200   축척변경

🔍 도면 크게보기

매각물건 주변 항공사진

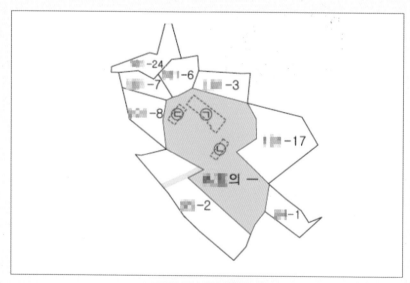

감정평가사의 매각물건 설명

현황도로 전경

매각물건 제외의 무허가 건물 전경

보 령 시

수신 명지토지개발 아카데미 원장 이종실 귀하 (우 ██ ██ 서울특별시 송파구 법원로
████ █ ████████ ██ ████ (문정동))
(경유)
제목 질의 회신(이*실)

1. 귀하의 가정에 건강과 행복을 기원합니다.

2. 보령시 명천동 ██-1번지 상의 건축 관련 질의사항에 대하여 아래와 같이
회신합니다.

☐ 질의 내용

- 보령시 명천동 ██-1번지 신축시 명천동 ██-2번지를 현황도로로 이용할 수
있는지 여부

☐ 질의 회신

- 「건축법」제2조제1항제11호에 따라 "도로"란 보행과 자동차 통행이
가능한 너비 4미터 이상의 도로로서(지형적으로 자동차 통행이 불가능한 경우와 막다른
도로의 경우에는 대통령령으로 정하는 구조와 너비의 도로)로서「국토의 계획 및 이용에
관한 법률」,「도로법」,「사도법」, 그 밖의 관계 법령에 따라 신설 또는 변경에 관한
고시가 된 도로, 건축허가 또는 신고 시에 허가권자가 위치를 지정하여 공고한 도로 또는
예정 도로를 말하는 것이며,

- 「건축법」제44조 제1항에 따라 건축물의 대지는 2미터 이상이 도로에 접
하여야 함.

- 기타, 건축법 관련 문의사항이 있으시면 보령시 건축허가과 건축신고팀
(930-████)으로 연락하여 주시기 바랍니다. 끝.

기타법령에 저촉이 없는 경우

이번에 소개할 사례는 매우 조심스러운 분석이 요구되는 2014년 경매 물건이다. 경기도 화성시 서신면에 위치해 바다의 낙조가 보이는 경관이 뛰어난 240평의 임야로, 2억 5,000만 원에 시작한 가격이 절반까지 떨어졌다. 좋은 땅이 절반 이하로 떨어지는 데는 그만한 이유가 있었다. 지적도면을 보면 해당 임야가 보이고, 그 앞으로 역시 지목이 임야인 도로가 반듯하게 나 있는데, 두 필지가 각각 경매로 나왔다.

주변을 촬영한 사진을 보면 지목이 임야인 도로가 포장됐음을 알 수 있다. 그리고 이 도로의 막다른 끝에 이미 집 한 채가 지어져 있는 게 보인다. 말하자면 동 도로를 활용해 오른쪽 끝으로 집이 건축되어 있다. 그렇다면 이 도로를 낙찰 받지 않고 해당 부지에 건축허가를 받을 수 있을까?

그래서 화성시에 서면으로 질의부터 해봤다. 해당 부지에 진입하려면 임야인 상태로 포장된 현황도로를 이용해야 하는데, 해당 토지주의 사용승인이 필요한지 여부를 물었다. 화성시의 답변을 보면, 건축법상 도로에 대해 중요한 내용이 들어 있었다.

먼저 "해당 부지는 비도시지역으로 동이나 읍이 아닌 지역이어서 건축법 제3조 적용 제외 규정에 따라 건축법 제44조의 '대지는 2m 이상이 반드시 도로와 접해야 한다'라는 규정이 적용되지 않으므로 토지 소유자의 동의를 의무화하고 있지 않다"라는 것이다. 이 정도의 답변이라면 별도 경매로 나온 도로를 굳이 낙찰 받지 않더라도 건축허가를 받는데는 지장이 없을 것이다.

하지만 건축허가를 받아야 하는 토지가 지목이 '임야'라는 점을 유념해야 한다. 지목이 임야인 경우 먼저 개발행위허가를 받아야 하며, 개발행위허가 시에는 도로, 하수의 기반시설조건을 확인한 후 허가를 내준다. 그러나 필자는 도시개발과가 아닌, 건축과에만 질의했으며, 건축과에서는 건축법에 대한 답변만 한 것이다. 따라서 건축과의 답변에서 추가로 '다만 건축허가나 신고 처리 시 기타 관련 법령 등에 저촉이 없는 경우 건축허가가 가능한 사안'이라고 덧붙였다. 앞에서 한 차례 강조한 것처럼 현황도로의 지목이 임야일 경우, 산림과와 도시개발과를 거쳐야 한다. 건축과에서는 건축법상 현황도로로 인정해 승인해준다고 해도 도시개발과에서 하수도법 등 다른 관계 법령의 규정을 들어 타인의 토지에 굴착 시 사용승낙을 조건으로 불허할 수도 있기 때문이다. 실제 건축허가 과정에서 이런 일은 생각보다 빈번하게 일어난다.

다시 요약하자면, 허가 대상인 부지가 대지일 경우에는 건축과의 허가만 받으면 되지만, 농지는 농지과와 도시개발과, 임야는 산림과와 도시개발과를 추가로 경유해 개발행위허가도 동시에 받아야 되며, 이 경우 개발행위허가 시 타인의 토지를 굴착할 때 사용승낙을 받아야 한다는 조건을 만족해야 건축허가를 받을 수 있다.

즉 건축법에서는 비도시지역은 도로법 적용을 받지 않을 수 있다는 규정이 있으나, 개발행위허가 시는 비도시지역의 완화규정이 없다. 따라서 비도시지역에서의 건축법에서는 인정하는 진입도로이지만, 같은 비도시지역에서 개발행위허가에 의한 건축을 할 경우에는 진입도로인 정이 거부되는 경우가 생각보다 상당히 많은 것이 현실이다. 독자들은 개발행위허가 시의 건축법상 도로와 개발행위허가 없이 대지에 건축하는 경우의 도로적용이 다르다는 점을 절대 착각해서는 안 된다.

2014 타경 23552 경기도 화성시 서신면 송교리

2014 타경 23552 (임의)	물번1 [배당종결] ▼		매각기일 : 2015-01-13 10:30~ (화)		경매7계 031-210-■■■■
소재지	(■■■-■■■) 경기도 화성시 서신면 송교리 ■■■				
물건종별	임야	채권자	■■저축은행	감정가	256,000,000원
토지면적	800㎡ (242평)	채무자	■■■디앤씨	최저가	(49%) 125,440,000원
건물면적	건물 매각제외	소유자	■■■디앤씨외3명	보증금	(10%)12,544,000원
제시외면적		매각대상	토지만매각	청구금액	823,974,793원
입찰방법	기일입찰	배당종기일	2014-08-01	개시결정	2014-05-16

기일현황 ▼전체보기

회차	매각기일	최저매각금액	결과
신건	2014-10-30	256,000,000원	유찰
2차	2014-12-02	179,200,000원	유찰
3차	2015-01-13	125,440,000원	매각

김경지 외1명/입찰2명/낙찰181,281,000원(71%)
2등 입찰가 : 162,750,000원

	2015-01-20	매각결정기일	허가
	2015-02-27	대금지급기한	납부
	2015-04-06	배당기일	완료

배당종결된 사건입니다.

물건현황/토지이용계획

살고지마을 북동측 인근에 위치

주위는 전원주택 및 펜션 등이 소재 해안전원주택 지대

차량등의 접근이 가능 버스정류장까지의 거리 등 감안시 대중교통사정은 대체로 불편

세장형 유사형의 토지로 대체로 평탄하게 조성된 나지 및 북서측 일부경사지

남동측 로록 약5-6미터의 포장도로와 접합

계획관리지역(송교리 ■■■-■■)

※ 감정평가서상 제시외건물가격이 명시 되어있지않음. 입찰시 확인요함.

🔲 토지이용계획/공시지가
🔲 부동산정보 통합열람
🔲 감정평가서

감정평가현황 ■■■감정

가격시점	2014-05-27
감정가	256,000,000원
토지	(100%) 256,000,000원

면적(단위:㎡)

[토지]

송교리 ■■■
임야 800 (242평)

[제시외]

철거용이한공사용가림막등
미상
면적 제외

임차인/대항력여부

배당종기일 : 2014-08-01

- 매각물건명세서상 조사된 임차내역이 없습니다

🔲 매각물건명세서
🔲 예상배당표

등기부현황/소멸여부

소유권	이전 토지
2004-02-28	
지혜■	
매매	

소유권	이전 토지
2012-09-24	
■■■디앤씨	
(거래가) 210,000,000원	
매매	

(근)저당	토지소멸기준 토지
2012-09-24	
■■저축은행	
975,000,000원	

지상권	소멸 토지
2012-09-24	
■■저축은행	

(근)저당	소멸 토지
2013-06-28	
김명■	
800,000,000원	

(근)저당	소멸 토지
2013-11-22	
신경■	
31,000,000원	

압류	소멸 토지
2014-03-24	
화성시	
(징수과-6340)	

임의경매	소멸 토지
2014-05-16	
■■저축은행	
청구 : 823,974,793원	
2014타경23552(배당종결)	

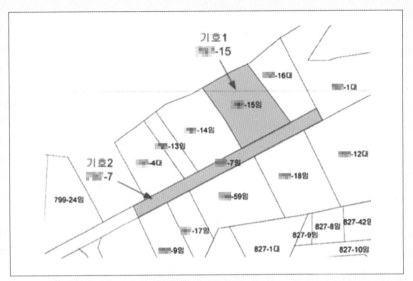

감정평가사의 매각물건 표시

매각물건의 주변 항공사진

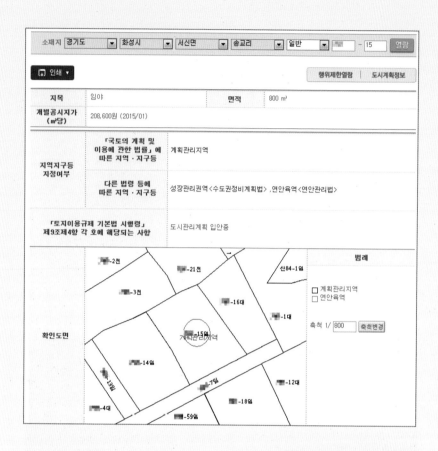

매각물건 전경 1

매각물건 전경 2

2014~2342

화 성 시

수신 이종실 귀하 (우 ▨▨▨▨ 서울 강남구 대치동 ▨▨▨▨▨▨▨▨ ▨)

(경유)

제목 민원 질의 회신

　　1. 「사람이 먼저인 화성」의 건축행정 발전을 위한 협조에 감사드립니다.

　　2. 귀하께서 민원 접수번호 261079호로 질의한 사항에 대해 아래와 같이 답변
드립니다.

- 아 래 -

질의 : 경기도 화성시 서신면 송교리 ▨▨-15(임)번지에 진입하려면 ▨▨-6, ▨▨-7(임)
토지의 현황도로를 이용하여야 진입이 가능함. 따라서 ▨▨-6의 토지주 및 ▨▨-9 토지주의
사용승낙이 필요한지 여부?

답변 : 서신면 송교리 ▨▨-15번지는 비도시지역으로서 동이나 읍이 아닌 지역이므로 건축
법 제44조[대지와 도로의 관계] 규정이 같은 법 제3조[적용제외] 규정에 의거 적용이
제외되므로, 토지소유자의 동의를 얻도록 하는 것을 의무화하고 있지 않습니다. 다만,
건축허가나 신고 처리시 기타 관련법령 등에 저촉이 없는 경우 가능한 사항임을 알려
드립니다.

　　3. 기타 궁금한 사항은 아래 담당자(☎031-369-▨▨▨)에게 문의하시면 성심성의껏
답변드리겠습니다. 끝.

화 성 시

주무관 김훈▨　　　건축행정팀장 최진▨　　　건축과장　　　전결 2015. 4. 9.
　　　　　　　　　　　　　　　　　　　　　　　　　　　　한영▨

협조자 건축신고팀장 유승▨　　　건축허가팀장 강대▨

시행 건축과-17662　　　(2015. 4. 9.)　　　접수

우 445-702 경기도 화성시 남양읍 시청로 159　　　　　／ http://www.hscity.go.kr

전화번호 031-369-▨▨▨▨ 팩스번호 031-369-▨▨▨▨ ／▨▨@korea.kr　　　／ 비공개(6)

쉽고 편리한 우리집 새주소, 언제 어디서나 도로명주소입니다

현장의 민원은 행정판단에 부정적인 영향을 끼친다

앞의 NPL 경매 사례와 비슷하면서도 결과는 완전히 다르게 나온 사례다. 경기도 용인시 처인구 이동면에 임의경매로 나온 196평짜리 대지가 건축허가 문제로 2억 3,000만 원에 시작한 가격이 절반까지 하락했다. 그런데 1차 매각현황을 보면 누군가가 최초 가격의 99%인 2억 3,000만 원에 낙찰 받았다가 미납한 것으로 나와 있다. 앞의 사례처럼 채권자로부터 NPL을 매입해 채권 청구금액 이상으로 가격을 써낸 것이다. 필자는 그때 미납을 예상했다. 그전에 해당 관청에 찾아가 담당공무원과 면담하고, 서면질의를 통해 확인하니 건축허가를 받는 게 불가능했기 때문이다.

1종 일반주거지역에 해당하는 경매 물건은 항공사진에는 현황도로가 나오지만, 지적도상에는 도로가 없는 맹지다. 앞의 사례처럼 출입에 지장이 없으면 건축허가를 받을 수 있겠다 싶어 먼저 구청을 찾아갔다. 출입에 지장이 없는 경우로 간주해 건축허가를 내줄 수 있는지를 물었다.

"출입에 지장이 있는지는 저희 담당공무원이 판단합니다. 그런데 저는 출입에 지장이 있다고 봅니다."

담당공무원의 대답이 의아해서 다시 물었다.

"어떤 근거로 그렇게 보시는지요?"

"혹시 현장은 가보셨습니까?"

"가보긴 했지만, 두 달 정도 전입니다."

"그럼 가시는 길에 들려서 한번 보시죠."

필자는 구청을 나와 왜 그런가 하고 현장을 둘러봤다. 현장에 가보고 서는 담당공무원이 왜 그렇게 판단했는지 금방 알 수 있었다. 현황도로의 주인이 포클레인을 동원해 길을 파헤친 후 길 한복판에 돌을 쌓아둔 것이었다. 현황도로이기는 해도 엄연히 사도여서 이해당사자 간 분쟁으로 번지게 됐다. 그런 와중에 누군가가 NPL을 사서 최고가로 낙찰을 시도했다가 이런 민원에 포기하고 만 것이다.

필자는 이번 사안을 더 확실히 하기 위해 해당 구청에 서면질의도 보냈다. 해당 토지는 지목이 내시로, 너비 4m 이상의 포장된 현황도로를 주민이 도로로 사용하고 있는 상태다. 건축허가 신청 시 별도의 도로를 확보해야 건축허가가 가능한지, 아니면 현 상태에서도 건축허가가 가능한지를 물었다. 돌아온 답변의 요지는 다음과 같다.

"토지에 접한 통로가 수년간 주민들이 이용했는지 여부와 동 통로를 이용해서 토지에 진·출입하는 데 지장이 없는지 여부 등을 종합적으로 검토해야 하는 사항으로, 건축허가 가능 여부 문의에 대한 정확한 답변은 지난합니다."

사무실에서 면담할 때는 "안 된다"라고 딱 잘라 말해놓고서는 서류로 이렇게 어렵게 답변하고 있다. 가부 간의 구체적 답변을 피한 채 원론적으로 답변하고 있으나, 꼼꼼히 읽어보면 거부 답변이라는 것을 알 수 있다. 건축법 제44조 '출입에 지장이 없는 경우'와 건축법 제45조 '주민이 오랫동안 이용한 사실상의 통로로 인정'하는 두 가지 모두를 사실상 거부한 것이다.

2013 타경 39178 경기도 용인시 처인구 이동면 천리

2013 타경 39178 (임의)		매각기일 : 2014-09-04 10:30~ (목)		경매14계 031-210-■■■	
소재지	(■■■■) 경기도 용인시 처인구 이동면 천리 ■■■				
물건종별	대지	채권자	■■■■■유동화	감정가	233,280,000원
토지면적	648㎡ (196.02평)	채무자	이성■	최저가	(49%) 114,307,000원
건물면적	건물 매각제외	소유자	이성■	보증금	(30%) 34,293,000원
제시외면적	제외 : 6㎡ (1.81평)	매각대상	토지만매각	청구금액	211,410,650원
입찰방법	기일입찰	배당종기일	2013-09-27	개시결정	2013-07-16

기일현황 ▶전체보기

회차	매각기일	최저매각금액	결과
신건	2014-02-06	233,280,000원	유찰
	2014-06-20	대금지급기한	미납
3차	2014-07-18	114,307,000원	변경
3차	2014-09-04	114,307,000원	매각
신덕■/입찰2명/낙찰130,000,000원(56%) 2등 입찰가 : 123,090,000원			
	2014-09-11	매각결정기일	허가
	2014-10-10	대금지급기한	납부
	2014-10-29	배당기일	완료
배당종결된 사건입니다.			

? 건물현황

[건물목록]
[건물기타현황]
-
[제시외건물]
천리 ■■■ [창고]
시멘벽돌조
(ㄱ) 6㎡(1.81)평
금액 : 0원
매각제외

? 토지현황

[토지목록]
천리 ■■■ [대지]
제1종일반주거지역 : 648㎡(196.02평)
표준지가 : 428,000원
단가㎡ : 360,000원
금액 : 233,280,000원
🖰 토지이용계획/공시지가
🖰 부동산정보 통합열람

[토지기타현황]
- 원촌마을 내에 위치
- 부근은 농가주택 농경지 다세대주택 등 형성 있는 농촌지대
- 본건까지 차량접근 가능 시내버스정류장까지의 거리 및 운행횟수 등 볼 때 대중교통상황 무난
- 부정형의 토지
- 지적도상 맹지이나 폭 2-3m의 현황 도로를 통해 접근 가능 본건 중 일부가 현황 도로에 포함된 것 추정

[비고]
1.부정형의 토지로 나대지이며 일부는 도로임,2.지적도상 맹지임,3.지상에 시멘벽돌조 판넬지붕 창고 약6㎡가 소재하나 경제적 가치는 희박함.
※ 감정평가서상 제시외건물가격이 명시되어있지않음, 입찰시 확인요함.
🖰 감정평가서
[감정평가]

? 감정평가현황 ■감정

가격시점	2013-08-23	
감정가		233,280,000원
토지	(100%) 233,280,000원	

? 임차인/대항력여부

배당종기일: 2013-09-27
- 매각물건명세서상 조사된 임차내역이 없습니다
🖰 매각물건명세서
🖰 예상배당표

? 등기부/소멸여부

소유권 2001-12-05 토지
김태■
매매

소유권 2007-09-19 토지
이성■
(거래가) 173,000,000원
매매

(근)저당 2007-09-19 토지
국민은행
234,000,000원

지상권 2007-09-19 토지
국민은행

가등기 2013-05-14 토지
김오■

압류 2013-06-20 토지
국민건강보험공단
(징수부-906421)

압류 2013-07-03 토지
국 - 안산세무서
(부가가치세과-6394)

임의경매 2013-07-16 토지
국민은행
청구 : 211,410,650원
2013타경39178
■■■■유동화전문유한회사
(02-3774-6286)

가압류 2013-07-25 토지
신용보증기금
175,000,000원
채권총액 :
409,000,000원

| 소재지 | 경기도 ▼ | 용인시처인구 ▼ | 이동면 ▼ | 천리 ▼ | 일반 ▼ | | - | 7 | 🔍 열람 |

◉ 부분인쇄(1장)　○ 전체인쇄(행위제한내용 포함)　🖨 인쇄　｜ 인쇄 도움말 ＞

지목	대		면적	648 m²
개별공시지가 (㎡당)	359,000원 (2013/01)			

지역지구등 지정여부	「국토의 계획 및 이용에 관한 법률」에 따른 지역 · 지구등	제1종일반주거지역
	다른 법령 등에 따른 지역 · 지구 등	가축사육제한구역( )<가축분뇨의 관리 및 이용에 관한 법률> ,성장관리권역<수도권정비계획법 > ,상대정화구역<학교보건법> ,상대정화구역(2013-05-20)(용인교육지원청에 별도 문의 요망)< 학교보건법>
「토지이용규제 기본법 시행령」 제9조제4항 각호에 해당되는 사항		

확인도면	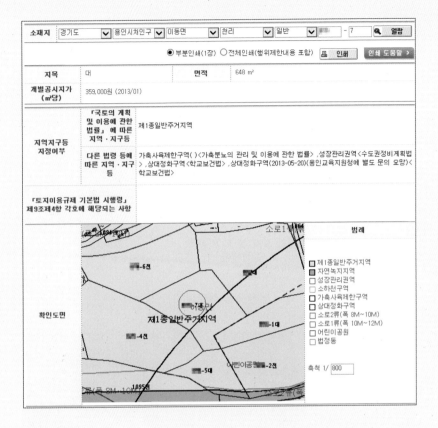

범례

☐ 제1종일반주거지역
☐ 자연녹지지역
☐ 성장관리권역
☐ 소하천구역
☐ 가축사육제한구역
☐ 상대정화구역
☐ 소로2류(폭 8M~10M)
☐ 소로1류(폭 10M~12M)
☐ 어린이공원
☐ 법정동

축척 1/ 800

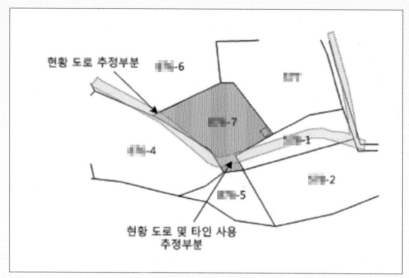

현황 도로 추정부분

현황 도로 및 타인 사용
추정부분

감정평가사의 매각물건 표시

매각 토지 주변 항공사진

출처 : 다음지도 항공사진

처 인 구

2013~ 39178

수신 이종실 귀하 (우███ 서울 강남구 대치동 ███ ████ ██)
(경유)
제목 질의 회신 - 이종실

1. 귀하의 가정에 행복을 기원합니다.

2. 귀하께서 우리시 이동면 천리 ███-7번지 상의 토지와 관련하여 제출하신 질의서에 대하여 검토하고 아래와 같이 회신하오니 참고하시기 바랍니다.

■ 질의 및 답변내용
　해당 토지는 지목이 대지로, 너비 4미터 이상의 포장된 현황도로를 주민이 도로로 사용하고 있는 상태로, 건축허가 신청시 별도의 도로를 확보하여야 건축허가가 가능한지, 아니면 현 상태에서도 건축허가가 가능한지?

　- 건축물의 대지는 「건축법」 제44조 규정에 의거 2미터 이상의 도로 (자동차만의 통행에 사용되는 도로를 제외함)에 접하여야 하며, 다만 동항 단서 및 제1호 규정에 의하여 해당 건축물의 출입에 지장이 없다고 인정되는 경우에는 그러하지 아니할 수 있는 것으로,

　- 질의하신 토지에 접한 통로가 수년간 주민들이 이용하였는지 여부와 동 통로를 이용하여 토지에 진출입 지장 없는지 여부 등을 종합적으로 검토하여야 하는 사항으로 건축허가가 가능여부 문의에 대한 정확한 답변은 지난합니다.

　- 참고로, 우리시 「건축조례」 제30조제2항에 관련된 규정은 「건축법」 제45조(도로의 지정·폐지 또는 변경) 제1항의 단서 규정에 따라 주민들이 사용하고 있는 통로를 이용하여 신축허가(신고)가 된 경우에는 건축위원회의 심의를 거쳐서 그 통로를 도로로 지정할 수 있도록 규정한 사항으로, 상기 통로에 대하여는 건축위원회의 심의를 거쳐 도로로 지정된 현황이 없으며,

　- 본 답변은 해당 질의에 국한되며, 개별 사실관계의 변동 등으로 인해 다른 해석이 있을 수 있습니다. 끝.

건축법 제3조 동이나 읍이 아닌 지역의 건축허가

2008년 3월 21일, 건축법 개정에 의해 동이나 읍 미만의 지역에 건축법상 도로 여건인 제44조와 제45조를 적용하지 아니한다는 규정이 생기게 된다. 따라서 건축법에서 동이나 읍이 아닌 지역에서는 건축법상 도로 없이 건축허가가 가능하기도 한다. 그러나 이 경우 지목이 대지인 경우에는 가능하며, 개발행위허가가 동반하는 토지에도 이 법규를 적용하는 담당공무원은 드물다. 이유는 건축과에서는 건축법규를 보고 결정하지만, 개발행위허가에서는 개발행위허가의 법규만 적용하기 때문이다. 개발행위허가의 기준은 경사도, 임목본수도, 표고도를 기본으로 규제하며, 기반시설의 하나인 도로와 하수도의 상태를 엄격히 규제하게 된다.

개발행위 규정에는 건축허가 시 동이나 읍이 아닌 지역에서의 완화 규정이 없다. 따라서 개발행위허가 시 배수를 참작해야 한다는 규정에 의해 하수도 사용승낙을 받아야 한다는 담당자의 주관과 하수도의 허가는 건축과에 일임하며, 개발행위허가 시 거론하지 않는다고 생각하는 담당자의 판단이 다를 수 있다.

따라서 필자의 경험에 의하면 대지인 경우는 동이나 읍이 아닌 지역에서 현황통로를 이용해 출입이 가능하다면 건축허가가 가능하다. 그러나 개발행위허가가 동반되는 토지에서는 담당자의 주관에 의해 결과가 달라진다.

건축법 [시행 2008. 3. 21] [법률 제8974호, 2008. 3. 21. 전부개정]

제3조 적용 제외
① 다음 각 호의 어느 하나에 해당하는 건축물에는 이 법을 적용하지 아니한다.
  1. 「문화재보호법」에 따른 지정 문화재나 가지정 문화재
  2. 철도나 궤도의 선로 부지에 있는 다음 각 목의 시설
② 「국토의 계획 및 이용에 관한 법률」에 따른 도시지역 및 같은 법 제51조 제3항에 따른 지구단위계획구역외의 지역으로서 동이나 읍이 아닌 지역은 제44조부터 제45까지 적용하지 아니한다.

제44조 대지와 도로의 관계

제45조 도로의 지정·폐지 또는 변경

비도시지역에서는 대지가 도로에 접하지 않아도 건축할 수 있다

이번에는 2014년 충남 논산에 임의경매로 나온 대지 300평을 낙찰받아 꽤 높은 수준의 수익을 실현했던 사례를 살펴보자. 최초 매각가는 2,700만 원으로 시작했지만, 감정가가 실거래가보다 훨씬 낮게 평가된 물건이라서 한 번 유찰된 뒤 응찰해 낙찰 받았다.

지적도를 보면 해당 대지와 도로 사이에 남의 땅이 끼어 있어 사실상 맹지다. 항공사진을 보면 대지 앞으로 현황도로가 나 있고, 끼어 있는 땅은 경매로 나온 주택의 마당으로 쓰고 있다. 같은 통로를 이용해서 이미 건축허가가 난 적이 있으니, 건축법상 도로로 인정받는 데 아무런 문제가 없는 물건이었다.

낙찰 받은 지 얼마 지나지 않아 4,000만 원에 사겠다는 사람이 나타나 팔려고 하는데, 공인중개사무소에서 조건 하나를 요구해왔다. 이 땅이 지적도상 맹지이기 때문에 만일에 대비해 도로와 대지 사이에 낀 토지주에게 사용승인서를 받아달라는 것이었다. 그래서 토지주를 만나 사용승인서를 부탁했더니, 오히려 2필지를 1,000만 원에 사 가라는 것이었다. 혹 떼러 왔다가 혹 하나를 더 붙이게 될 형편이 되어 부랴부랴 논산시에 질의서를 보냈다.

'출입에 지장이 없는 경우 토지주의 사용승인 없이 신축이 가능한지'와 '건축 당시 토지주에게 받은 사용승인이 있을 때 새로운 사용승인 없이 재건축이 가능한지'를 물었다. 다행히 논산시는 건축법에 의거해 명백하게 답을 해줬다. 논산시는 회신에서 '건축법 제3조의 적용제외 규정에 의거해 도시지역 및 지구단위계획구역 외의 지역으로 동이나 읍이 아닌 지역은 건축법 제44조(대지는 2m 이상이 도로에 접해야 한다)를 적용하지 않으므로, 해당 토지는 대지와 도로의 관계를 적용하지 않는다'고 적시했다. 이 답변서 덕분에 마당 앞 2필지를 구매하지 않고도 낙찰 받은 토지를 무사히 되팔 수 있었다.

2014 타경 5117 충청남도 논산시 상월면 학당리

2014 타경 5117 (임의)	물번1 [배당종결] ∨		매각기일 : 2015-07-20 10:00~ (월)		경매2계 041)746-■■■
소재지	(■■■■) 충청남도 논산시 상월면 학당리 ■■ 외1필지				
	[도로명] 충청남도 논산시 학당길■■■(상월면)				
용도	대지	채권자	■■농업협동조합	감정가	27,634,800원
토지면적	996㎡ (301.29평)	채무자	이종■	최저가	(80%) 22,108,000원
건물면적		소유자	이종■	보증금	(10%)2,211,000원
제시외	제외 : 101㎡ (30.55평)	매각대상	토지만매각	청구금액	28,730,176원
입찰방법	기일입찰	배당종기일	2015-01-23	개시결정	2014-10-22

기일현황

회차	매각기일	최저매각금액	결과
신건	2015-06-15	27,634,800원	유찰
2차	2015-07-20	22,108,000원	매각
낙찰23,500,000원(85%)			
	2015-07-27	매각결정기일	허가
	2015-09-04	대금지급기한 납부 (2015.08.11)	납부
배당종결된 사건입니다.			

▣ 건물현황

[건물목록]

보존등기일 : 2008-10-30

🔍 건축물대장

[건물기타현황]

[제시외건물]

학당리 ■■■ [주택]
경량철골슬레이트지붕
단층 70.3㎡(21.27)평
단가㎡ : 405,000원
금액 : 28,471,500원
매각제외

학당리 ■■ [주택]
조적조스레트지붕
단층 27.9㎡(8.44)평
단가㎡ : 135,000원
금액 : 3,766,500원
매각제외

학당리 ■■■ [보일러실]
경량철골조판넬지붕
단층 2.8㎡(0.85)평
단가㎡ : 133,000원
금액 : 372,400원
매각제외

▣ 토지현황

[토지목록]

학당리 ■■■ [대지]
보전관리지역 : 800㎡(242평)
표준지가 : 37,500원
단가㎡ : 33,000원
금액 : 26,400,000원

학당리 ■■■ [답]
농림지역 : 196㎡(59.29평)
표준지가 : 15,500원
단가㎡ : 6,300원
금액 : 1,234,800원

🔍 토지이용계획/공시지가
🔍 부동산정보 통합열람

[토지기타현황]

- 한말부락 남측 인근에 위치
- 부근은 자연마을 농경지 및 산림이 혼재 순수 농촌지대
- 본건까지 차량 접근이 가능 대중교통 사정은 다소 양호치 못함
- 기호1)지적도상 맹지 인접 토지를 통 폭 4 - 5미터의 콘크리트 포장도로를 통 출입 있음
- 기호2)자체 토지가 진입로로 부지로 사용중임

[비고]

일괄매각,
※ 제시외건물이영향을받지않은감정
가:158번지(31,200,000원)
※ 위지상 건물주택(47.2㎡), 잠실(15㎡ 멸실 되었음.

🔍 감정평가서

▣ 임차인/대항력여부

배당종기일 : 2015-01-23

이준■
전입 : 2007-12-03
확정 : 2014-12-10
배당 : 2014-12-11
보증 : 14,000,000원
점유 : 기호 1, 및 제시외 주택 등

🔍 매각물건명세서
🔍 예상배당표

▣ 등기사항/소멸여부

(근)저당
2008-06-19 　토지
■■농업협동조합
28,000,000원

소유권
2008-10-30 　건물
이종■
보존

(근)저당
2008-10-30 　건물
■■농업협동조합
28,000,000원
(주택)소액배당 4000 이하 1400
(상가)소액배당 2500 이하 750

(근)저당
2008-12-09 　건물/토지
■■농업협동조합
12,000,000원

지상권
2008-12-09 　토지
■■농업협동조합

가압류
2012-10-12 　건물/토지
인천신용보증재단
10,000,000원

임의경매
2014-10-22 　건물/토지
■■농업협동조합
청구 : 28,730,176원
2014타경5117(배당종결)

▷ 채권총액 :
78,000,000원

🔍 등기사항증명서

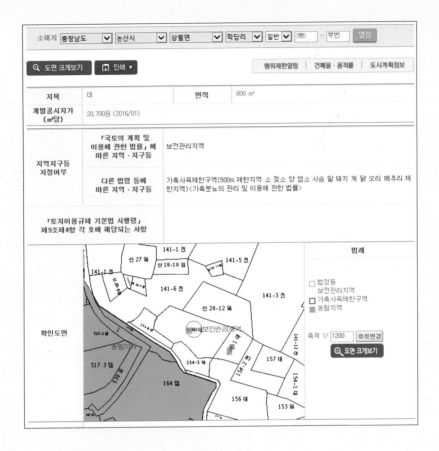

매각물건 주변 항공사진

출처 : 다음지도 항공사진

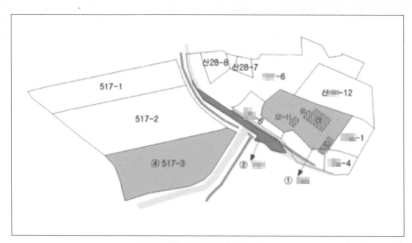

감정평가사의 매각물건 표시

매각물건 도로 전경

매각물건 제외된 건축물

논 산 시

수신 이종실 귀하 (우 █████ 서울특별시 송파구 법원로 ████ ██ ██████ ██ ██ ████ (문정동))

(경유)

제목 민원회신[이종*]

1. 귀하의 가정에 평온과 행복이 가득하기를 기원합니다.

2. 귀하께서 제출하신 민원에 대하여 아래와 같이 회신 합니다.

【민원 요지】

○ 상월면 학당리 ▒8번지의 토지에 건축물을 신축하고자 할 경우

   – 건축법 제44조에 의거 출입에 지장이 없는 경우의 법규를 인용하여 ▒4-5번지 토지주의 사용승인 없이도 신축이 가능한 것 인지?

   – 현재 건축되어있는 건축물 건축당시 위 토지주의 사용승낙이 이미 있어 또 다시 사용 승낙이 필요 없이 재건축이 가능한 것 인지?

【민원 회신】

   – 건축법 제3조(적용제외)제1항 규정에 의거 도시지역 및 지구단위계획구역 외의 지역으로서 동이나 읍이 아닌 지역은 제44조(대지와 도로의 관계)를 적용하지 아니하므로 **상월면 학당리 ▒8번지(보전관리지역)는 대지와 도로의 관계를 적용하지 아니함**을 알려드립니다.

   – **다만, 주차장법에 의한 부설주차장 설치대상 시설물일 경우 진출입로를 확보**하여야 하니 자세한 건축계획이 첨부되어야 신축가능여부 검토가능 합니다.

   – 기타 건축 관련 궁금한 사항이 있으시면 논산시청 원스톱민원과(☎746-▒▒▒)로 문의하여 주시기 바랍니다. 끝.

논 산 시

주무관   건축인허가림   원스톱민원과 전결 2016. 11. 2.
김아▒   장   김기▒   장   한성▒

협조자

시행 원스톱민원과-27751   (2016. 11. 2.)   접수

우 32987   충청남도 논산시 시민로210번길 9, (내동, 논산시청)   / www.nonsan.go.kr

전화번호 041-746-▒▒▒   팩스번호 041-746-▒▒▒▒ / ▒▒▒▒@korea.kr   / 부분공개(6)

개인정보는 이용목적이 달성되면 반드시 파기하세요!

지목이 대지인 경우

　2014년 충남 공주시 정안면에 있는 진입도로와 대지 3필지가 따로따로 경매에 나왔다. 대지 3필지는 함께 경매로 나온 도로를 통과해야 닿는 땅이었다. 필자는 이 물건이 신건으로 등장했을 때, 당시 강의를 듣고 있던 수강생들에게 이렇게 말한 적이 있다.

　"1차 경매에 도로만 낙찰해가는 사람이 꼭 나올 것입니다."

　아닌 게 아니라 1차 매각 결과, 누군가 2,100만 원에 나온 도로를 무려 170%의 가격을 써서 매수했다. 필자의 예언이 적중하기는 했지만, 따지고 보면 뒷맛이 영 개운치 않은 사례다. 도로를 낙찰 받은 사람의 속셈은 간단하다. 이 도로가 있어야 위쪽의 대지 800평에 집을 지을 수 있고, 도로를 자신의 손에 넣었으니 이제 아무도 대지를 낙찰 받지 못할 거라고 생각한 것이다. 그의 시나리오대로 2억 3,000만 원에 시작한 800평 대지는 두 차례나 유찰을 겪은 뒤 절반까지 떨어졌다. 하지만 필자는 이 사람의 셈법이 틀렸다는 걸 알고 있었다.

　왜 그런지 이 물건을 다시 살펴보자. 먼저 중요하게 살펴봐야 할 것이 경매로 나온 토지는 비도시지역이다. 또한 해당 토지의 지목은 대지다. 또한 지목이 대지인 경우 건축법상 도로만 인정되면 된다. 따라서 대지는 건축허가 신청 시 서류가 도시개발과로 갈 필요가 없다. 농지(전, 답, 과수원)나 임야와는 달리 대지는 건축법에서 도로로 인정할 수 있으면, 바로 건축허가가 난다는 사실을 알아둬야 한다. 건축법 제44조 '출입에 지장이 없는 경우' 도로로 인정한다는 규정이 바로 그것이다. 해당 도로는 이미 도로로 사용하고 있고, 게다가 포장까지 되어서 출입하는 데 전혀 지장이 없기 때문에 땅 주인의 사용승인 없이 건축허가를 받을 수 있는 것이다.

필자는 이 사실을 알고 있었기 때문에 대지의 입찰이 두어 차례 유찰될 것으로 봤다. 절반까지 떨어졌을 때 대지 3필지에 필자의 수강생들이 일제히 응찰했지만, 가격을 너무 낮게 쓰는 바람에 결과적으로는 아무도 낙찰 받지 못했다. 재미있는 사실은 도로를 낙찰 받았던 사람도 대지 응찰에 나섰지만, 낙찰 받지 못했다는 것이다. 도로에 관한 규정을 모르면 이처럼 잘못된 전략을 수립하고, 잘못된 전략은 막대한 금전적 손실을 조래한다는 사실을 명심하자.

이 문제와 관련해 덧붙이고 싶은 것은 공주시 허가과에 문서로 질의한 내용이다. 3필지의 대지에 건축하려면 지목이 대지인 연결도로의 소유주로부터 사용승인을 받아야 하는지 여부를 질의해봤다. 관청으로부터 돌아온 답변은 썩 명확하지 않았다. '출입에 지장이 없다면 건축법 제44조의 규정을 적용하지 않지만, 안정적으로 진입하기 위해서는 개인 소유 토지의 사용승인을 받아야 할 것으로 판단된다'라는 것이다.

담당자의 이야기를 풀어보면 건축법에서는 사용승낙 없이 가능하나 개인 소유 토지의 사용승낙을 받는 것이 안정적(민법에 의한 지료 발생)이라는 뜻으로 해석된다. 이번처럼 명확한 사례에도 불구하고 대개 관청의 서면 답변은 그 속성상 양비양시(兩非兩是)거나 애매한 표현을 할 때가 많다. 결국 이 물건도 낙찰 받기 전에 확실히 해두기 위해 관청을 직접 찾아가 담당공무원에게 묻고, "출입에 지장이 없으면 해준다"라는 구두 답변을 듣고 나서야 응찰에 나섰다.

2013 타경 5284 충청남도 공주시 정안면 문천리

2013 타경 5284 (임의)	물번5 [매각] ∨	매각기일 : 2014-05-12 10:00~ (월)		경매2계 041)840-██
소재지	(██-██) 충청남도 공주시 정안면 문천리 █-█ 외2필지			사건접수 2013-10-29
물건종별	대지	채권자	██수산업협동조합	감정가	229,785,000원
토지면적	2922㎡ (883.9평)	채무자	이원█	최저가	(49%) 112,595,000원
건물면적		소유자	박지█외1명	보증금	(10%)11,260,000원
제시외면적		매각대상	토지일괄매각	청구금액	274,892,123원
입찰방법	기일입찰	배당종기일	2014-01-13	개시결정	2013-10-30

기일현황

회차	매각기일	최저매각금액	결과
신건	2014-02-24	229,785,000원	유찰
2차	2014-03-31	160,850,000원	유찰
3차	2014-05-12	112,595,000원	매각
	낙찰163,000,000원(71%)		
	2014-05-19	매각결정기일	허가
	2014-06-13	대금지급기한	

? 건물현황	? 토지현황	? 임차인/대항력여부	? 등기부/소멸여부
[건물목록]	**[토지목록]**	배당종기일 : 2014-01-13	**소유권**
[건물기타현황]	문천리 █-█ [대지]	- 매각물건명세서상	2002-06-03 토지
-	계획관리지역 : 1,091㎡(330.03평)	조사된 임차내역이	박광██
	표준지가 : 27,000원	없습니다	매매
	단가㎡ : 73,000원	**🔲 매각물건명세서**	**(근)저당**
	금액 : 79,643,000원	**🔲 예상배당표**	2010-01-13 토지
			██수산업협동조합
	문천리 █-█ [대지]		350,000,000원
	계획관리지역 : 746㎡(225.66평)		**지상권**
	표준지가 : 27,000원		2010-01-13 토지
	단가㎡ : 82,000원		██수산업협동조합
	금액 : 61,172,000원		**(근)저당**
			2011-03-02 토지
	문천리 █-█ [대지]		김민██
	계획관리지역 : 1,085㎡(328.21평)		35,000,000원
	표준지가 : 27,000원		**가압류**
	단가㎡ : 82,000원		2012-05-16 토지
	금액 : 88,970,000원		홍현██
	🔲 토지이용계획/공시지가		464,000,000원
	🔲 부동산정보 통합열람		**가압류**
	[토지기타현황]		2012-09-05 토지
	- 무드리마을 북측 근거리에 위치		██수산업협동조합
	- 주위일원은 단독주택 음식점 주거나지		466,506,163원
	농경지 및 임야 등이 혼재		**가압류**
	- 본건까지 차량 접근이 가능 인근에 버		2013-03-11 토지
	스정류장이 소재 제반 교통상황 등은		이현██
	무난		234,493,800원
	- 완경사지대에 위치한 부정형의 토지		**소유권(지분)**
	- 본건 및 인근에 개설된 폭 약 4미터 내		2013-10-18 토지
	외의 도로를 통 남측의 왕복2차선 포장		박지██외1명
	도로를 이용중임		상속
	[비고]		**임의경매**
	일괄매각		2013-10-30 토지
	🔲 감정평가서		██수산업협동조합
	[감정평가]		청구 : 274,892,123원
			2013타경5284

감정평가사의 매각 토지 표시

매각물건 주변 항공사진

출처 : 다음지도 항공사진

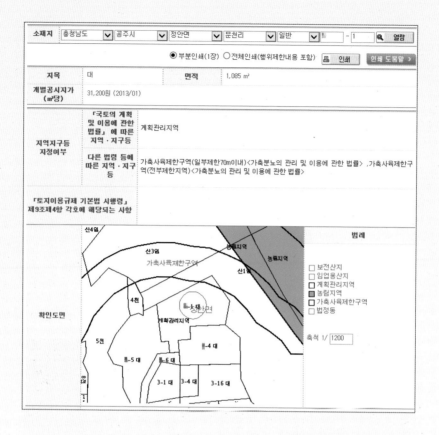

소재지	충청남도 ▼	공주시 ▼	정안면 ▼	문천리 ▼	일반 ▼		- 1	🔍 열람

◉ 부분인쇄(1장)　○ 전체인쇄(행위제한내용 포함)　　🖨 인쇄　　인쇄 도움말 ›

지목	대		면적	1,085 ㎡
개별공시지가 (㎡당)	31,200원 (2013/01)			

지역지구등 지정여부	「국토의 계획 및 이용에 관한 법률」 에 따른 지역 · 지구등	계획관리지역
	다른 법령 등에 따른 지역 · 지구 등	가축사육제한구역(일부제한70m이내)〈가축분뇨의 관리 및 이용에 관한 법률〉,가축사육제한구 역(전부제한지역)〈가축분뇨의 관리 및 이용에 관한 법률〉

「토지이용규제 기본법 시행령」 제9조제4항 각호에 해당되는 사항	

범례

☐ 보전산지
☐ 임업용산지
☐ 계획관리지역
■ 농림지역
☐ 가축사육제한구역
☐ 법정동

축척 1/ 1200

누군가의 진입도로 매입

2013 타경 5284 (임의)		물번4 [잔금납부] ∨		매각기일 : 2014-02-24 10:00~ (월)		경매2계 041)840-■■
소재지	(■■■·■■) 충청남도 공주시 정안면 문천리 ■·■					사건접수 2013-10-29
물건종별	도로	채권자	■■수산업협동조합	감정가		21,605,000원
토지면적	745㎡ (225,36평)	채무자	이원■	최저가		(100%) 21,605,000원
건물면적		소유자	박지■외1명	보증금		(10%)2,161,000원
제시외면적		매각대상	토지매각	청구금액		274,892,123원
입찰방법	기일입찰	배당종기일	2014-01-13	개시결정		2013-10-30

기일현황

회차	매각기일	최저매각금액	결과
신건	2014-02-24	21,605,000원	매각
김성■■/입찰1명/낙찰36,840,000원(171%)			
	2014-03-03	매각결정기일	허가
	2014-04-04	대금지급기한	납부

🏢 건물현황	🗺 토지현황	👤 임차인/대항력여부	📋 등기사항/소멸여부
[건물목록] **[건물기타현황]** -	**[토지목록]** 문천리 ■·■ [대지] 계획관리지역 : 1,091㎡(330,03평) 표준지가 : 27,000원 단가㎡ : 73,000원 금액 : 79,643,000원 문천리 ■·■ [대지] 계획관리지역 : 746㎡(225,66평) 표준지가 : 27,000원 단가㎡ : 82,000원 금액 : 61,172,000원 문천리 ■·■ [대지] 계획관리지역 : 1,085㎡(328,21평) 표준지가 : 27,000원 단가㎡ : 82,000원 금액 : 88,970,000원 🗎 **토지이용계획/공시지가** 🗎 **부동산정보 통합열람** **[토지기타현황]** - 무드리마을 복측 근거리에 위치 - 주위일원은 단독주택 음식점 주거나 지 농경지 및 임야 등이 혼재 - 본건까지 차량 접근이 가능 인근에 버 스정류장이 소재하며 제반 교통상황 등은 무난	배당종기일 : 2014-01-13 - 매각물건명세서상 조사된 임차내역이 없습니다 🗎 **매각물건명세서** 🗎 **예상배당표**	**소유권** 2002-06-03 토지 박광■ 매매 **(근)저당** 2010-01-13 토지 ■■수산업협동조합 350,000,000원 **지상권** 2010-01-13 토지 ■■수산업협동조합 **(근)저당** 2011-03-02 토지 김민■ 35,000,000원 **가압류** 2012-05-16 토지 홍현■ 464,000,000원 **가압류** 2012-09-05 토지 ■■수산업협동조합 466,506,163원 **가압류** 2013-03-11 토지 이현■ 234,493,800원

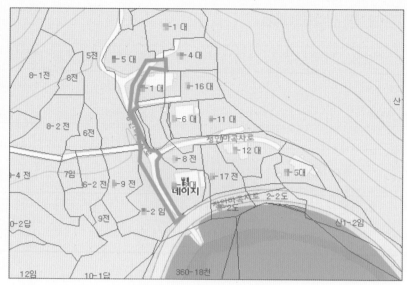

지목이 대지로 되어 있는 ○-6의 토지

출처 : 스마트국토정보 지적항공지도

매각물건 주변 현황도로 항공사진

출처 : 다음지도 항공사진

소재지	충청남도 공주시 정안면 문천리 일반 ▮▮			
지목	대 ❓		면적	1,091 ㎡
개별공시지가 (㎡당)	32,300원 (2016/01)			
지역지구등 지정여부	「국토의 계획 및 이용에 관한 법률」에 따른 지역·지구등	계획관리지역		
	다른 법령 등에 따른 지역·지구등	가축사육제한구역(200m이내의지역)<가축분뇨의 관리 및 이용에 관한 법률>		
「토지이용규제 기본법 시행령」 제9조제4항 각 호에 해당되는 사항				

확인도면

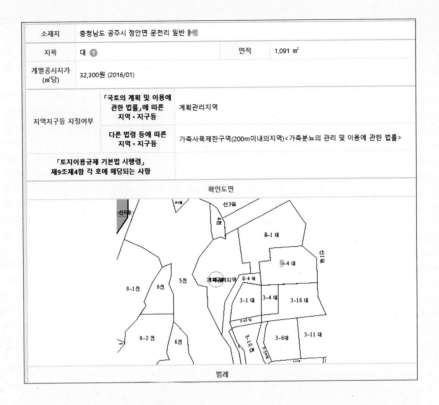

범례

매각에 제외된 현황도로 전경 1

매각에 제외된 현황도로 전경 2

공 주 시

수신 이종실 귀하 (우 ▓▓ ▓▓▓ 서울특별시 강남구 테헤란로▓ ▓ (대치동, ▓▓
▓ ▓ ▓▓▓▓▓ ▓▓▓))

(경유)

제목 질의서에 대한 회신

1. 귀하의 가정에 행복이 가득하시길 기원합니다.

2. 귀하께서 제출하신 질의서에 대하여 아래와 같이 답변드립니다.

　가. 질의내용

　　- 정안면 문천리 ▓-1(대)번지에 주택 신축시 현재 진입도로로 사용하고 있는
　　　문천리 ▓-6(대) 소유주의 토지사용승락이 필요한지 여부.

　나. 답　변

　　- 문천리 ▓-1번지는 비도시지역으로 해당 건축물의 출입에 지장이 없다면
　　　건축법 제44조(대지와 도로와의 관계)의 규정을 적용하지 않지만,
　　　▓-1번지에 안정적으로 진입하기 위해서는 개인소유토지(문천리 ▓-5,▓-6)의
　　　토지사용승락서를 받아야 할 것으로 판단됩니다. 끝.

공 주 시

주무관 　송부▓　　환경건축담당 박인▓　　허가과장　전결 2014. 3. 20.
　　　　　　　　　　　　　　　　　　　　　　　　　김태▓

협조자

시행 허가과-12166 　　　(2014. 3. 20.)　　　접수

우 314-702 충청남도 공주시 봉황로 1 (봉황동, 공주시청)　　/ http://www.gongju.go.kr

전화번호 041-840-▓▓▓　팩스번호 041-840-▓▓▓　/ ▓▓▓▓@korea.kr　/ 부분공개(6)

『청렴과는 소통, 부패와는 불통』

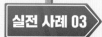

'출입에 지장 없는 통로'의
다양한 해석

2016년 경북 포항에 있는 그림 같은 땅 430여 평이 임의경매로 나왔다. 생산관리지역에 지목이 전으로, 집을 지으면 바다를 한눈에 조망할 수 있는 그런 땅이었다. 한 차례 유찰되고 나서 살펴보니, 조망만으로도 탐이 나는 물건이었다.

문제는 해당 토지까지 연결된 통로가 경매에 나오지 않았다는 데 있었다. 그렇게 되면 이 땅은 지적도상 맹지라는 이야기다. 다행인 것은 공로에서 해당 토지를 연결하는 현황도로가 지목은 전이지만, 포장까지 되어 있는 것이다. 그래서 이 포장도로를 건축법상 도로로 인정받을 수 있는지 여부를 포항시에 서면으로 질의해봤다.

건축법 제44조에 의해 '건축물의 대지는 2m 이상이 반드시 도로에 접해야 하지만(이른바 '접도의무'), 출입에 지장이 없다고 인정되는 경우는 건축허가를 내줄 수 있다'라는 규정을 들어 허가를 내줄 수 있는지 물었다. 이에 대한 포항시의 회신 내용은 다음과 같다.

"해당 건축물의 출입에 지장이 없다고 인정되는 것은 기존 건축물이 있는 대지가 지적공부상 도로에 접하지 않았으나, 현실적으로 사용되는 통로가 있을 때 기존 건축물에 대한 건축행위를 할 수 있도록 허가권자가 특별히 인정하는 경우다. 질의한 토지는 현재 지목이 전인 나대지 상태로, 상기의 경우에 해당하지 않는다."

해당 통로를 통해 예전 건축법으로 주택을 지은 적이 있을 경우는 해 주겠지만, 한 번도 건축허가가 나지 않았기 때문에 해줄 수 없다는 답변이었다. 포장까지 된 현황도로인데도 허가권자인 지자체마다, 또 담당공무원마다 입장과 견해가 달라질 수 있다는 것을 잘 보여주는 대목이다. 해석의 여지가 많은 사안은 단순한 O, X로 접근하면 곤란을 겪을 수 있다. 필자의 경험상 해당 기관에 서류로 질의하면 답변이 명백한 사안이 아닌 경우에는 대체로 보수적이거나 방어적으로 돌아올 가능성이 매우 크다.

그러나 필자의 견해는 이 담당자의 의견에 전적으로 동의한다. 이미 예전부터 건축되어 사용하던 도로가 아니면, 이러한 경우 출입에 지장이 없다든가, 읍 미만의 지역을 적용해서는 안 된다고 생각한다. 건축주의 보호도 중요하지만, 이해관계인의 보호 여부도 중요하며, 이 경우에는 이해관계인의 보호가 더 중요하다고 생각한다.

2016 타경 30914 경상북도 포항시 남구 장기면 두원리

2016 타경 30914 (임의) 공유물분할을위한경매		매각기일 : 2016-11-14 10:00~ (월)		경매2계 054-250-▓▓	
소재지	경상북도 포항시 남구 장기면 두원리 ▓▓▓ [도로명] 경상북도 포항시 남구 동해안로 ▓▓▓(장기면)				
용도	전	채권자	차상▓	감정가	187,330,000원
토지면적	1441㎡ (435.9평)	채무자	차상▓ 外	최저가	(70%) 131,131,000원
건물면적		소유자	차상▓ 外	보증금	(10%)13,114,000원
제시외		매각대상	토지매각	청구금액	0원
입찰방법	기일입찰	배당종기일	2016-09-01	개시결정	2016-06-20

기일현황

회차	매각기일	최저매각금액	결과
신건	2016-10-17	187,330,000원	유찰
2차	2016-11-14	131,131,000원	매각
정병▓/입찰1명/낙찰170,000,000원(91%)			
	2016-11-21	매각결정기일	허가
	2016-12-16	대금지급기한 납부 (2016.12.14)	납부
	2017-01-12	배당기일	진행

▣ 건물현황	▣ 토지현황	▣ 임차인/대항력여부	▣ 등기사항/소멸여부
[건물목록]	**[토지목록]**	배당종기일 : 2016-09-01	**소유권**
[건물기타현황]	두원리 ▓▓▓ [전]	- 채무자(소유자)점유	2010-12-17 토지
-	생산관리지역 : 1,441㎡(435.9평)	▣ 매각물건명세서	농업회사법인 ▓▓▓▓▓
	표준지가 : 57,000원	▣ 예상배당표	(거래가) 322,200,000원
	단가㎡ : 130,000원		매매
	금액 : 187,330,000원		**소유권(지분)**
	▣ 토지이용계획/공시지가		2010-12-28 토지
	▣ 부동산정보 통합열람		김영▓
	[토지기타현황]		(거래가) 128,640,000원
	- 두원진료소 북측 인근에 위치		매매
	- 인근 일대는 단독주택 농경지 등 형성		**소유권(지분)**
	- 본 건까지 차량접근 가능 제반 교통사정 보통		2011-09-16 토지
	- 부정형의 토지로 남동측 하향경사지		심합▓
	- 지적도상 맹지이나 관습상 도로 개설 인접지상에 개설된 폭 약 3미터의 포장도로와 접합		(거래가) 63,920,000원 매매
			소유권(지분)
	[비고]		2011-09-27 토지
			김정▓
	▣ 감정평가서		(거래가) 20,400,000원
	[감정평가]		매매
	▣ 감정평가현황 (주)▓▓감정		**소유권(지분)**
	가격시점 2016-07-07		2011-09-27 토지
	감정가 187,330,000원		김영▓
	토지 (100%) 187,330,000원		(거래가) 6,500,000원 매매
			소유권(지분)
			2011-09-27 토지
			이귀▓
			(거래가) 14,960,000원 매매
			소유권(지분)
			2011-10-20 토지
			김경▓
			(거래가) 6,500,000원 매매
			소유권(지분)
			2012-04-16 토지
			옥기▓
			매매

지목	전	면적	1,441 ㎡
개별공시지가 (㎡당)	39,900원 (2016/01)		

지역지구등 지정여부	「국토의 계획 및 이용에 관한 법률」에 따른 지역·지구등	생산관리지역
	다른 법령 등에 따른 지역·지구등	가축사육제한구역(말_사슴_양_사육제한지역)〈가축분뇨의 관리 및 이용에 관한 법률〉,지역특화발전특구(과메기산업특구)〈지역특화발전 특구에 대한 규제특례법〉
「토지이용규제 기본법 시행령」 제9조제4항 각 호에 해당되는 사항		영농여건불리농지

범례

☐ 보전산지
☐ 준보전산지
■ 계획관리지역
☐ 지역특화발전특구
■ 생산관리지역
☐ 소로1류(폭 10M~12M)
☐ 접도구역
☐ 임업용산지
☐ 공익용산지
☐ 도로구역
☐ 법정동
■ 농림지역

축척 1/ 1200 축척변경

경매로 매각에 나온 토지 전경

건축허가 신청 토지 진입 현황도로

건축허가 신청 항공사진

함께하는 변화, 도약하는 포항!

¥oꓢɐ∩ɔ
포항시

포 항 시 남 구

창조도시 포항
Creative Pohang

수신 명지토지개발아카데미 원장 이종실 귀하

(경유)

제목 질의서에 대한 회신

1. 포항시 시정 발전에 협조하여 주신데 대하여 감사드립니다.

2. 귀하께서 질의하신 포항시 남구 장기면 두원리 ██-2번지 토지(전)의 현황 도로를 이용하여 건축허가가 가능한 지에 대하여 아래와 같이 회신합니다.

　　가. 회신 내용

　　　－건축법44조제1항제1호의 해당 건축물의 출입에 지장이 없다고 인정되는 경우는 기존 건축물이 있는 대지가 지적공부상 도로에 접하지 않았으나 현실적으로 사용되는 통로가 있는 경우 기존 건축물에 대한 건축행위를 할 수 있도록 허가권자가 특별히 인정하는 경우입니다.

　　　－질의하신 토지의 경우는 현재 지목이 전인 나대지 상태로, 상기의 경우에는 해당되지 않음을 통보합니다.

3. 이와 관련하여 추가로 문의사항이나 궁금하신점이 있으실 경우 남구 건축허가과(054-270-████)로 연락주시면 상세히 안내하여 드리겠습니다. 끝.

포항시남구청장

건축법 제45조 조례에 의한
사용승낙 불필요

건축법 제2조 제1항 제11호 규정에 해당하지 않더라도 건축이 가능한 또 하나의 도로가 있다. 건축법 제45조에 의하면, '개인의 토지를 도로로 만들고자 하는 경우에는 토지주의 사용승인을 받아야 된다'고 나와 있으며, 다만 다음의 경우에는 그러하지 않다고 예외를 뒀다. 현황도로를 조례로 정한 경우이니, 이번에는 건축법 제45조에 의한 현황도로에 관해 알아보도록 하자.

경매에 관심이 있는 사람이나 주택을 직접 지어본 사람이라면 이 용어가 그리 낯설지 않을 것이다. 현황도로는 지적도상 맹지에 해당하는 토지에 건축을 가능하게 하는 요소이기 때문에 정확하게 알아둘 필요가 있다.

건축법 제2조에 의하면 자동차와 사람의 통행이 가능한 너비 4m 이상이면 건축법에 의한 도로로 인정된다. 즉 현황도로도 4m 이상이면 건축법에 의한 도로로 인정된다. 그러나 사용승낙을 받아야 되지만, 예외 규정에 의한 사용승낙 없어도 건축허가 가능한 경우가 조례에 나와 있는 지자체도 있다.

　현황도로는 지적도상에 지목이 '도로'로 등재되어 있지 않으며, 타인의 토지를 오랫동안 통행로로 이용되고 있는 사실상의 도로를 말한다. 건축법에는 명시되어 있지 않지만, 관습법상 도로로 인정되고 있다. 현황도로가 건축법상 진입도로로 인정받을 수 있는지 여부는 지방자치단체의 조례와 건축심의위원회의 심의에 따라 결정된다. 지방자치단체가 현황도로를 건축법상 도로로 지정 공고하기 위해서는 해당 도로에 대한 이해관계인의 동의를 구하도록 하고 있다. 하지만 이해관계인이 해외에 거주하는 등의 사유로 동의를 받기가 곤란하다고 인정되면, 이해관계인의 동의 없이도 건축위원회의 심의를 거쳐 도로로 지정할 수 있다. 따라서 건축법상 현황도로의 인정 여부는 단순한 흑백논리가 아니라, 건축허가대상 토지의 조건이나 환경에 따라 사안별로 결정된다.

　현황도로와 관련해 한 가지 강조하고 싶은 점은 도로의 포상 여부를 잘 살펴보라는 것이다. 이와 관련해 오래전 하급기관에 근무하던 공무원이 상급기관인 국토교통부에 질의해 받은 두 가지의 답변이 참고할 만하다.

　먼저 자동차 및 사람의 통행이 가능한 너비 6m의 포장된 현황도로(지목은 '도로'가 아님)를 건축법상 도로로 볼 수 있는지 여부를 질의했다. 정부에서는 "건축법상 도로라 함은 건축법 제2조 제11호의 규정에 의해 보행 및 자동차 통행이 가능한 너비 4m 이상의 도시계획법에 의한 도로, 사도법에 의한 도로와 건축허가(신고) 시 지정한 도로를 말하는 것으로, 상기 규정에 의한 도로는 지목에 관계없이 건축법상 도로로 인정된다"고 답했다.

　두 번째로 너비 6m의 통과도로상에 국유지인 대지가 가로막고 있는 경우, 이를 통과도로로 인정할 수 있는지 여부를 질의했다. 이에 대해 정부는 앞의 회신처럼 건축법 제2조 제11호의 규정을 인용한 뒤, "이 규정에 해당할 경우에는 지적법에 의한 지목, 또는 국유재산법에 의한 국유지 여부와는 관계가 없다"고 명시해서 답을 줬다.

　두 질의에 대한 답변을 보면 건축법상 도로는 보행과 자동차 통행이 가능하고, 폭 4m 이상의 요건만 충족하면 지목이나 토지주와 관계없이 건축법상 도로로 인정할 수 있다는 것이다. 하지만 두 질의에 대한 차이점을 보면 첫 번째 회신은 건축법상 도로로 명백하게 인정하고 있지만, 두 번째 회신은 지목이나 국유지와는 관계없으나, 그렇다고 해서 건축법상 도로라고 분명하게 명시하지 않고 있다.

　두 답변이 이렇게 차이가 나는 이유는 질문의 차이에서 비롯된다. 앞의 질의는 비슷한 조건의 도로이지만 포장이 되어 있고, 뒤의 질의는 가로막고 있는 땅이 포장되어 있지 않다는 것이다. 현황도로에서 포장 여부는 도로의 너비를 판단하는 데 매우 중요한 요소다. 도로가 포장되어 있으면 포장의 간격으로 그 너비를 측정할 수 있지만, 도로가 포장되어 있지 않으면 도로의 폭을 정하기 쉽지 않기 때문이다.

　국유지인 대지라고 하더라도 도로로 쓰겠다고 지정만 하면 지목과 관계없이 건축법상 도로가 될 수 있다. 하지만 포장이 안 되어 있으면 그 너비의 판단이 어려울 뿐만 아니라 변화 또한 가능하기 때문에 허가권자가 건축법상 도로 인정을 꺼리는 경우가 많다. 나중에 토지 소유주나 이해관계인에 의한 토지의 형태 변경이나 민원이 발생할 우려가 있기 때문이다. 예를 들어 지목이 전인 토지를 현황도로로 쓰고 있다가 토지 소유주가 너비 2~3m만 남겨두고 갈아엎어 버리면 너비 4m 이상을 충족할 수 없게 된다. 하지만 포장이 되어 있으면 다르다. 포장됐다는 것은 토지 소유주가 도로의 사용을 승인한 것으로 간주할 수 있으며, 그럴 경우에는 도로의 폭이 그대로 유지된다고 보기 때문에 분명하게 건축법상 도로로 인정받을 수 있다.

여기서 알아둬야 할 점은 현황도로가 건축법상 도로로 인정될 수 있다는 이야기이지, 토지주에게 받은 사용승인서 없이 건축이 가능하다는 말은 아니다. 토지 소유주의 사용승인을 받아야 하는 경우에 대해서는 뒷장에서 다시 다룰 예정이다.

현황도로의 건축법상 도로 인정여부 질의

◉ 질의

자동차 및 사람의 통행이 가능한 너비 6m의 포장된 현황도로(지목은 '도'가 아님)를 건축법상 도로로 볼 수 있는지 여부.

◉ 회신

건축법상 도로라 함은 건축법 제2조 제11호의 규정에 의해 보행 및 자동차 통행이 가능한 너비 4m 이상의 도시계획법에 의한, 도로·사도법에 의한 도로와 건축허가(신고) 시 지정한 도로를 말하는 것으로, 상기 규정에 의한 도로는 지목에 관계없이 건축법상 도로로 인정된다.

● 질의

너비 6m의 통과도로상에 국유지인 대지가 가로막고 있을 경우, 이를 통과도로로 인정할 수 있는지 여부.

● 회신

건축법상 도로라 함은 건축법 제2조 제11호의 규정에 의해 보행 및 자동차 통행이 가능한 너비 4m 이상의 도시계획법에 의한, 도로·사도법에 의한 도로와 건축허가(신고) 시 지정한 도로를 말하는 것으로, 이에 해당하는 경우에는 지적법에 의한 지목, 또는 국유재산법에 의한 국유지 여부와는 관계없다.

사유지의 현황도로를
사용승인 없이 건축법상 도로로
인정하는 지자체의 조례

　도로로 지정 고시하기 전에 같은 도로를 이용해서 한 번이라도 건축
허가가 났을 경우, 사용승인을 받지 않아도 건축허가가 난다고 앞서 설
명했다. 건축법에 의해 타인의 토지를 이용하면 건축허가 시 토지주의
사용승낙을 받아야 한다. 그러나 이렇게 도로로 사용승낙을 받았다면,
지적관청에 도로로 사용 중인 토지의 분할과 지목변경을 토지주가 해
야 한다. 하지만 토지주가 지적관청에 신청하지 않으면 지목이 분할되
지 않으며, 예전 지목 그대로 지적도에 표기된다.

　오랜 시간이 지나 사용승낙한 경우나 사용승인을 받은 사람들이 변
경된 후 이러한 현황도로의 사용승인 문제가 제기됐다. 민법에서는 이
해관계인의 보호는 해야 되지만, 이해관계인이 이중으로 이익을 취하
면 안 된다. 따라서 현황도로를 이용해 한 번이라도 건축허가를 받았다
면 이해관계인이 이중으로 이익을 취하는 경우가 되기에 조례에 의해
현황도로를 이용해 한 번이라도 건축허가한 경우, 또다시 토지주의 보

호가 필요 없기에 사용승인 없이 건축허가를 내주는 조례가 생기게 된 것이다.

그러나 2011년 5월 30일부터는 건축허가 시 다른 사람의 토지를 사용 허락할 경우 건축법에 의해 도로대장이 만들어지게 된다. 도로법에 의한 도로대장, 사도법에 의한 도로대장, 건축법에 의한 도로대장은 관리부서와 양식도 다르다. 건축법에 의한 도로대장은 건축법에 의해 관리한다.

건축법

제45조 도로의 지정·폐지 또는 변경
① 허가권자는 제2조 제1항 제11호 나목에 따라 도로의 위치를 지정·공고하려면 국토교통부령으로 정하는 바에 따라 그 도로에 대한 이해관계인의 동의를 받아야 한다.
 1. 허가권자가 이해관계인이 해외에 거주하는 등의 사유로 이해관계인의 동의를 받기가 곤란하다고 인정하는 경우
 2. 주민이 오랫동안 통행로로 이용하고 있는 사실상의 통로로서 해당 지방자치단체의 조례로 정하는 것인 경우
③ 허가권자는 제1항과 제2항에 따라 도로를 지정하거나 변경하면 국토교통부령으로 정하는 바에 따라 도로관리대장에 이를 적어서 관리하여야 한다〈개정 2011. 5. 30, 2013. 3. 23〉.

따라서 전국의 주요 지역별 건축조례를 보면서 운용 사례를 살펴보자. 먼저 서울시는 도로의 기능을 목적으로 분할된 사실상 도로와 실제로 주민이 이용하고 있는 통행로를 도로로 인정해 건축허가 또는 신고했다. 도로로 지정한 근거가 없는 통행로는 사용승인 없이 건축허가를 내준다는 조항이 있으나, 이 조항을 이용해 건축허가를 받은 사례는 아직 없다.

부산시는 현황도로를 인정해 사용승인 없이 도로로 지정할 수 있도록 했다. 하지만 불특정 다수가 장기간 계속 사용해온 통행로라고 정의하면서 '다수'와 '장기간'이라는 불명확한 용어를 사용해 이의 해석에 따른 분쟁의 여지를 남겼다. 허가관청의 담당자에 따라 그 '다수'와 '기간'의 판단이 얼마든지 달라질 수 있기 때문이다. 보기에 따라 5명 정도도 다수일 수 있고, 아닐 수도 있다. 기간도 사람에 따라 1년이 장기일 수도 있고, 아닐 수도 있다. 결국 담당자의 '오랫동안'과 '다수'의 정의, 주관에 따라 현황도로를 인정해주기도 하고, 그렇지 않을 때도 있어 다툼의 여지가 생길 수 있다.

　대전시는 토지의 소유주가 행방불명됐을 때 사용승인 없이 도로로 지정할 수 있다. 필자가 토지 소유주의 행방불명을 이유로 사용승인을 받기 어렵다는 민원을 제기했을 때 담당자가 내놓은 해석에 깜짝 놀랐던 경험이 있다. 조례에 나오는 '행방불명'은 '6·25 같은 경우에 행방불명된 사람을 의미한다'라는 것이다. 즉 토지주가 사망했다고 생각이 드나, 사망의 근거가 없는 경우가 행방불명이다.

　대구시도 대전시처럼 토지 소유주의 행방불명 조항을 운영하고 있다. 대구시의 행방불명도 대전시의 행방불명과 같은 의미라고 생각한다. 하지만 다음 조항은 다른 지자체에서는 보기 어려운 합리적인 조례라고 여겨진다. 수도, 하수도, 공공기반시설이 설치된 현황도로의 경우 개인 땅이라도 사용승인 없이 도로로 인정해주겠다는 것이다. 지자체에 의해 하수도 등이 매설되어 있다는 것은 이미 공용 도로로 기능하고 있다고 본 것이다. 대구시는 '기타 허가권자가 이해관계인의 동의가 필요하지 아니하다고 인정하는 경우'를 추가해 가급적 민원인의 불편을

덜어주는 쪽으로 조례를 운영하고 있다. 거제시에서도 현황도로로는 건축허가가 안 된다는 통보를 받은 적이 있다.

경기도의 성남시, 용인시, 광주시, 가평군 등은 '동 통로를 이용해 건축허가가 난 사실이 있는 경우'에는 사용승인 없이도 건축허가를 해주는 쪽으로 조례를 운영하고 있다. 하지만 파주시는 이 조항이 빠져 있다. 대신 '개인이 포장한 도로로 개설할 때 편입 토지 소유자들이 서면으로 동의하고, 불특정 다수의 주민이 오랫동안 사용 중인 통로'로 규정해 다른 시·군에 비해 엄격하게 운용하고 있다.

한편 경기도 양평군은 다른 시·군에서는 찾아보기 어려운 독특한 조항을 운영하고 있다. '주민들이 사용하고 있는 통로로 같은 통로를 이용해 건축물이 건축된 경우, 또는 건축허가(신고)된 사실이 있는 경우'와 함께, '주민이 사용하고 있는 통로로 토지 소재지의 주민대표(이장, 반장, 새마을 지도자를 포함한 10명 이상의 주민)가 인정하는 도로'를 추가해 종종 민원의 대상이 되고 있다. 필자도 양평군에 전원주택 건축을 자문하다가 이 조항 때문에 큰 어려움을 겪은 적이 있다.

몇 년 전 양평군에 전원주택 건축과 관련해서 지인의 부탁을 받고 현장에 간 적이 있다. 해당 부지는 마을의 현황도로에 연결된 땅이었다. 그런데 그 마을에 사는 토지주가 현황도로 입구에 바위를 갖다 놓고 길을 막아버렸다. 사정을 알아봤더니 필자의 지인에게 도로가 포함된 자신의 땅을 팔아버리려고 토지주가 꾸민 일이었다. 문제는 이미 상당한 비용을 들여 건축허가를 받았는데도 토지주의 횡포 때문에 착공에 들어가지 못 했다는 데 있었다. 비용이 들어간 이유가 바로 다른 지자체에는 없는 '이장, 반장 등 주민대표 10명의 동의' 조항 때문이었다. 필자의 지인은 '원활하게' 주민대표의 동의를 받느라 이미 주민대표들에게 비공식적인 비용을 지급했으나 이번에는 현황도로의 토지주가 횡포를 부리는 바람에 이중으로 돈을 쓰게 된 것이다. 토지주를 상대로 소송을 벌이거나 아니면 협상해야 하지만, 두 방법 모두 불필요한 비용이 들게 된다. 결국은 현황도로를 매입하는 쪽으로 결말이 났지만, 양평군의 해당 조례는 아무리 생각해도 합리적이라고 보기는 어렵다.

마지막으로 충남 당진시의 현황도로 심의법은 다른 시·군과는 차별적 요소가 있어 소개하고자 한다. 몇 년 전에 당진에 있는 땅이 경매로 나왔는데, 가격이 절반 이하로 떨어져 알아봤다. 현황도로를 이용해 건축해야 하는 토지였다. 당진시의 건축조례를 보면, 현황도로는 사용승인 예외 조항에 포함하지 않고 있다. 대신에 현황도로에 대한 심의와 판단을 담당공무원이 하는 게 아니라 지역 건축사들로 구성된 외부 위원회에서 하고 있었다. 이렇게 사안의 심의와 결정을 한 명의 담당공무원에게 맡길 게 아니라 건축을 잘 아는 전문적인 지식이 있는 분(당진시 건축사)들의 판단에 맡기는 신선하고 합리적인 시도가 더 많아지기를 기대해본다. 이어 주요 지자체의 해당 조례를 정리했다.

토지주의 사용승인 없이 건축법상 도로로 인정한 지방자치단체의 조례

※ 서울특별시 건축 조례 제27조 도로의 지정

법 제45조 제1항에 따라 주민이 장기간 통행로로 이용하고 있는 사실상의 도로로서 허가권자가 이해관계인의 동의를 얻지 아니하고 위원회의 심의를 거쳐 도로로 지정할 수 있는 경우는 다음 각 호의 어느 하나와 같다(개정 2018. 1. 4, 2018. 5. 3, 2018. 7. 19).

1. 복개된 하천·구거(도랑)부지
2. 제방도로
3. 공원 내 도로
4. 도로의 기능을 목적으로 분할된 사실상 도로
5. 사실상 주민이 이용하고 있는 통행로를 도로로 인정하여 건축허가 또는 신고하였으나, 도로로 지정한 근거가 없는 통행로

※ 부산광역시 건축조례 제27조 도로의 지정

제27조 도로의 지정

법 제45조 제1항 제2호에서 "지방자치단체의 조례로 정하는 것"이란 다음 각 호의 어느 하나에 해당하는 것을 말한다.

1. 복개된 하천·구거 부지
2. 제방도로 및 공원 내 도로로서 건축물이 접하여 있는 통로
3. 도로의 기능을 목적으로 분할된 사실상 도로
4. 사실상 주민이 이용하고 있는 통행로를 도로로 인정하여 건축허가 또는 신고하였으나, 도로로 지정한 근거가 없는 통로(전문개정 2018. 9. 19)

※ 대전광역시 건축조례 제28조 도로의 지정

법 제45조 제1항 제2호에 따른 사실상의 통로는 다음 각 호와 같다.

1. 복개된 하천 및 구거부지
2. 공원 내 도로
3. 제방도로
4. 통행로로 사용되는 토지 소유자가 행방불명된 경우

※ 대구광역시 건축조례 제21조 도로의 지정

제34조 도로의 지정

법 제45조 제1항 제2호에 따라 주민이 장기간 통행로로 이용하고 있는 사실상의 통로로서 허가권자가 이해관계인의 동의를 얻지 아니하고 위원회의 심의를 거쳐 도로로 지정할 수 있는 경우는, 너비 4미터 이상인 통과도로 또는 영 제3조의 3에 규정된 기준 이상인 도로로서 다음 각 호의 어느 하나와 같다.

1. 통행로로 사용되는 토지의 소유자가 행방불명된 경우
2. 전기·수도·하수도·가스 등 공공기반시설이 설치되어 있는 경우
3. 복개된 하천, 구거부지로서 포장된 통로
4. 제방도로 및 공원 내 도로로서 물이 접하여 있는 통로
5. 사실상 주민이 이용하고 있는 통로를 도로로 인정하여 허가하였으나 도로로 지정한 근거가 없는 통로
6. 그 밖에 허가권자가 이해관계인의 동의가 필요하지 아니하다고 인정하는 경우

※ 성남시 건축법 조례 제22조 도로의 지정

제22조 도로의 지정

법 제45조 제1항에 따라 주민이 장기간 통행로로 이용하고 있는 도로로서 허가권자가 이해관계인의 동의를 받지 아니하고 위원회의 심의를 거쳐 도로로 지정할 수 있는 경우는 다음 각 호와 같다(일부개정 2019. 09. 09).

1. 복개된 하천, 구거부지
2. 제방도로
3. 공원 내 도로
4. 주민이 장기간 사용하고 있고 건축물이 접해 있는 사실상 통로(같은 통로를 이용하여 건축허가 또는 신고한 사실이 있는 도로 포함)(일부개정 2014. 09. 22)

※ 용인시 건축조례 제30조 도로의 지정

제30조 도로의 지정

법 제45조 제1항 제2호에 따라 주민이 오랫동안 통행로로 이용하고 있는 사실상의 통로로서 다음 각 호의 어느 하나에 해당하는 경우에는 허가권자가 이해관계인의 동의를 얻지 아니하고 위원회의 심의를 거쳐 도로로 지정할 수 있다(개정 2013. 6. 11, 2014. 5. 2, 2017. 5. 4).

1. 복개된 하천, 제방, 공원 내 도로, 도랑, 철도부지, 그 밖의 국유지
2. 주민이 사용하고 있는 통로를 이용하여 신축허가(신고)가 된 경우

※ 가평군 건축법 조례 제26조 도로의 지정

제26조 도로의 지정

법 제45조 제1항 제2호에 따라 주민이 오랫동안 행로로 이용하고 있는 사실상의 통로로서 다음 각 호의 어느 하나에 해당하는 경우에는 이해관계인의 동의를 받지 아니하고 위원회의 심의를 거쳐 도로로 지정할 수 있다(개정 2014. 4. 18).

1. 복개된 하천 및 도랑
2. 안전에 지장이 없는 제방도로
3. 공원계획에 따라 설치된 공원 안 도로
4. 사실상 주민이 사용하고 있는 통로로서 같은 통로를 이용하여 건축허가(신고)된 사실이 있는 건축물의 진·출입로
5. 사실상 도로로서 새마을사업 등으로 포장 또는 확장된 도로

※ 파주시 건축법 제26조 도로의 지정

제26조 도로의 지정

① 법 제45조 제1항 제2호에 따라 주민이 오랫동안 통행로로 이용하고 있는 사실상의 통로로서 이해관계인의 동의를 얻지 아니하고 위원회의 심의를 거쳐 도로로 지정할 수 있는 경우는 다음 각 호와 같다. 다만, 포장된(아스팔트나 콘크리트 등으로 포장된 것을 말한다) 도로로서 해당시설의 유지·관리부서와 사전 협의한 경우로 한정한다(개정 2013. 5. 14).

1. 국가, 경기도 또는 시에서 직접 시행하거나 새마을사업 지원에 따라 개설되어 주민이 공동으로 사용하고 있는 통로(개정 2013. 5. 14).
2. 마을안길 통로로 사용 중인 복개된 하천·제방·구거 그 밖에 이와 유사한 국·공유지
3. 사인이 포장한 도로로서 개설할 때 편입 토지 소유자들이 서면으로 동의하고 불특정 다수의 주민들이 오랫동안 사용 중인 통로
4. 그 밖에 위원회의 심의를 거쳐 도로로 인정한 경우(개정 2013. 5. 14)

② 제1항에 따른 통행로를 이용하여 허가를 받고자 하는 자는 다음 각 호의 서류를 제출해야 한다.

1. 위원회 심의신청서(개정 2013. 5. 14)
2. 현황도로 사진(원경, 근경 사진을 말한다) (개정 2013. 5. 14)
3. 현황측량성과도
4. 서면동의서(제26조 제1항 제3호의 경우로 한정한다) (개정 2013. 5. 14)
5. 그 밖에 현황 통로로 이용되고 있다는 증명서류(전문개정 2012. 7. 31)

※ 양평군 건축법 조례 제24조 도로의 지정

제24조 도로의 지정

① 법 제45조 제1항의 단서규정에 따라 주민이 장기간 통행로로 이용하고 있는 통로로써 이해관계인의 동의를 얻지 아니하고 건축위원회의 심의를 거쳐 도로로 지정할 수 있는 사실상의 통로라 함은 다음 각 호의 어느 하나와 같다(개정 2008. 6. 19).

   1. 주민들이 통로로 사용하고 있는 제방 및 복개된 하천, 구거(단, 관계 법령에 규제가 없는 경우에 한함)(개정 2014. 12. 29)
   2. 주민들이 사용하고 있는 통로로써 같은 통로를 이용하여 건축물이 건축된 경우 또는 건축허가(신고)된 사실이 있는 경우
   3. 관계 법령에 따라 통행로로 허가를 득한 부지
   4. 주민이 사용하고 있는 통로로써 토지 소재지의 주민대표(이장, 반장, 새마을 지도자를 포함한 10명 이상의 주민)가 인정하는 도로
   5. 기 개설된 사실상의 농로 및 임도(단, 관계 법령에 규제가 없는 경우에 한함)

② 제1항의 규정에 따라 사실상의 통로를 도로로 지정 받고자 하는 사람은 다음 각 호에서 정하는 자료를 구비하여 군수에게 제출하여야 한다(개정 2014. 12. 29).

   1. 위치도
   2. 현황통로에 대한 현황측량도
   3. 제1항 제2호 내지 제4호를 입증할 수 있는 관계 서류

※ 경기 광주시 건축법 조례 제26조 도로의 지정

제34조 도로의 지정

① 법 제45조 제1항 제2호에 따라 주민이 통행로로 이용하고 있는 사실상의 통로로서 위원회의 심의를 거쳐 허가권자가 법 제2조 제1항 제11호 나목에 따라 도로의 위치를 지정·공고하고자 할 때, 다음 각 호의 어느 하나에 해당하는 경우에는 이해관계인의 동의를 얻지 아니할 수 있다(개정 2017. 1. 9).

   1. 국가 또는 지방자치단체에서 직접 시행하거나 지원에 따라 포장되어 사용하고 있는 경우
   2. 주민이 통행로로 사용 중인 마을안길 또는 진입로 중 복개된 하천, 제방, 구거, 철도 용지, 그 밖에 이와 유사한 국·공유지
   3. 사인이 포장한 도로라도 불특정 다수의 주민이 장기간 통행로로 이용하고 있는 사실상의 통로
   4. 「국토의 이용 및 계획에 관한 법률」에 따라 결정고시가 되었으나 미개설된

도로 안에 포함되어 있는 통로(개정 2017. 1. 9)

5. 「여객자동차운수사업법」에 따른 시내버스(한정면허 포함) 노선으로 이용하고 있는 사실상의 통로(개정 2017. 1. 9)

6. 도로로 지정한 근거가 없으나 사실상 주민이 이용하고 있는 통로를 도로로 인정하여 건허가(신고)된 통로

7. 전기, 상수도, 하수도, 도시가스 등 공공기반시설이 설치되어 있는 통로

② 제1항에 따라 사실상 통로를 도로로 지정받고자 하는 자는 다음 각 호의 관계 서류를 구비하여 시장에게 제출하여야 합니다.

1. 지정받고자 하는 도로의 위치 및 주변현황

2. 지정받고자 하는 도로의 발생년도 및 이용하는 주민수

3. 그 밖에 현황통로로 이용하고 있다는 증빙자료(전문개정 2017. 1. 9)

※ 화성시 건축조례 제32조 도로의 지정

제33조 도로의 지정

법 제45조 제1항 제2호에 따라 주민이 장기간 통행로로 이용하고 있는 사실상의 통로로서 위원회의 심의를 거쳐 허가권자가 법 제2조 제1항 제11호 나목에 따라 도로의 위치를 지정·공고하고자 할 때 이해관계인의 동의를 얻지 아니할 수 있는 경우는 다음 각 호의 어느 하나와 같다.

1. 주민이 통로로 사용하고 있는 경우 관계부서와 협의 후 이상이 없는 국(시)유지 상의 하천, 구거, 제방, 공원 내 도로, 산속의 도로 또는 소규모의 골목길 등

2. 동 통로를 이용하여 건축허가 또는 건축신고 되어 건축물이 건축된 경우

※ 당진시 건축조례 제33조 도로의 지정

제33조 도로의 지정

① 법 제45조 제1항 제2호의 규정에 의하여 다음 각 호의 어느 하나에 해당하는 경우 당해 도로에 대한 이해관계인의 동의를 얻지 아니하고 지방위원회의 심의를 거쳐 도로 지정·공고할 수 있다. 다만, 사유지인 경우에는 포장되어 사용 중인 경우에 한한다(단서신설 2013. 12. 31).

1. 국가 또는 시에서 직접 시행하거나 지원에 따라 주민 공동사업 등으로 개설 되어 사용하고 있는 경우

2. 주민이 통로로 사용하고 있는 복개된 하천·제방·구거·철도·농로·공원 내 도로 그밖에 이와 유사한 국·공유지

3. 현재 주민이 사용하고 있는 통로를 이용하여 건축물의 진입로로 사용하는 도로(신설 2013. 12. 31)

② 제1항에 따른 통행로를 이용하여 건축허가를 받고자 하는 건축주는 "별지 제 6호 서식"에 현황사진·현황측량성과도 등 위원회의 심의에 필요한 서류를 건축허가 신청 이전에 제출하여야 한다.

※ 인천시 강화군 건축조례 제28조 도로의 지정

제28조 도로의 지정

법 제45조 제1항 제2호에 따라 주민이 장기간 통행로로 이용하고 있는 사실상의 통로로서 위원회의 심의를 거쳐 군수가 법 제2조 제1항 제11호 나목에 따라 도로의 위치를 지정·공고하고자 할 때 이해관계인의 동의를 얻지 아니할 수 있는 경우는 다음 각 호의 어느 하나와 같다(전문개정 2015. 12. 31).

1. 「국토의 계획 및 이용에 관한 법률」에 따라 결정고시가 되었으나 미개설된 도로 안에 포함되어 있는 통로
2. 「여객자동차운수사업법」에 따른 시내버스(한정면허 포함) 노선으로 이용하고 있는 사실상의 통로
3. 복개된 하천, 구거부지로서 폭 4미터 이상의 포장된 통로
4. 제방도로 및 공원 내 도로로서 건축물이 접하여 있는 통로
5. 사실상 주민이 이용하고 있는 통로를 도로로 인정하여 건축허가하였으나 도로 지정한 근거가 없는 통로

※ 포천시 건축조례

제25조 이해관계인의 미동의 도로지정기준

법 제45조 제1항 제2호에 따라 주민이 장기간 통행로로 이용하고 있는 사실상의 통로로서 허가권자가 이해관계인의 동의를 얻지 아니하고 위원회의 심의를 거쳐 도로로 지정할 수 있는 경우는 다음 각 호와 같다(개정 2006. 4. 17, 2007. 1. 10, 2008. 10. 1, 2013. 9. 27).

1. 복개된 하천·구거부지
2. 제방
3. 공원 내 통로
4. 산속의 통로
5. 소규모 농로길
6. 사실상 주민이 사용하고 있는 통로

※ 거제시 건축조례

제18조 도로의 지정

법 제45조 제1항 제2호에 따라 주민이 오랫동안 통행로로 이용하고 있는 사실상의 통로로서 허가권자가 그 통로에 대한 이해관계인의 동의를 얻지 아니하고 건축위원회의 심의를 거쳐 법 제2조 제1항 제11호 나목에 따른 도로의 위치를 지정·공고할 수 있는 경우는 다음 각 호의 어느 하나와 같다(개정 2009. 12. 9).

1. 「국토의 계획 및 이용에 관한 법률」에 의하여 결정고시가 되었으나 도로가 미개설된 구역 안에 포함되어 있는 통로

2. 복개된 하천·구거부지

3. 제방도로

4. 공원 내 도로

5. 불특정 다수인이나 주민이 장기간 계속 이용하여 온 통로

6. 사실상의 도로로서 새마을사업 등으로 포장 또는 확장이 된 도로(전부개정 2009. 10. 12)

민법에 의한
주위토지통행권

　주위토지통행권은 주택과 공로 사이에 통로가 없는 경우에 남의 땅이라도 통로로 사용할 수 있는 권리로, 건축법이 아니라 민법에서 규정하고 있다. 민법 제219조 제1항은 '어느 토지와 공로 사이에 그 토지의 용도에 필요한 통로가 없는 경우에 그 토지 소유자는 주위의 토지를 통행 또는 통로로 하지 아니하면 공로에 출입할 수 없거나 과다한 비용을 요하는 때에는 그 주위의 토지를 통행할 수 있고 필요한 경우에는 통로를 개설할 수 있다'고 명시하고 있다. 도로로 사용 중인 토지주 사용승인이 없이 사용 중 토지주가 통행을 방해한 경우 주위토지통행권이 인정되며, 토지 소유주의 손해가 적은 쪽으로 출입하게 하면서 지료감정평가에 의해 가격이 결정된다. 주위토지통행권으로 소송을 해서 판결문을 받아두면 다른 사람에게 집을 팔 때도 그 권한을 양도할 수 있다.

　다음은 부여군 외산면의 물건으로, 주위토지통행권과 관련해서 질의를 받은 내용이다. 질의의 요지는 집을 새로 구매했는데 지적도상 맹지이지만, 주위토지통행권이 있다고 해서 매입했다고 한다. 그 뒤 주인은 지료를 새로 계약하자는 내용증명을 보내왔다.

판결을 받아 정해진 지료는 사람이 바뀌어도 그대로 인정된다. 그러나 지가가 올라가면 새로 소송을 해서 지료가 변경될 수 있다. 민법 220조의 주위토지통행권은 219조의 주위토지통행권과 조금 다르다. 분할로 인해 맹지가 됐을 경우, 주위토지통행권에 의해 통로를 내주게끔 되어 있다. 이럴 때는 지료를 낼 필요가 없다.

민법

제219조 주위토지통행권

① 어느 토지와 공로 사이에 그 토지의 용도에 필요한 통로가 없는 경우에 그 토지 소유자는 주위의 토지를 통행 또는 통로로 하지 아니하면 공로에 출입할 수 없거나 과다한 비용을 요하는 때에는 그 주위의 토지를 통행할 수 있고 필요한 경우에는 통로를 개설할 수 있다. 그러나 이로 인한 손해가 가장 적은 장소와 방법을 선택해야 한다.

② 전항의 통행권자는 통행지 소유자의 손해를 보상해야 한다.

제220조 분할, 일부양도와 주위통행권

① 분할로 인하여 공로에 통하지 못하는 토지가 있는 때에는 그 토지 소유자는 공로에 출입하기 위하여 다른 분할자의 토지를 통행할 수 있다. 이 경우에는 보상의 의무가 없다.

② 전항의 규정은 토지 소유자가 그 토지의 일부를 양도한 경우에 준용한다.

주위토지통행권 실전 사례 1

○○5번지의 출입을 막은 ○○6번지의 일부 현황도로 지적

○○5번지의 출입을 위한 항공사진

출처 : 다음지도 항공사진

소재지	충청남도 부여군 외산면 갈산리 일반 ▮▮		
지목	전 ❓	면적	588 ㎡
개별공시지가 (㎡당)	12,500원 (2016/01)		

지역지구등 지정여부	「국토의 계획 및 이용에 관한 법률」에 따른 지역·지구등	계획관리지역
	다른 법령 등에 따른 지역·지구등	가축사육제한구역((일부제한150M이하지역제한축종)) <가축분뇨의 관리 및 이용에 관한 법률>, 공장설립승인지역<수도법>, 개발촉진지구<지역균형개발 및 지방중소기업 육성에 관한 법률>
	「토지이용규제 기본법 시행령」 제9조제4항 각 호에 해당되는 사항	

확인도면

범례

토지 사용 임료 계약에 대한 안내

발신인 : 김○선

발신인 주소 : 충남 부여군 외산면 성충로 ○○번길 ○○

수신인 : 조○명

수신인 주소 : 서울 구로구 신도림로 ○○ ○○○동 ○○○호 (신도림3차 ○○아파트)

내용 : 2016. 8. 13. 상기 토지에 대한 전 5소유자(박칠○)로부터 소유권 매매가 체결됐으나 (3개월 경과) 임료 사용에 대한 계약체결 요청이 없어 아래와 같이 연락드리오니 검토하시어 2016. 11. 30까지 분명한 회신을 바라며 답변이 없을 경우 계약의사가 없는 것으로 간주해 상기 토지 부분을 소유자가 원상복구 사용하고자 합니다.

아 래

1. 부동산 표시 : 충남 부여군 외신면 갈산리 ○○6(전)중 현 도로부분

2. 계약기간 : 2016. 9. 1~2017. 8. 31(1년)

3. 임료사용료 : 35만 원(1년간)

참고 : 사건번호 2015 가소 478(피고 박칠○) 임료 결정문은 신규소유자와는 관련 없음

참고하시기 바랍니다.

2016. 11. 16

김동○ 알림(연락처 : 010-6070-○○○○)

갈산리 건물 및 토지 매입 시 계약서에 첨부된 서류

대전지방법원 논산지원 부여군법원
조정에 갈음하는 결정조서

사　　건	2015가소478	임료 등
원　　고	김동■ (1952. 11. 4.생)	
	충남 부여군 외산면 성충로■ ■■■ ■ (갈산리)	
	소송대리인 황복■	
피　　고	박철■ (1949. 1. 7.생)	
	충남 부여군 외산면 갈산리 ■	

판　　사	박　회　■	기　　일 : 2015. 10. 16. 14:10
조 정 위 원	권　병　■	장　　소 : 법정
조 정 위 원	이　근　■	공개 여부 : 공　　개
법 원 주 사	이　준　■	고지된 다음 기일 : 추후지정

원고 및 대리인 황복■　　　　　　　　　　　　　　　　　　　출석

피고 박철■　　　　　　　　　　　　　　　　　　　　　　　출석

- -

조정장 판사

　조정위원회가 다음과 같이 조정을 갈음하는 결정을 하였음을 고지

결 정 사 항

1. 피고는 원고에게 금 2,000,000원을 2015. 11. 30.까지 지급한다. 만일 피고가 위 지급기일까지 위 금원을 지급하지 아니할 경우 미지급 금원에 대하여 위 지급기일 다음날부터 다 갚는 날까지 연 15%의 비율에 의한 지연손해금을 가산하여 지급한다.

2. 원고는, 피고에게 충남 부여군 외산면 갈산리 ■ 전 588㎡ 중 별지 감정도 표시 6, 7, 8, 16, 15, 6의 각 점을 차례로 연결한 선내 ㉯ 부분 14㎡에 관하여 주위토지통행권이 있음을 확인하고 그 통행을 방해하지 아니하며, 2015. 11. 30.까지 위 토지

부분에 있는 토사를 제거한다.

3. 피고는 원고에게 제2항의 대가로 12.1부터 매년 100,000원을 지급할 의무가 있음을 확인하고, 1년 단위로 그 다음 해 11. 30까지 해당 연도분을 원고에게 지급한다.

4. 원고는 나머지 청구를 포기한다.

5. 소송비용 및 조정비용은 각자 부담한다.

청 구 의 표 시

청구취지 : 별지 청구취지 및 원인변경신청서 해당란 기재와 같다.

청구원인 : 별지 소장, 청구취지 및 원인변경신청서 해당란 기재와 같다.

법 원 주 사   이   준   ■

판   사   박   희   ■

※ 이 결정조서 정본을 송달받은 날로부터 2주일 이내에 이의를 신청하지 아니하면 이 결정은 재판상 화해와 같은 효력을 가지며, 재판상 화해는 확정판결과 동일한 효력이 있습니다.

2015-0057871956-■■■   위변조 방지물 바코드 입니다.   2 /

내 용 증 명

발 신 인 조인█ (011-248-████)

주 소 서울 구로구 신도림로 █ ███ ██(신도림동, █ ███████████)

수 신 인 김동█ (010-6470-████)

주 소 충남 부여군 외산면 섬충로████ █

토지사용 임료계약 내용증명에 대한 답변

○ 귀하의 무궁한 발전을 기원합니다.

○ 귀하는 발신인에게 충남 부여군 외산면 갈산리 ██6 도로부분에 대한 임대료로 연 35만원을 요구하는 내용으로 내용증명을 발송하였습니다.

○ 발신인은 전 소유자인 박철█와 충남 부여군 외산면 갈산리 ██5번지 토지 및 건물에 대한 매매계약을 체결하고 소유권이전을 받은 바 있습니다.

○ 위 매매계약 당시 전 소유자인 박철█는 부여군법원 2015가소478 조정조서를 보여주며 귀하의 토지 사용대가로 귀하에게 매년 10만원을 지급하면 된다고 하여 발신인은 그렇게 알고 매수를 한 것입니다.

○ 그런데 귀하가 발신인에게 연 35만원의 임대료를 요구한다는 것은 너무 무리한 요구라고 생각하며 발신인은 전 소유자인 박철█와 같은 조건인 연 10만원의 임대료를 지급하였으면 합니다. 다만, 매년 공시지가 상승비율에 따라 토지임대료를 상향지급할 의향은 있습니다. 이러한 의견은 발신인이 귀하를 추후 찾아뵙고 상의드리겠습니다.

O 아울러 위 토지에 대하여는 법원으로부터 주위토지통행권이 있음이 확인되었으므로 귀하는 위 토지에 대하여 발신인의 통행을 방해하지 않기를 바랍니다.

O 모든 일이 원만히 해결되기를 바라며, 다시 한번 귀하의 무궁한 발전을 기원힙니다.

2016. 11. 28.

위 발신인   조 인

주위토지통행권 실전 사례 2

소 장

원　　고　　　1. 손주■ (610610-*******)

　　　　　　　　부산 금정구 오륜대로 ■■-■(오륜동)

　　　　　　　2. 홍석■ (610703-*******)

　　　　　　　　부산 부산진구 초연로 ■■ ■■■ ■■■ (연지동, ■■-■-■■■■)

　　　　　　원고들의 소송대리인 법무법인 ■■(유한) 담당변호사 이원■, 이기■

　　　　　　부산 연제구 법원로 ■ ■(거제동, ■■■■■■■■■)

피　　고　　　주식회사 ■■개발산업 (180111-■■■■■■)

　　　　　　　부산 부산진구 진연로 ■■ ■■(양정동)

주위토지통행권확인 청구의 소

청 구 취 지

1. 피고는 원고들에게,

　가. 부산 금정구 오륜동 산1■8-7 임야 1147㎡ 중 별지 도면 표시 1, 2, 3, 1의 각 점

　　　을 차례로 잇는 선내 '가'부분 17㎡에 관하여 주위토지통행권이 있음을 확인한다.

　나. 가항 기재 '가'부분 17㎡ 위에 있는 철구조물을 철거하라.

1. 당사자들의 관계

가. 원고들은 2019. 9. 25. 소외 김태▉으로부터 부산 금정구 오륜동 5▉7 답 1504㎡(이하 '이 사건 토지'라고 합니다) 및 그 지상 주택(이하 '이 사건 건물'이라고 합니다)을 매수하여 2019. 10. 22. 이 사건 토지 및 건물 중 각 1/2 지분에 관하여 소유권이전등기를 마친 소유자들입니다(갑 제1호증의 1 부산 금정구 오륜동 5▉7 토지 등기사항전부증명서, 갑 제1호증의 2 부산 금정구 오륜동 5▉7 지상 건물 등기사항전부증명서 각 참조).

나. 피고는 2017. 4. 5. 부산 금정구 오륜동 산1▉8-1 임야 14370㎡에 관하여 2017. 2. 8.자 매매를 원인으로 한 소유권이전등기를 마쳤으며, 위 오륜동 산1▉8-1 임야 14370㎡는 2017. 5. 4. 그 중 일부가 산1▉8-4 임야 3305㎡, 산1▉8-5 임야 3306㎡, 산1▉8-6 임야 3306㎡, 산1▉8-7 임야 1147㎡로 분할되었습니다(갑 제2호증의 1 부산 금정구 오륜동 산1▉8-1 토지 등기사항전부증명서, 갑 제2호증의 2 부산 금정구 오륜동 산1▉8-7 토지 등기사항전부증명서 각 참조).

2. 원고들이 이 사건 토지 및 건물을 취득하기 전 상황

가. 이 사건 토지 및 건물은 아래 사진에서 보는 바와 같이 도로에 바로 인접한 곳에 소재하지 않고 있기 때문에 도로에서 이 사건 토지 및 건물로 들어가기 위해서는 부산 금정구 오륜동 산2▉7 도로 및 피고가 현재 소유하고 있는 부산 오륜동 산1▉8-7 일부를 반드시 통과해야만 합니다(갑 제3호증 임야도 등본 참조).

사진 1. 이 사건 토지 및 건물의 위치(오륜동 5○7)

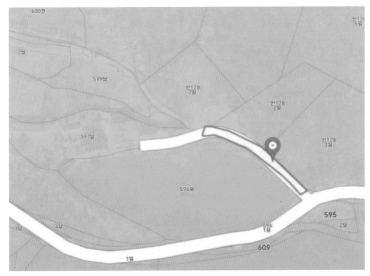

사진 2. 부산 금정구 오륜동 산 2○7

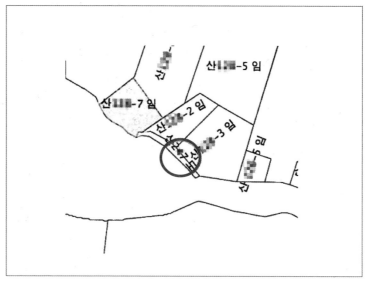

사진 3. 임야도 등본에서 부산 금정구 오륜동 산2○7 도로의 위치

　나. 한편 이 사건 건물은 1979. 11. 27. 부산금정구청으로부터 사용승인을 얻어 그 무렵부터 사용된 건물인바(갑 제4호증 일반건축물대장 참조), 이 사건 건물 및 토지에 출입하는 사람 및 차량은 그 당시부터 최근까지 아래 사진에서 보는 바와 같이 부산 금정구 오륜동 산1█8-7 임야 중 일부를 아무런 방해 없이 사용하여 왔습니다(갑 제5 호증의 1 내지 7 각 항공사진 참조).

사진 4. 2008년 항공사진(갑 제5호증의 1)

사진 5. 2009년 항공사진(갑 제5호증의 2)

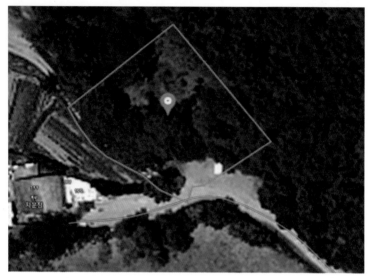

사진 8. 2014년 항공사진(갑 제5호증의 5)

사진 9. 2017년 항공사진(갑 제5호증의 6)

3. 원고들이 이 사건 토지 및 건물을 취득한 이후 피고의 갑작스러운 통행방해

가. 이상에서 살펴본 바와 같이, 원고들은 2019. 10. 22. 이 사건 토지 및 주택에 관하여 소유권이전등기를 마쳤고 피고는 2017. 4. 5. 부산 금정구 오륜동 산1▮8-1 임야 14370㎡에 관하여 2017. 2. 8.자 매매를 원인으로 한 소유권이전등기를 마쳤으며, 위 오륜동 산1▮8-1 임야 14370㎡'는 2017. 5. 4. 그 중 일부가 산1▮8-4 임야 3305㎡', 산1▮8-5 임야 3306㎡' , 산1▮8-6 임야 3306㎡', 산1▮8-7 임야 1147㎡'로 분할되었습니다(갑 제1호증의 1 부산 금정구 오륜동 5▮7 토지 등기사항전부증명서, 갑 제1호증의 2 부산 금정구 오륜동 5▮7 지상 건물 등기사항전부증명서, 갑 제2호증의 1 부산 금정구 오륜동 산1▮8-1 토지 등기사항전부증명서, 갑 제2호증의 2 부산 금정구 오륜동 산1▮8-7 토지 등기사항전부증명서).

나. 즉 피고들은 원고들이 이 사건 토지 및 주택을 취득하기 이전에 이미 위 오륜동 산1▮8-1 임야를 매수하였고, 그 당시에는 위 오륜동 산1▮8-7 임야가 분할되기 전이었지만 현재 오륜동 산1▮8-7 임야에 해당하는 곳의 일부는 이 사건 토지 및 주택의 통로로 사용되고 있었으며, 피고들은 이러한 사실을 알고 위 오륜동 산1▮8-1 임야를 매수하여 소유권이전등기를 마쳤습니다.

다. 그런데 피고는, 원고가 이 사건 토지 및 건물에 관한 소유권이전등기를 마친 2019. 10. 22.로부터 얼마 되지 않은 2019. 11. 5.경 갑자기 아래 사진과 같이 위 오륜동 산1▮8-7 중 별지 도면 표시 1, 2, 3, 1의 각 점을 차례로 잇는 선내 '가'부분(이하 '이 사건 가부분'이라고 합니다)에 있던 기존 도로를 걷어 내고 철로 된 담장을 설치하였습니다(갑 제6호증의 1 피고가 기존 도로를 걷어내는 사진1, 갑 제6호증의 2 피고가 기존 도로를 걷어내는 사진2, 갑 제6호증의 3 피고가 기존 도로를 걷어내는 사진3, 갑 제6호증의 4 피고가 기존 도로를 걷어내고 철제 펜스를 설치한 사진1, 갑 제6호증의 5 피고가 기존 도로를 걷어내고 철제 펜스를 설치한 사진2, 갑 제6호증의 6 피고가 기존 도로를 걷어내고 철제 펜스를 설치한 사진3, 갑 제6호증의 7 피고가 기존 도로를 걷어내고 철제 펜스를 설치한 사진4, 갑 제6호증의 8 피고가 기존 도로를 걷어내고 철제 펜스를 설치한 사진5 각 참조).

4. 원고들의 피고에 대한 주위토지통행권 및 시설물 철거, 방해배제 청구권

하여 이 사건 '가'부분에 관하여 민법 제219조에서 정한 주위토지통행권이 있습니다.

나. 따라서 원고들은 피고를 상대로 이 사건 '가'부분에 관한 통행권 확인을 구하며 (이미 살펴본 바와 같이 피고는 이 사건 '가'부분에 철제 펜스를 설치하여 원고들의 사용을 방해하고 있으므로 통행권 확인을 구할 이익이 있습니다), 피고는 원고들에게 피고가 설치한 시설물을 철거할 의무가 있으며 원고들의 이 사건 '가'부분을 통행하는 것을 방해하지 않아야 할 의무가 있다고 할 것입니다.

5. 결론

이상과 같이, 피고는 이 사건 '가'부분이 이 사건 토지 및 건물의 통행에 사용된다는 점을 알면서 부산 금정구 오륜동 산1■8-1 임야를 매수하였고, 원고들의 이 사건 토지 및 건물을 취득하기 전에는 이 사건 '가'부분이 이 사건 토지 및 건물의 통행에 사용되는 것을 용인하고 방해하지 않았습니다.

그런데 피고는 원고가 이 사건 토지 및 건물을 취득하지 마자 이 사건 '가'부분에 철제 펜스를 설치하여 이 사건 토지 및 건물을 위한 통행을 방해하고 있는바 이로 인해 원고들에게는 막대한 재산상 손해가 발생하였는바, 이러한 사정을 감안하시어 원고들의 청구를 모두 인용하여 주시기 바랍니다.

담장은 쳐도 통행 권리를 막을 수 없다

2013 타경 2039 경기도 용인시 처인구 모현면 일산리

2013 타경 2039 (임의)		매각기일 : 2013-10-11 10:30~ (금)		경매7계 031-210-▒▒▒	
소재지	(▒▒ ▒▒) 경기도 용인시 처인구 모현면 일산리 ▒▒ [도로명주소] 경기도 용인시 처인구 외개일로 ▒▒(모현면)			사건접수 2013-01-10	
물건종별	주택	채권자	▒▒▒▒축산업협동조합	감정가	376,532,560원
토지면적	833m² (251.98평)	채무자	강승▒	최저가	(36%) 134,950,000원
건물면적	88.72m² (26.84평)	소유자	정충▒외1명	보증금	(10%) 13,495,000원
제시외면적	51.2m² (15.49평)	매각대상	토지/건물일괄매각	청구금액	222,045,811원
입찰방법	기일입찰	배당종기일	2013-03-27	개시결정	2013-01-11

물건현황/토지이용계획	면적(단위:㎡)	경매진행/감정평가	임차인/대항력여부	등기부/소멸여부
외개일마을 남동측 인근에 위치	**[토지]** 일산리 ■ 대지 833 (251,98평)	**[진행]** 2013-05-14 신건 376,532,560원 유찰 2013-06-18 2차 301,226,000원 유찰 2013-07-19 3차 240,981,000원 유찰 2013-09-04 4차 192,785,000원 유찰 2013-10-11 5차 134,950,000원 매각 이옥■/입찰2명/매각 163,440,000원(43%) 2013-10-18 매각결정기일 허가 2013-11-28 대금지급기한	배당종기일 : 2013-03-27 **김종■** 있음 전입 : 2007-08-22 확정 : 2007-08-22 배당 : 2013-01-28 보증 : 20,000,000원 점유 : 배당금 : 20,000,000원 전액배당으로 소멸예상 - 보증금합계 : 20,000,000원	**소유권** 이전 2002-05-24 건물/토지 강현■ 매매 **소유권(지분)** 이전 2006-12-27 건물/토지 김영■외 1명 매매 **(근)저당** 소멸기준 2012-04-10 건물/토지 ■축산업협동조 합 300,000,000원
부근 일대는 자연부락 소규모의 제조업체 및 창고 농경지 등	**[건물]** 주택 단층 39,72㎡ (12,02평)		**황승■** 있음 전입 : 2007-09-03 확정 : 없음 배당 : 없음 점유 : 목록2의 별첨 도 면 중 '다'와 'ㄷ' 부분 현황조사 권리내역	**임의경매** 소멸 2013-01-11 건물/토지 ■축산업협동조 합 청구 : 222,045,811원 2013타경2039
근거리에 간선도로가 통과 제반 교통사정은 보통	주택 단층 49㎡ (14,82평) 공부상면적 (37,8㎡)		- 보증금합계 : 20,000,000원	
지적도상 맹지이나 본 토지 북동측의 타인 토지상에 개설된 도로를 통 출입되고 있음	보존등기 :1989-03-10		**장현■** 있음 전입 : 2008-10-10 확정 : 없음 배당 : 없음 점유 : 현황조사 권리내역	**채권총액 :** 300,000,000원
이용상태(가호1:주택 (방:1 거실 주방 화장실 등) 기호2::주택 (방::2(1개는 공실) 통로 등))	**■ 건축물대장**		- 보증금합계 : 20,000,000원	**■ 등기부등본열람** 건물열람 : 2013-01-17 토지열람 : 2013-01-17
급배수설비 및 난방설비 등	**[제시외]** 주택 판넬조판넬지붕 32,2㎡ (9,74)평합			
자연녹지지역(일산리 282)	보일러실 판넬조판넬지붕 2,7㎡ (0,82)평포합			
목조	보일러실 판넬조판넬지붕 1,2㎡ (0,36)평포합			
일괄매각, 제시외건물포함, ※ 위지상 건물창고(48,65㎡) 소재불명 되었음.	창고 목조판넬지붕 15,1㎡ (4,57)평포합			
■ 토지이용계획/공시지가 **■ 부동산정보 통합열람** **■ 감정평가서**				
감정평가현황 감정				

2013년에 경기도 용인시 처인구 모현면 일산리에 주택이 딸린 토지 250평이 경매에 나온 적이 있다. 3억 7,000만 원에 시작한 경매가가 네 차례 유찰 끝에 1억 3,000만 원까지 떨어졌다. 1종 일반주거지역으로 괜찮은 땅이었지만, 문제는 해당 토지가 지적도상 도로가 없는 맹지라는 점이었다. 현장을 가봤더니 공로에서 주택까지 현황도로가 나 있었지만, 포장되지는 않았다. 하필 현장에 간 날 누군가가 도로에 삽질을 해 땅을 뒤엎고 있었고, 그 전에 없었던 담장까지 새로 쳐놓은 것을 봤다. 담장에는 '이곳은 사유지이기 때문에 도로로 이용할 수 없다'라는 경고문까지 쓰여 있었다. 경매가가 30%까지 떨어진 것은 바로 이런 사정 때문이었다.

필자는 당시 수강생 한 명에게 입찰을 권해 경매 투자하기로 했다. 그 이유는 토지 소유주가 아무리 땅을 가로막아도 주위토지통행권 때문에 길을 막을 수 없다는 사실을 알고 있었기 때문이다. 우리가 가격을 조금 더 낮게 쓰는 바람에 결국 낙찰 받지는 못했지만, 주위토지통행권을 알고 있다면 앞으로 이런 물건의 경매에서도 경쟁력을 갖고 임할 수 있게 될 것이다.

매각 토지 및 현황도로 주변 항공사진

출처 : 다음지도 항공사진

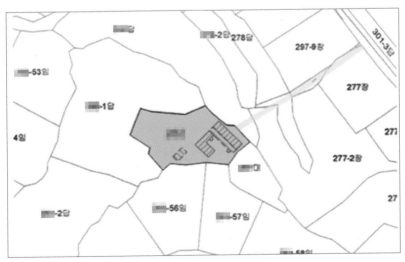

감정평가사의 매각물건 표시

지목	대	면적	833 ㎡
개별공시지가 (㎡당)	245,000원 (2012/01)		

지역지구등 지정여부	「국토의 계획 및 이용에 관한 법률」에 따른 지역 · 지구등	자연녹지지역( ) ,자연취락지구( )
	다른 법령 등에 따른 지역 · 지구 등	자연보전권역<수도권정비계획법> ,공장설립승인지역<수도법> ,(한강)폐기물매립시설 설치제한 지역( )<한강수계 상수원수질개선 및 주민지원 등에 관한 법률> ,수질보전특별대책지역<환경정 책기본법>

「토지이용규제 기본법 시행령」 제9조제4항 각호에 해당되는 사항	

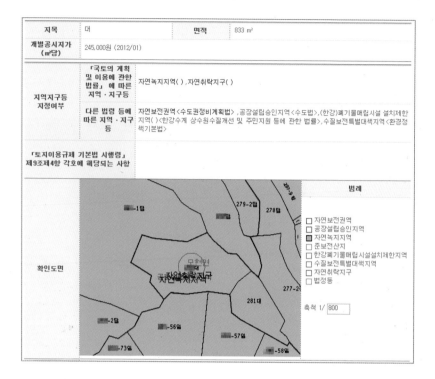

범례
- ☐ 자연보전권역
- ☐ 공장설립승인지역
- ■ 자연녹지지역
- ☐ 준보전산지
- ☐ 한강폐기물매립시설설치제한지역
- ☐ 수질보전특별대책지역
- ☐ 자연취락지구
- ☐ 법정동

축척 1/ 800

확인도면

감정 시 감정사의 현황사진

1차 답사 시의 현황

2차 답사 시 현황 1

알 림

이 곳은 도로가 아닌 사유지(밭)
이므로 차량통행 및 주정차를
절대 금지 합니다.
위반시 고발조치하며 차량의 훼손에
대해서는 책임을 지지않습니다.

2차 답사 시 현황 2

부지 내 현황도로

경매로 나오는 물건 중 특이한 경우가 종종 있다. 이번에 살펴볼 물건도 그런 물건 중 하나다. 대지가 경매로 나왔는데, 대지 위에 있는 건물은 매각에서 제외였다. 그러나 매물로 나와 있지 않은 다른 번지 토지 위에 있는 축사는 매각 포함이었다. 필자가 현황을 파악해본 결과, 다른 번지 토지주가 본인의 토지 일부(현재 경매로 진행 중인 토지)에 건축허가를 받아 건축한 후에 지목이 대지로 바뀌면서(지목이 대지로 된 것으로 짐작되지만), 왜 경매에 나온 토지 위에 있는 건물의 건축물관리대장이 없는지는 필자도 짐작이 가지 않는다.

어쨌든 경매로 진행되는 품목 중 다른 번지의 지상에 있는 축사는 매각물건에 포함됐으니, 낙찰 후 축사의 철거는 낙찰자의 몫이다. 또 경매로 나온 토지 위에 있는 주택은 매각제외이며, 건축물관리대장은 없었다. 그러니 토지 낙찰 후 건물을 매입하고, 건축물을 양성화해서 건축물대장도 만들어야 한다. 그래서 일단 '건축물관리대장을 만들기 위한 진입도로에 관한 현황도로' 관련 질의를 했다.

이 도로를 현황도로로 판단해 양성화가 가능하며, 건축물관리대장을 만들 수 있는지의 문제인데, '현황도로가 아닌 단지 내 임의로 만들었다'는 답변을 받았다. 이 경우 이 주택에 출입하려면 주위토지통행권을 이용할 수 있겠지만, 축사를 철거해야 하는데, 축사 지붕이 스레트로 만들어져서 특정 폐기물로 처리해야 한다. 건축물관리대장도 만들려면 상당한 경비와 시간이 들 것으로 판단했다. 그래서 낮은 가격으로 응찰할 것을 주문했으나 10명이 응찰했는데 낙찰 받지 못했다.

2014 타경 7429 경기도 평택시 청북면 고잔리

2014 타경 7429 (임의)	물번3 [배당종결] ▽		매각기일 : 2015-03-30 10:00~ (월)		경매3계 031-650-■■■
소재지	(■■■) 경기도 평택시 청북면 고잔리 ■■■				
	[도로명] 경기도 평택시 고잔길 ■■■(청북읍)				
용도	축사	채권자	더○○○○○○	감정가	313,483,000원
토지면적	879㎡ (265.9평)	채무자	김○○	최저가	(24%) 75,268,000원
건물면적	743.65㎡ (224.95평)	소유자	김○○	보증금	(10%) 7,526,800원
제시외	95㎡ (28.74평)	매각대상	토지/건물일괄매각	청구금액	360,000,000원
입찰방법	기일입찰	배당종기일	2014-08-12	개시결정	2014-05-22

기일현황 ☑간단보기

회차	매각기일	최저매각금액	결과
신건	2014-09-29	313,483,000원	유찰
2차	2014-11-03	219,438,000원	유찰
3차	2014-12-15	153,607,000원	유찰
4차	2015-01-19	107,525,000원	매각
김광■/입찰2명/낙찰156,420,000원(50%) 2등 입찰가 : 140,290,000원			
	2015-01-26	매각결정기일	불허가
4차	2015-02-23	107,525,000원	유찰
5차	2015-03-30	75,268,000원	매각
오미■/입찰10명/낙찰120,000,000원(38%) 2등 입찰가 : 103,851,000원			
	2015-04-06	매각결정기일	허가
	2015-05-14	대금지급기한 납부 (2015.05.13)	납부
	2015-06-11	배당기일	완료
배당종결된 사건입니다.			

⑦ 물건현황/토지이용계획	⑦ 면적(단위:㎡)	⑦ 임차인/대항력여부	⑦ 등기사항/소멸여부
서대울마을 동측 인근에 위치 주위는 서측의 공장, 축우사 및 농가마을 동측의 물류단지 조성예정지 등으로 형성 본건까지 제반 차량의 접근이 가능하나, 대중교통 사정은 보통 이하 타인토지를 경유하는 폭 약 4M의 아스콘포장의 마을도로를 이용하여 출입하고 있음 이용상태(기호1~3:공실, 기호4:주거용(방4, 주방, 거실, 창고, 화장실 등), 기호5,6:창고) 기호4)일반적인 위생설비, 유류보일러시설 계획관리지역(고잔리 ▓▓▓) 철파이프 블럭조 *맹지임, *일괄매각, 제시외건물포함, 감정평가서상 (가)와 그 부합물 가-1,2 및 (나)는 제시외 타인소유 토지인 동소 산▓▓ 지상에 소재하고 있음. 🔲 토지이용계획/공시지가 🔲 부동산정보 통합열람	**[토지]** 고잔리 ▓▓ 대지 계획관리지역 879㎡ (265.9평) 계획관리지역 **[건물]** 보존등기일:2009-01-13 고잔리 ▓▓▓ 단층 돈사 186.5㎡ (56.42평) 철파이프 고잔리 ▓▓▓ 단층 돈사 184㎡ (55.66평) 철파이프 고잔리 ▓▓▓ 단층 돈사 176㎡ (53.24평) 철파이프 고잔리 ▓▓▓ 단층 돈사 91.35㎡ (27.63평) 블럭조 고잔리 ▓▓▓ 단층 돈사 77㎡ (23.29평) 블럭조 고잔리 ▓▓▓ 단층 돈사 28.8㎡ (8.71평) 블럭조	배당종기일: 2014-08-12 - 매각물건명세서상 조사된 임차내역이 없습니다	**소유권** 이전 1988-03-05 토지 김○○ 협의분할로 인한 재산상속 **소유권** 이전 2009-01-13 건물 김○○ 보존 **(근)저당** 소멸기준 2012-08-31 건물/토지 더○○○○○○ 360,000,000원 **임의경매** 소멸 2014-05-23 건물/토지 더○○○○○○ 청구 : 360,000,000원 ▷ 채권총액 : 360,000,000원 건물열람 : 2014-09-15 토지열람 : 2014-09-15

⑦ 감정평가현황 ▓▓감정		
가격시점		2014-06-07
감정가		313,483,000원
토지	(74.31%)	232,935,000원
건물	(25.36%)	79,495,000원
제시외포함	(0.34%)	1,053,000원

[제시외]

고잔리 ▓▓▓
(ㄱ) 퇴비사 포함
41㎡ (12.4평)
철파이프조스레트지붕

고잔리 ▓▓▓
(ㄴ) 퇴비사 포함
32㎡ (9.68평)
철파이프조스레트지붕

고잔리 ▓▓▓
(ㄷ) 보일러실 포함
3㎡ (0.91평)
블럭조스레트지붕

고잔리 ▓▓▓
(ㄹ) 건조장창고 포함
5㎡ (1.51평)
블럭조스레트지붕

고잔리 ▓▓▓
(ㅁ) 다용도실 포함
14㎡ (4.23평)
목조슬라이트지붕

명세서 요약사항 ▸ 최선순위 설정일자 2012.8.31.근저당

매각 토지 현황 사진

철거해야 할 축사 전경

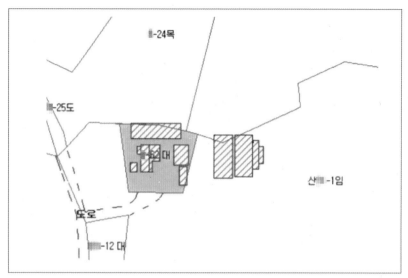

감정평가사의 매각물건 표시

매각물건 주변 항공사진

출처 : 다음지도 항공사진

소재지	경기도 평택시 청북읍 고잔리 일반 ▨▨			
지목	대 ❓		면적	879 ㎡
개별공시지가 (㎡당)	146,500원 (2016/01)			
지역지구등 지정여부	「국토의 계획 및 이용에 관한 법률」에 따른 지역 · 지구등	계획관리지역(2010.9.15)		
	다른 법령 등에 따른 지역 · 지구등	비행안전제3구역(전술)<군사기지 및 군사시설 보호법>		
「토지이용규제 기본법 시행령」 제9조제4항 각 호에 해당되는 사항				

확인도면

범례

☐ 계획관리지역
☐ 법정동

하나된 20년, 경제신도시 20년!

평택시안중출장소

Super D'ning

수신 이종실(010-3727-███) 귀하 (우 ███ ███ 서울 강남구 대치동 ███, ████ ██ ██)

(경유)

제목 질의서 회신(이종실)

　　　1. 건축녹지과-5543(2015.03.17)호와 관련입니다.

　　　2. 위호로 건축물대장 조회결과 귀하께서 말씀하신 부지는 청북면 고잔리 산██-1과 ██-62 두 개의 필지로 이루어진 부지이며 따라서 현황도로가 아닌 부지내에 임의 포장하여 사용하고 있는 것으로 사료됨을 회신드린 바 있으며, 추가질의하신 부분에 대하여 다음과 같이 회신합니다.

　　　가.청북면 고잔리 ██-26번지의 현재 건축물을 허물고 재건축시 산██-1 토지주의 사용승낙이 필요한지의 여부?

　　　　　⇒타인 소유의 건축물을 철거할 경우 와 신축시 타인 토지를 진.출입 도로로 사용코자 할 경우에는 토지소유자의 동의가 필요하며,

　　　　　나.현황도로의 조건

　　　　　⇒건축법에서 별도로 현황도로에 대한 규정을 정하고 있지 않음

　　　3. 현지현황 등을 확인하여 사실판단이 필요한 사항에 대하여는 부득이한 부분이 있는 점 널리 이해하여 주시기 바라며, 귀하의 애로사항이 잘 해결되시기를 기원합니다. 기타 궁금하신 사항은 건축녹지과(8024-███)로 문의하여 주시면 성심성의껏 답변드리겠습니다. 끝.

평택시안중출장소장

건축담당 한정██   건축녹지과장 신상██   전결 2015. 4. 22.

협조자

시행 건축녹지과-7393   (2015. 4. 22.)   접수

우 451-882 경기도 평택시 안중읍 서동대로 1531   / http://www.pyeongtaek.go.kr

전화번호 031-8024-██ ██   팩스번호 031-8024-███ / ███████@ptcity.net   / 비공개(6)

평택시민 행복주간(5.1-5.10)

담당자의 주관적인
판단 사례

김대중 정부 이후 2002년부터 모든 토지를 현재의 용도에서 다른 용도로 사용하고자 하는 경우 개발행위허가를 받아야 한다. 개발행위허가의 목적은 크게 두 가지로 분류된다.

첫 번째는 경사도, 임목본수도, 표고도의 규제로 개발을 현황 중심으로 규제하며, 두 번째는 기반시설 중 도로와 배수 설치를 조건으로 규제하게 된다. 그러나 이미 형질변경허가를 통해 기반시설인 도로와 배수로 등이 설치되어 지목이 변경된 대지, 학교용지, 공장용지, 주유소용지, 창고용지의 경우 개발행위허가를 받지 않아도 된다.

개발행위허가 담당자는 개발행위허가의 법규와 조례로 허가 여부를 결정하며, 건축허가 담당자는 건축법에 의한 법규와 조례로 허가 여부를 검토하게 된다. 따라서 하나의 건축물에 설치하는 도로와 하수도의 토지 사용승낙 여부를 각 부서의 법규에 의해 두 번 검토하게 된다. 건축법에서는 건축허가 시 예전부터(건축법에 의한 도로가 만들어지기 전) 사용해오던 도로를 이용해 마을이 형성된 경우, 건축법 규정에 예외를 두어 건축법상 도로의 적용을 넓게 적용하지만, 개발행위허가 시는 예외규정이 없다.

현황이 도로로 만들어져 있으며, 하수도 또한 설치되어 있어 많은 주민들이 현재 사용하고 있기에 이렇게 설치된 도로 및 하수도가 개인의 자금으로 설치된 것인지, 국가나 지자체에 의해 설치된 것인지 생각하지 않는 경우가 많다. 모든 주민들이 현재 사용하고 있기에 문제가 없다고 생각하고 토지 매입 후 건축하려는데, 담당자에 따라 사용승인을 받아오라는 경우 토지 투자자는 난감해질 수밖에 없다.

건축법에 의한 도로의 사용승낙인 경우, 건축에 필요한 도로의 지하에 상하수도 등을 동시에 사용승인 받은 것으로 되나, 개발행위인 경우 도로와 하수도 등을 사용하는 토지주에게 별도로 사용승인 요구를 한다.

또한 건축법에서는 현황도로의 사용승낙이 필요 없는 경우에도 개발행위허가 담당자는 도로의 사용승낙 또는 하수도의 사용승인을 재차 요구하는 경우도 있다. 어느 담당자의 판단이 옳고 그름을 따지자는 것이 아닌, 일반 국민들은 토지 투자 시 혼란하다는 뜻이다. 건축법이나 개발행위허가 시 이해관계인의 사용승낙을 받아오라는 조건은 이해관계인의 재산 보호를 위함이 목적이다. 그러나 도로 사용승낙에 의한 이해관계인의 보호를 했다면, 또다시 상수도, 하수도나 가스인입 공사를 통해 이중으로 이해관계인의 보호는 불필요하다고 생각하지만, 담당자의 주관에 의해 사용승인을 별도로 요구하는 경우도 많다.

이번 파트에서는 필자와 견해가 다른 담당자들의 주관적인 사례를 소개하고자 한다. 이러한 사례를 소개하는 이유는 담당공무원을 비판하자는 것이 아니며, 견해에 따른 결과가 달라질 수 있기에 독자 여러분들은 사전에 충분히 검토한 후 투자를 결정했으면 한다. 우선 개발행위허가 운영 지침에 의한 개발행위허가를 받지 않아도 되는 행위와 개발행위허가 시 분야별 검토사항의 조건인 도로의 높이, 배수 등과 건축법에 의한 건축허가 시 제1항에 따른 건축허가를 받으면 다음 각 호의 허가 등을 받거나 신고를 한 것으로 본다는 규정을 정확히 이해하기 바란다. 실전사례의 종류는 다음과 같다.

실전사례 01. 건축법상 도로는 있어도 하수도 사용승낙을 받아야 한다고?

실전사례 02. 지적도에 지목이 도로로 되어 있는 사도의 사용승낙

실전사례 03. 임시 통로를 출입에 지장이 없어 건축허가가 가능하다는 답변

실전사례 04. 지목이 도로로 되어 있는 개인 도로가 사도가 아니라는 담당자

실전사례 05. 나의 토지에 있는 계단을 철거해도 앞집 사용승낙 필요

실전사례 06. 현황도로를 이용한 가스 배관매설 시 사용승인 요구

이 사례들을 보고 독자 여러분들이 스스로 판단하기를 바란다. 민법 제1조에 '민사에 관하여 법률에 규정이 없으면 관습법에 의하고, 관습법이 없으면 조리에 의한다'라고 되어 있다. 조리란 일반적인 상식을 의미한다. 결국 담당자의 주관적인 견해가 상식에 너무 먼 경우 행정소송으로 대응할 수밖에 없다.

개발행위허가 운영지침

다음의 개발행위는 허가권자로부터 허가를 받아야 한다.

1. 건축물의 건축 또는 공작물의 설치

① 건축물의 건축 : 건축법 제2조 제1항 제2호에 따른 건축물의 건축
② 공작물의 설치 : 인공을 가하여 제작한 시설물(건축법 제2조 제1항 제2호에 따른 건축물 제외)의 설치

2. 토지의 형질변경(경작을 위한 토지의 형질변경 제외)

절토·성토·정지·포장 등의 방법으로 토지의 형상을 변경하는 행위와 공유수면의 매립. 이 경우 경작의 범위는 '조성이 완료된 농지에서의 농작물 재배행위, 당해 농지의 지력증진을 위한 단순한 객토나 정지작업'을 말하며, 농지의 생산성을 높이기 위하여 농지의 형질을 변경하는 행위로서 인근농지의 관개·배수·통풍 및 농작업에 영향을 미치지 아니하여야 한다.

3. 토석채취

흙·모래·자갈·바위 등의 토석을 채취하는 행위(토지의 형질변경을 목적으로 하는 것을 제외)

4. 토지 분할(건축법 제57조에 따른 건축물이 있는 대지는 제외)

① 녹지지역·관리지역·농림지역 및 자연환경보전지역 안에서 관계 법령에 의한 허가·인가 등을 받지 아니하고 행하는 토지의 분할

② 건축법 제57조 제1항에 따른 분할제한면적 미만으로의 토지의 분할

③ 관계 법령에 의한 허가·인가 등을 받지 아니하고 행하는 너비 5미터 이하로의 토지의 분할

5. 물건적치

녹지지역·관리지역 또는 자연환경보전지역 안에서 건축물의 울타리 안(적법한 절차에 의하여 조성된 대지에 한함)에 위치하지 아니한 토지에 물건을 1월 이상 쌓아 놓는 행위

개발행위허가를 받지 않아도 되는 행위(법 제56조 제4항)

1. 토지의 형질변경

다음의 경미한 행위. 다만, 그 범위 안에서 도시계획조례로 따로 정하는 경우에는 그에 의한다.

① 높이 50센티미터 이내 또는 깊이 50센티미터 이내의 절토·성토·정지 등

② 도시지역·자연환경보전지역 및 지구단위계획구역 외의 지역에서 면적이 660 제곱미터 이하인 토지에 대한 지목변경을 수반하지 아니하는 절토·성토·정지·포장 등

③ 조성이 완료된 기존 대지에서 건축물이나 그 밖의 공작물을 설치하기 위한 토지의 형질변경(절토 및 성토는 제외). 이 경우 조성이 완료된 대지라 함은 다음 각 목의 어느 하나에 해당하는 토지로서 도로·상하수도 등 기반시설 설치가 완료되어 당해 대지에 절토나 성토행위가 없이 건축물 등을 건축할 수 있는 상태로 조성되어 있는 대지를 의미한다.

　가. 도시개발사업·택지개발사업 등 관계 법률에 의하여 조성된 대지

　나. 지목이 대·공장용지·학교용지·주차장·주유소용지·창고용지인 대지

　다. 관계 법률에 따라 적법하게 건축된 건축물이 있는 대지(건축물이 멸실된 경우를 포함)

개발행위허가 시 분야별 검토사항(영 별표1의 2)

1. 공통분야

① 조수류·수목 등의 집단서식지가 아니고, 우량농지 등에 해당하지 아니하여 보전의 필요가 없을 것

② 역사적·문화적·향토적 가치, 국방상 목적 등에 따른 원형 보전의 필요가 없을 것

③ 토지의 형질변경 또는 토석채취의 경우에는 표고·경사도·임상 및 인근 도로의 높이, 물의 배수 등을 참작하여 도시계획조례가 정하는 기준에 적합할 것

2. 기반시설

① 진입도로는 건축법에 적합하게 확보(다른 법령에서 강화된 기준을 정한 경우 그 법령에 따라 확보)하되, 해당 시설의 이용 및 주변의 교통소통에 지장을 초래하지 아니할 것

② 대지와 도로와의 관계는 건축법에 적합할 것

건축법

제11조 건축허가

① 건축물을 건축하거나 대수선하려는 자는 특별자치시장·특별자치도지사 또는 시장·군수·구청장의 허가를 받아야 한다. 다만, 21층 이상의 건축물 등 대통령령으로 정하는 용도 및 규모의 건축물을 특별시나 광역시에 건축하려면 특별시장이나 광역시장의 허가를 받아야 한다(개정 2014. 1. 14).

⑤ 제1항에 따른 건축허가를 받으면 다음 각 호의 허가 등을 받거나 신고를 한 것으로 보며, 공장건축물의 경우에는 '산업집적활성화 및 공장설립에 관한 법률' 제13조의 2와 제14조에 따라 관련 법률의 인·허가 등이나 허가 등을 받은 것으로 본다(개정 2017. 1. 17).

1. 제20조 제3항에 따른 공사용 가설건축물의 축조신고

2. 제83조에 따른 공작물의 축조신고

3. 「국토의 계획 및 이용에 관한 법률」 제56조에 따른 개발행위허가

4. 「국토의 계획 및 이용에 관한 법률」 제86조 제5항에 따른 시행자의 지정과 같은 법 제88조 제2항에 따른 실시계획의 인가

5. 「산지관리법」 제14조와 제15조에 따른 산지전용허가와 산지전용신고, 같은 법 제15조의2에 따른 산지일시사용허가·신고. 다만, 보전산지인 경우에는 도시지역만 해당된다.

6. 「사도법」 제4조에 따른 사도(私道)개설허가
7. 「농지법」 제34조, 제35조 및 제43조에 따른 농지전용허가·신고 및 협의
8. 「도로법」 제36조에 따른 도로관리청이 아닌 자에 대한 도로공사 시행의 허가, 같은 법 제52조 제1항에 따른 도로와 다른 시설의 연결 허가
9. 「도로법」 제61조에 따른 도로의 점용 허가
10. 「하천법」 제33조에 따른 하천점용 등의 허가
11. 「하수도법」 제27조에 따른 배수설비(配水設備)의 설치신고
12. 「하수도법」 제34조 제2항에 따른 개인하수처리시설의 설치신고
13. 「수도법」 제38조에 따라 수도사업자가 지방자치단체인 경우 그 지방자치단체가 정한 조례에 따른 상수도 공급신청
14. 「전기사업법」 제62조에 따른 자가용전기설비 공사계획의 인가 또는 신고
15. 「물환경보전법」 제33조에 따른 수질오염물질 배출시설 설치의 허가나 신고
16. 「대기환경보전법」 제23조에 따른 대기오염물질 배출시설설치의 허가나 신고
17. 「소음·진동관리법」 제8조에 따른 소음·진동 배출시설 설치의 허가나 신고
18. 「가축분뇨의 관리 및 이용에 관한 법률」 제11조에 따른 배출시설 설치허가나 신고
19. 「자연공원법」 제23조에 따른 행위허가
20. 「도시공원 및 녹지 등에 관한 법률」 제24조에 따른 도시공원의 점용허가
21. 「토양환경보전법」 제12조에 따른 특정토양오염관리대상시설의 신고
22. 「수산자원관리법」 제52조 제2항에 따른 행위의 허가
23. 「초지법」 제23조에 따른 초지전용의 허가 및 신고

건축법상 도로는 있어도
하수도 사용승낙을 받아야 한다고?

2012 타경 64238 경기도 용인시 처인구 원삼면 좌항리

2012 타경 64238 (임의)		매각기일 : 2013-10-17 10:30~ (목)			경매6계 031-210-■■■
소재지	(■■■■) 경기도 용인시 처인구 원삼면 좌항리 ■■■■				사건접수 2012-12-17
물건종별	전	채권자	우리은행	감정가	208,692,000원
토지면적	558㎡ (168.79평)	채무자	오롱■	최저가	(36%) 74,795,000원
건물면적		소유자	윤해■	보증금	(10%) 7,480,000원
제시외면적		매각대상	토지매각	청구금액	288,000,000원
입찰방법	기일입찰	배당종기일	2013-03-04	개시결정	2012-12-17

기일현황 ▼전체보기

회차	매각기일	최저매각금액	결과
신건	2013-05-22	208,692,000원	유찰
3차	2013-07-25	133,563,000원	유찰
4차	2013-09-10	106,850,000원	유찰
5차	2013-10-17	74,795,000원	매각

문흥■/입찰6명/낙찰112,859,000원(54%)

	2013-10-24	매각결정기일	허가
	2013-11-18	대금지급기한	납부
	2013-12-03	배당기일	진행

배당종결된 사건입니다.

🏢 건물현황	🏢 토지현황	🏢 임차인/대항력여부	🏢 등기부/소멸여부
[건물목록]	**[토지목록]**	배당종기일 : 2013-03-04	**소유권**
[건물기타현황]	좌향리 ▓▓·▓▓ [전]	- 매각물건명세서상	2001-05-29　토지
-	계획관리지역 : 558㎡(168.79평)	조사된 임차내역이	김주▓
	표준지가 : 241,000원	없습니다	매매
	단가㎡ : 374,000원	🔍 매각물건명세서	**소유권**
	금액 : 208,692,000원	🔍 예상배당표	2003-12-29　토지
	🔍 토지이용계획/공시지가		윤해▓
	🔍 부동산정보 통합열람		매매
	[토지기타현황]		**(근)저당**
	- 좌향초등학교 남서측 근거리에 위치		2005-09-22　토지
	- 부근은 전원주택 농경지대 일부 공장		수산업협동조합중앙회
	등이 혼재한 지역		57,200,000원
	- 본건은 차량접근 가능 남측 인근에 노		**지상권**
	선버스 정류장이 소재 대중교통사정은		2005-09-22　토지
	불편		수산업협동조합중앙회
	- 평탄한 사다리형의 토지		**(근)저당**
	- 남서측 노폭 약6m 서측 노폭 약4m의		2008-11-25　토지
	포장도로에 접함		우리은행
	[비고]		240,000,000원
	🔍 감정평가서		**(근)저당**
	[감정평가]		2011-04-06　토지
	🏢 감정평가현황 ▓감정		우리은행
	가격시점　2012-12-24		48,000,000원
	감정가　208,692,000원		**임의경매**
	토지　(100%) 208,692,000원		2012-12-18　토지
			우리은행
			청구 : 288,000,000원
			2012타경64236(배당종결)
			채권총액 :
			345,200,000원
			🔍 등기부등본열람
			토지열람 : 2012-12-25

　원삼면 좌향리는 읍이 아닌 지역이나 지목이 전이기에 건축허가 시 개발행위허가를 받아야 한다. 건축과에서는 현황통로를 이용해 건축허가는 가능하나, 개발행위허가 시 현황도로의 하수도 사용승낙을 받아야 한다는 답변을 했다. 국토교통부에 질의한 결과 경기도에 일임했으며, 경기도의 답변은 사안에 따라 다르다는 답변을 받았다.

　동 도로를 이용해 건축한 경우 또다시 사용승낙을 받지 않아도 된다. 이 조례는 건축조례에 있으나 개발행위조례에는 없으므로 인용할 수 없다는 담당자의 주관이다.

감정평가사의 지적 현황

매각물건 주변 항공사진

출처 : 다음지도 항공사진

지목이 '전' 개발행위허가대상

소재지	경기도 ▼	용인시처인구 ▼	원삼면 ▼	좌항리 ▼	일반 ▼	▼ ▓▓ - 41	🔍 열람

● 부분인쇄(1장) ○ 전체인쇄(행위제한내용 포함) 🖶 인쇄 [인쇄 도움말 >]

지목	전	면적	558 ㎡
개별공시지가 (㎡당)	249,000원 (2013/01)		

지역지구등 지정여부	「국토의 계획 및 이용에 관한 법률」에 따른 지역·지구등	계획관리지역
	다른 법령 등에 따른 지역·지구등	비행안전제2구역(지원)<군사기지 및 군사시설 보호법>,자연보전권역<수도권정비계획법> ,배출시설설치제한지역<수질 및 수생태계 보전에 관한 법률> ,(한강)폐기물매립시설 설치제한지역( )<한강수계 상수원수질개선 및 주민지원 등에 관한 법률>
「토지이용규제 기본법 시행령」 제9조제4항 각호에 해당되는 사항		

확인도면

범례

□ 계획관리지역
□ 자연보전권역
□ 비행안전제2구역(지원)
□ 준보전산지
□ 한강폐기물매립시설설치제한지역
□ 배출시설설치제한지역
□ 법정동

축척 1/ 800

토지 전경 1

토지 전경 2

- 도로명주소로 빠르고 편리한 생활 -

처 인 구

수신 이종실 귀하 (우 █████ 서울 서초구 서초동 ████ ██████ ████ ██████
████ ████)

(경유)

제목 질의 회신 - 이종실

1. 귀하의 가정에 행복을 기원합니다.

2. 귀하께서 질의하신 처인구 원삼면 좌항리 ██-41번지 상의 건축허가 가능여부와 관련하여 진입도로 사용 동의 여부 및 타인의 토지(도로) 굴착 시 사용동의 여부와 관련한 사항으로,

3. 해당필지는 계획관리지역으로 건축법상 "도로"규정 적용 없이 현황도로를 이용하여 건축행위가 가능한 지역이나, 현황도로로 사용 중인 해당필지는 개인 사유지로써 하수도법 제29조(타인의 토지 또는 배수설비의 사용) 규정에 의거 타인의 토지나 배수설비 사용 시 토지소유자나 이해관계인의 사용승낙을 득하여 함을 알려드립니다. 기타 궁금하신 사항은 아래의 실무관 또는 건설도시과 하천관리부서(☎324-████)로 문의하시기 바랍니다. 끝.

처 인 구 청████

실무관   정고█   건축민원팀장 청균█   건축과장   2013. 10. 21.
                                                          송종█

협조자

시행 건축과-37785   (2013. 10. 21.)   접수

우 449-790 경기도 용인시 처인구 금령로 50(김량장동)   / www.yongin.go.kr

전화번호 (031)324-████ 팩스번호 (031)324-████ / ████@korea.kr   / 부분공개(6)

- 주소 하나로 빠르고 편리한 생활, 이제 도로명주소입니다 -

지구촌 물의 미래, 2015 대구경북 세계물포럼이 선도합니다

국 토 교 통 부

수신 이종실 귀하
(경유)
제목 민원회신

---

1. 귀하께서 우리부에 제출한 서면질의에 대하여 아래와 같이 회신드립니다.

2. 민원 요지

　　건축법상 도로에 하수도법에 의한 하수도를 설치하는 경우 사용승낙을 받아야 하는지 여부

3. 회신 내용

　　건축법 제11조제5항에 따르면 건축허가를 받은 경우 하수도법에 의한 하수처리시설 설치신고 등을 받은 것으로 보고 있어 건축허가서 하수도법에 의한 검토가 되어야 할 것으로 판단됩니다.

　　다만, 귀하의 질의내용에 대하여는 건축법상 명확히 규정하고 있지 않는 바, 도로에 하수도 설치시 가능 여부 및 사용승낙 등에 대한 보다 자세한 사항은 하수도법 등을 종합적으로 검토하여 사실판단이 필요하므로 구제척인 사항은 해당지역 허가권자에게 문의하여 주시기 바랍니다. 끝.

국토교통

사무관대우 정재■　　시설사무관 　전결 2015. 4. 13.
　　　　　　　　　　　조현■

협조자

시행 건축정책과-3365　　　(2015. 4. 13.)　　　접수

우 339-012 세종특별자치시 도움6로 11 국토교통부　　　　/ http://www.molit.go.kr

전화번호 044-201-■■■　팩스번호 044-201-■■■ /■■@molit.go.kr　/ 비공개(6)

국민 눈높이로 다가가는 열린 정부, 국민과 함께 하겠습니다.

일자리 넘치는 안전하고 따뜻한 경기도

경 기 도

NEXT경기

Global Inspiration
세계속의 **경기도**

수신 이종실 귀하 (우 ■■■ 서울특별시 강남구 테헤란로■■ ■ ■(대치동, ■
■■■))

(경유)

제목 민원 회신

1. 국토교통부 건축정책과-3988(2015. 4. 30.)호와 관련입니다.

2. 귀하께서 국토교통부에 민원을 제기하여 우리 도에 이송된 서류를 검토한 결과,
타인소유의 토지를 「건축법」상 도로로 지정하거나, 건축물 진입로 등으로 사용하기 위하여
도로지정 동의나 토지사용승낙을 받은 경우, 「하수도법」 등 개별법령에 따른 토지나 시설
소유자의 동의를 다시 받아야 하는지에 대하여 문의하신 사항으로

3. 타인소유 토지를 도로로 지정하거나 사용을 위한 동의를 받은 후, 재차 「하수도법」
등 개별법령에서 규정한 동의를 받아야 하는지에 대하여는 당해 사용승낙의 내용(목적, 범위,
방법 등)에 따라 개별적으로 판단할 수밖에 없으며, 이를 일률적으로 판단하여 적용하기에는
어려울 것으로 사료됩니다.

4. 다만, 민원내용과 함께 건축법 및 개별법령에서 타인소유의 토지나 시설물의 사용에
대하여 동의서 등의 제출을 의무화하고 있는 경우 이에 대한 사전 안내를 통해 사용승낙을
받는 토지에 대한 필요한 사용의 범위를 명확히 하여 일괄하여 받을 수 있도록 함으로써
민원 불편이 최소화 되도록 건축허가권자 및 건축사에게 전파 조치하였음을 알려드리오니
이점 양해하여 주시기 바랍니다. 끝.

경 기 도 지

주무관   조대■   건축관리팀장 송해■   건축디자인과 전결 2015. 5. 13.
                                                    장   주명■

협조자

시행 건축디자인과-7783   (2015. 5. 13.)   접수

우 442-781   경기도 수원시 팔달구 효원로 1 (매산로3가, 경기도청)건축 / http://www.gg.go.kr
             디자인과

전화번호 031-8008-■■ 팩스번호 031-8008-■■■ / ■■■@gg.go.kr   / 대국민 공개

2015 전국생활체육대축전 개최(5.14-5.17 경기도 이천시 일원)

지적도에 지목이 도로로 되어 있는 사도의 사용승낙

사건개요

청주시 성화동 308-1번지에 건축허가 시 308-2의 토지사용승낙을 받아야 한다는 담당자의 의견이다. 308-2의 토지는 지목이 도로로 되어 있으나 개인사유지다. 308-2의 토지(지목이 '도')는 포장이 되었는지의 여부는 측량을 해봐야 정확히 알 수 있다. 예전의 평판측량과 지금의 항공측량과는 차이가 많이 난다. 따라서 예전의 측량결과에 따라 포장했다면 현재는 포장이 안 된 도로가 될 수도 있다. 정식 측량을 해봤더니 역시나 포장이 안 되어 있다. 그야말로 지적법상 지목만 도로다. 그러나 이러한 경우라도 지목이 도로로 변경된 경우라면 사도법을 적용하는 것이 옳다고 생각하지만, 2013년 이전에 만들어진 사도는 사도대장의 기록이 없다. 담당자가 어떠한 법규를 어떻게 적용해야 하는지는 주관적인 판단에 의해 결정될 수밖에 없다.

담당자에게 질의해보니 역시 사용승낙을 받아오라고 답변이 왔다. 아마 지목이 도로로 되어 있지 않아도 포장이 됐다면 결과가 달라질 수도 있었을 것으로 판단한다. 물론 이런 경우 또한 사용승낙을 받으라는 담당자도 있을 수 있지만, 만약 포장을 지자체에서 했다면 사용승낙 없이도 가능하다는 필자의 주관적인 견해다. 법에 정확히 명시되지 않은 경우에는 담당자의 주관이 절대적이다.

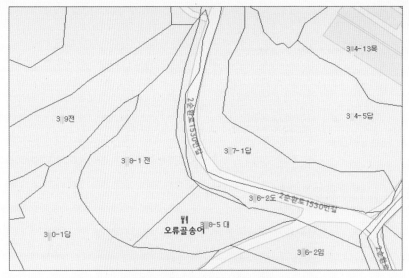

3◯8-1 진입 시 필요한 3◯6-2 도로

출처 : 스마트국토정보 지적항공지도

3◯8-1의 토지 전경

출처 : 다음지도 항공사진

지적도에는 지목이 '도로'

소재지	충청북도 청주시 성화동 ▓▓·▓▓▓		
지목	도로 ❓	면적	185 ㎡
개별공시지가 (㎡당)	47,100원 (2019/01) 🔍 연도별 보기		
지역지구등 지정여부	「국토의 계획 및 이용에 관한 법률」에 따른 지역·지구등	도시지역 , 생산녹지지역 , 자연녹지지역	
	다른 법령 등에 따른 지역·지구등	가축사육제한구역(가축사육전부제한구역)<가축분뇨의 관리 및 이용에 관한 법률>	
「토지이용규제 기본법 시행령」 제9조제4항 각 호에 해당되는 사항			
확인도면			

범례			

동심만리, 함께 웃는 청주

청주시 서원구

수신 이종실 귀하

(경유)

제목 **질의민원에 대한 회신[이종실]**

1. 「함께 웃는 청주」 건설에 협조하여 주셔서 깊은 감사를 드립니다.

2. 귀하께서 접수번호 제90563(2019.10.29.)호 질의하신 청주시 서원구 성화동 3■8-1번지와 관련한 귀하의 질의사항에 대하여 아래와 같이 검토하여 답변 드립니다.

- 아   래 -

질의1 청주시 서원구 성화동 3■8-1번지 토지에 건축허가 시 3■8-2번지 토지주의 사용승낙 필요여부?

답 변 성화동 3■8-1번지 측량점의 위치 등을 볼 때 현재 도로의 기능이 없는 3■8-2번지의 사용승낙은 필요할 것으로 사료됩니다.

질의2 3■8-3의 토지는 현재 포장되어 도로로 사용 중이며 또한 이 도로를 이용하여 3■8-5의 토지에 2015년 8월 17일 허가를 득하고 2016년 1월 19일 준공되어 있습니다. 따라서 건축법 45조에 의하여 3■8-3의 토지는 도로대장에 등록되어있는지의 여부?

답 변 성화동 3■8-5번지 건축물 허가 시 3■8-3번지 필지를 도로로 지정한 사항이 없어 도로대장에 등재되어 있지 않습니다.

질의3 3■8-1번지 토지는 건축법 44조제1항에 따라 출입에 지장이 없다고 인정하는지?

답 변 상기 질의1에 따른 답변 내용과 관련하여 성화동 3■8-2, -3번지는 사유지임으로 통행에 지장이 없다고 보기는 지난한 실정입니다.

질의4 현재 3■6-2의 토지는 청주시에서 1987.8.18. 소유권 이전하여 도로로 관리하고 있는 바 3■8-1의 도로와 3■8-2의 3■8-3도로는 개인 토지임에도 청주시에서 포장하고 관리하고 있는 이유?

답 변   현재 경계점 등을 고려할 때 도로의 기능이 없는 미포장 부분은
       토지소유주가 관리해야할 사항으로 판단됩니다.

질의5 청주시 조례에 의한 사실상 주민이 사용하고 있는 통로로의 인정
       여부?
답 변   상기 질의1 답변과 관련 도로의 기능이 없는 상태입니다. 끝.

청주시 서원구청장

주무관   김효■■   주택팀장   라명■■   건축과장   전결 2019. 11. 15.
                                                      백두■■
협조자

시정 건축과-22296   (2019. 11. 15.)   접수

우 28565   충청북도 청주시 서원구 사직대로 227, 서원구청 (사직동) / http://www.cheongju.go.kr

전화번호 043-201-■■■■   팩스번호 043-201-■■■■   / ■■■■@korea.kr   / 비공개(6)

임시 통로를 출입에 지장이 없어 건축허가가 가능하다는 답변

경기도 가평군 설악면 설곡리 700-1 사례

산 207번지 근처의 임야에 철탑을 설치하기 위한 임시도로를 소송에 의해 허가를 받고, 임시도로를 이용해 철탑을 설치하는 도중 700-1의 토지에 창고가 건축됐다. 700-1의 토지에 진입하려면 산 207번지의 임시도로를 이용해야 출입이 가능하다.

따라서 가평군청에 700-1의 토지에 건축허가를 내준 사연을 질의하자 건축법 제44조에 의해 출입에 지장이 없다면 건축허가가 가능하다는 답변이다. 즉 다른 사람의 임시도로도 출입에 지장이 없어 건축허가를 내주었다는 담당자의 주관적인 견해로 인해 임시도로도 건축허가를 받을 수도 있다.

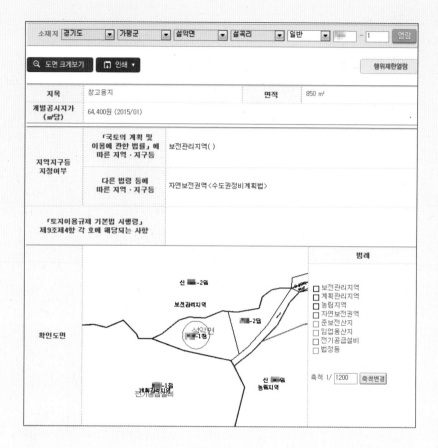

| 소재지 | 경기도 ▼ | 가평군 ▼ | 설악면 ▼ | 설곡리 ▼ | 일반 ▼ | - | 1 | 열람 |

🔍 도면 크게보기　　🖨 인쇄 ▼　　　　　　　　　　　　　　　　　　　행위제한열람

| 지목 | 창고용지 | | 면적 | 850 m² |
| 개별공시지가
(㎡당) | 64,400원 (2015/01) | | | |

| 지역지구등
지정여부 | 「국토의 계획 및
이용에 관한 법률」에
따른 지역·지구등 | 보전관리지역( ) |
| | 다른 법령 등에
따른 지역·지구등 | 자연보전권역<수도권정비계획법> |

| 「토지이용규제 기본법 시행령」
제9조제4항 각 호에 해당되는 사항 | |

범례

□ 보전관리지역
□ 계획관리지역
□ 농림지역
□ 자연보전권역
□ 준보전산지
□ 입업용산지
□ 전기공급설비
□ 법정동

축척 1/ [1200] [축척변경]

확인도면

산 ▆-2임
보전관리지역
설악면 ▆▆-1창
▆▆-2답
▆▆-1꿈
계획관리지역
전기공급설비
산 ▆▆임
농림지역

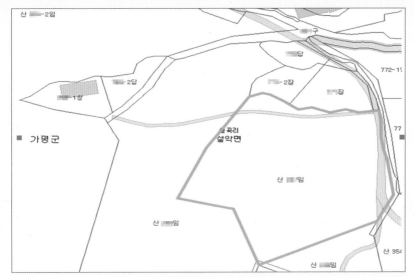

스마트국토정보 항공사진

출처 : 스마트국토정보 지적항공지도

산○7번지의 임시도로와 7○○-1의 토지에 건축된 건축물의 항공사진

출처 : 다음지도 항공사진

고　시

사　　건 : 2010가660(6부)
채 권 자 : 한국전력공사
채 무 자 : 유정▒, 남지▒, 남주▒, 남세▒, 남상▒
집행권원 : 의정부지방법원 결정 2010카합605

위 집행권원에 기한 345kV 신가평-신포천 송전선로 건설공
사와 관련하여 채권자가 채무자 유정▒, 남지▒, 남주▒, 남세▒,
남상▒ 소유의 경기 가평군 설악면, 칠곡리 산▒▒ 임야9,025㎡
중 별지 1도면 표시 1,2,3,4,1의 각 점을 순차로 건설한 선내의
㉮부분 242㎡을 임시통로로 임시 사용 할 수 있는 지위에 있음
을 임시로 정하고, 채권자는 위 기재 토지를 사용함에 있어 필
요한 경우 나무, 흙, 돌, 그 밖의 장애물을 변경하거나 제거 할
수 있습니다.

누구든지 집행관의 허가 없이 이 고시를 손상 또는 은닉하거나
기타의 방법으로 그 효용을 해하는 때에는 벌을 받을 수 있습
니다.

2010. 10.

의정부지방법원

집 행 관   황선▒

(전화번호 : 031-875-▒▒▒▒)

현황도로 입구에 붙은 한국전력의 고시

"희망과 행복이 있는 미래창조도시"

가 평 군

수신 이종실 귀하 (우 ▨▨▨ 서울 강남구 대치동 ▨-▨-▨▨▨)
(경유)
제목 질의에 대한 회신
___

　　귀하께서 우리군 설악면 설곡리 ▨▨▨-1번지에 일원에 대하여 질의하신 사항에 대하여 아래와 같이 회신합니다.

　　□ 설악면 설곡리 ▨▨▨-1번지 진입하는 현재의 통로의 현황도로 인정 여부

　　⇒ 설악면 설곡리 ▨▨▨-1번지 허가(2007.1.31) 처리시 현황도로로 판단하여 허가 처리 되었으며,

　　⇒ 또한 본 허가지 연결된 도로는 현황 도로로 보아 2005.11.22일 인접지역에 양계장, 관리사 건축 및 부지조성을 위한 허가가 처리된 사항이 있으며,

　　⇒ 건축법 44조에 의하면 해당 건축물의 출입에 지장이 없다고 인정되는 경우 허가가 가능토록 하고 있음을 알려드립니다. 끝.

가 평 군

주무관　　조두▨　　개발민원팀장 장동▨　　허가민원과장 전결 2015. 3. 30.
　　　　　　　　　　　　　　　　　　　　　　　　　서태▨

협조자 주무관　　김지▨

시행 허가민원과-20914　　(2015. 3. 30.)　　접수

우 477-701　경기도 가평군 가평읍 석봉로 181　　　　　/ http://www.gp.go.kr

전화번호 580-▨▨▨　　팩스번호 580-▨▨▨▨　　/ ▨▨▨@korea.kr　　/ 비공개(6)

문서관리카드허가민원과-20914　1/1

지목이 도로로 되어 있는 도로가
사도가 아니라는 담당자

여주시에 개인이 전원주택단지를 개발해 분양 중 토지 일부가 경매로 나왔다. 매각 토지까지는 이미 현황도로가 설치되어 있다. 또한 이 현황도로를 이용해 건축허가가 되어 있으며 지목은 도로로 변경되어 있다. 그러나 이러한 도로를 이용해 건축허가를 신청하자 지목이 도로로 변경되어 분할까지 되어 있는 도로가 사도법에 의한 사도는 아니기에 도로 주인에게 사용승낙을 받아오라는 답변이다.

2012 타경 13830 경기도 여주군 여주읍 매롱리

2012 타경 13830 (임의)		매각기일 : 2013-11-06 10:00~ (수)			경매5계 031-880-▒▒▒
소재지	경기도 여주군 여주읍 매롱리 ▒▒▒ 외4필지				사건접수 2012-09-04
물건종별	임야	채권자	▒▒▒산림조합	감정가	677,488,000원
토지면적	2089㎡ (631.92평)	채무자	김희▒	최저가	(36%) 242,812,000원
건물면적		소유자	김희▒외1명	보증금	(10%)24,282,000원
제시외면적		매각대상	토지일괄매각	청구금액	374,728,721원
입찰방법	기일입찰	배당종기일	2012-12-11	개시결정	2012-09-05

기일현황 〈전체보기〉

회차	매각기일	최저매각금액	결과
신건	2013-04-08	677,488,000원	유찰
	2013-09-06	대금지급기한	미납
4차	2013-10-02	346,874,000원	유찰
5차	2013-11-06	242,812,000원	매각
김홍▒/입찰2명/낙찰283,500,000원(42%)			
	2013-11-13	매각결정기일	허가
	2013-12-20	대금지급기한	납부
	2014-01-15	배당기일	진행
배당종결된 사건입니다.			

본건

⑦ 건물현황	⑦ 토지현황	⑦ 임차인/대항력여부	⑦ 등기부/소멸여부
[건물목록]	**[토지목록]**	배당종기일 : 2012-12-11	**소유권**
[건물기타현황]	매롱리 ▨▨ [임야]	- 매각물건명세서상	2005-07-08　토지
-	계획관리지역 : 254㎡(76.83평)	조사된 임차내역이	김회▨
[제시외건물]	표준지가 : 114,000원	없습니다	매매
매롱리 ▨ ▨ ▨ [조경수]	단가㎡ : 343,000원		
소나무수십여주	금액 : 87,122,000원	🔲 매각물건명세서	**(근)저당**
(ㄱ)		🔲 예상배당표	2008-07-11　토지
금액 : 0원	매롱리 ▨▨ [임야]		▨▨▨산림조합
매각제외	계획관리지역 : 169㎡(51.12평)		481,000,000원
	표준지가 : 114,000원		
	단가㎡ : 112,000원		**지상권**
	금액 : 18,928,000원		2008-07-11　토지
			▨▨▨산림조합
	매롱리 ▨▨▨ [임야]		
	계획관리지역 : 512㎡(154.88평)		**(근)저당**
	표준지가 : 114,000원		2010-03-04　토지
	단가㎡ : 343,000원		정영▨
	금액 : 175,616,000원		80,000,000원
	매롱리 ▨-▨▨▨ [임야]		**가압류**
	계획관리지역 : 843㎡(255.01평)		2010-06-23　토지
	표준지가 : 114,000원		경기신용보증재단
	단가㎡ : 343,000원		8,530,000원
	금액 : 289,149,000원		
			(근)저당
	매롱리 ▨▨-▨ [임야]		2011-03-07　토지
	계획관리지역 : 311㎡(94.08평)		황선▨
	표준지가 : 114,000원		120,000,000원
	단가㎡ : 343,000원		
	금액 : 106,673,000원		**(근)저당**
			2012-01-26　토지
	🔲 토지이용계획/공시지가		이호▨
	🔲 부동산정보 통합열람		143,000,000원
	[토지기타현황]		
	- 매롱리마을회관 북서측 인근에 위치		**압류**
	- 부근은 단독주택 나대지 농경지 등이		2012-04-30　토지
	혼재		국 - 국
	- 본건까지 차량출입 및 접근 가능 인근		(재산세과-391)
	에 버스정류장이 소재 있어 제반교통사		
	정 보토임		**임의경매**
	- 기호1: 정방형의 평지 기호2: 부정형의		2012-09-05　토지
	완경사지 기호3: 장방형의 평지 기호4:		▨▨▨산림조합
	사다리형의 평지 기호5: 정방형의 평지		청구 : 374,728,721원
	- 기호1 3-5: 폭 약3m 포장도로에 접함		2012타경13890(배당종결)
			압류
			2012-09-07　토지
			성남시분당구
			(분당구세무2과-12167)
			채권총액 :
			832,530,000원

매룡리(○○-39 , ○○-37, ○○-30) 항공사진

출처 : 다음지도 항공사진

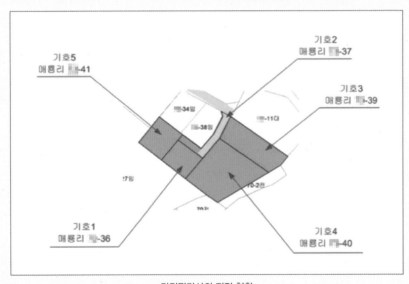

감정평가사의 지적 현황

지목이 '임야' 개발행위허가대상 토지

소재지	경기도 여주시 매룡동 ▒▒▒▒▒		
지목	임야 ②	면적	1,524 ㎡
개별공시지가 (㎡당)	133,500원 (2019/01)　　🔍 연도별 보기		
지역지구등 지정여부	「국토의 계획 및 이용에 관한 법률」에 따른 지역·지구등	계획관리지역 , 자연취락지구(매룡1)	
	다른 법령 등에 따른 지역·지구등	가축사육제한구역(일부제한지역 200m)<가축분뇨의 관리 및 이용에 관한 법률> , 준보전산지<산지관리법> , 자연보전권역<수도권정비계획법> , 배출시설설치제한지역<수질 및 수생태계 보전에 관한 법률>	
「토지이용규제 기본법 시행령」 제9조제4항 각 호에 해당되는 사항			
확인도면			

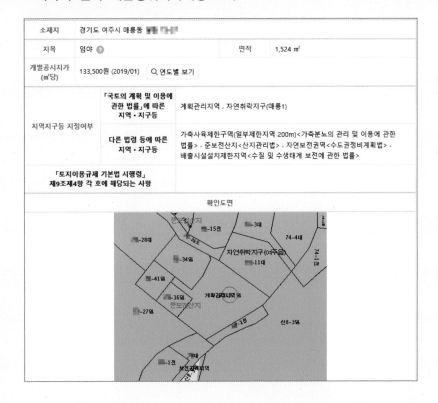

개발하기 위한 토지의 진입도로

소재지	경기도 여주시 매룡동 ███ ██-██		
지목	도로 ❓	면적	350 ㎡
개별공시지가 (㎡당)	개별공시지가 자료 없음.　🔍 연도별 보기		
지역지구등 지정여부	「국토의 계획 및 이용에 관한 법률」에 따른 지역·지구등	계획관리지역 , 자연취락지구(매룡1)	
	다른 법령 등에 따른 지역·지구등	가축사육제한구역(전부제한구역)<가축분뇨의 관리 및 이용에 관한 법률> , 자연보전권역<수도권정비계획법> , 배출시설설치제한지역<수질 및 수생태계 보전에 관한 법률>	
	「토지이용규제 기본법 시행령」 제9조제4항 각 호에 해당되는 사항		
확인도면			

개발하기 위한 토지 주변 항공사진

출처 : 다음지도 항공사진

사용승인 받아 올 것을 요구하는 진입도로 전경

여 주 시

수신 이종실귀하 귀하 (우▧▧▧▧ 서울 서초구 서초동 ▧▧▧ ▧▧▧▧ ▧ ▧▧ ▧▧▧▧)

(경유)

제목 질의서에 대한 회신

1. 귀 가정의 무궁한 발전과 건승을 기원합니다.

2. 귀하께서 우리시 매룡동 단독주택 단지내 도로의 질의에 대하여 다음과 같이 답변합니다

□질 의

가. ▧▧-26은 지목이 도로로 되어있으나 개인소유로 사도법 적용대상인지?

⇒ 사도법상 사도로 등록되지 않은 현황도로임

나. 사도법 적용 도로이면 사도법 제9조에 의하면 누구라도 사도의 통행을 제한 하거나 막을 수 없다고 되어있으나 위도로는 반드시 토지주의 사용승락을 받아야 사용이 가능한 이유?

⇒ 도로지정공고를 하지 않은 현황상 도로로 사용하고 있는 현황도로며, 개인 소유 도로로 동의가 필요함

다. 여주시 건축 조례 제31조 2항에 따른 토지주의 사용승락 없이도 가능한 진 입도로를 건축위원회의 심의를 통과해야 된다고 한 것인지?

⇒ 건축법 제45조 제1항 2호 및 여주시 건축조례 제27조에 따라 주민이 오랫 동안 통행로로 이용하고 있는 사실상의 통로는 이해관계인의 동의를 받지 아니하고 위원회의 심의를 거쳐 도로를 사용할 수 있을 것임

3. 기타 궁금하신 사항은 여주시청 개발지원과(031-887-▧▧▧▧)로 문의 하시면 성심 성의껏 답변 드리겠습니다. 끝.

나의 토지에 있는 계단을 철거해도
앞집 사용승낙 필요

300-7의 토지에 건축허가를 받기 위해 진입도로 300-11의 토
지도 매입해서 집입도로로 사용하던 중 300-11의 토지에 있던 계단
을 철거하려 하자 300-8의 토지주에게 사용승인을 받아오라는 담당
자의 주관이다.

소재지	서울특별시 종로구 부암동 ▓▓▓▓		
지목	대 ②	면적	96 m²
개별공시지가(㎡당)	564,300원 (2019/01) 🔍 연도별 보기		
지역지구등 지정여부	「국토의 계획 및 이용에 관한 법률」에 따른 지역·지구등	도시지역 , 제1종전용주거지역 , 제1종지구단위계획구역(부암동 제1종지구단위계획)	
	다른 법령 등에 따른 지역·지구등	가축사육제한구역<가축분뇨의 관리 및 이용에 관한 법률> , 대공방어협조구역(위탁고도:54-236m)<군사기지 및 군사시설 보호법> , 제한보호구역(후방지역:500m)<군사기지 및 군사시설 보호법> , 과밀억제권역<수도권정비계획법>	
「토지이용규제 기본법 시행령」 제9조제4항 각 호에 해당되는 사항			
확인도면			

(확인도면)

범례

주변 항공사진

출처 : 다음지도 항공사진

진입도로 계단 전경

이것이 진짜 맹지에 건축법상 도로 만들기다

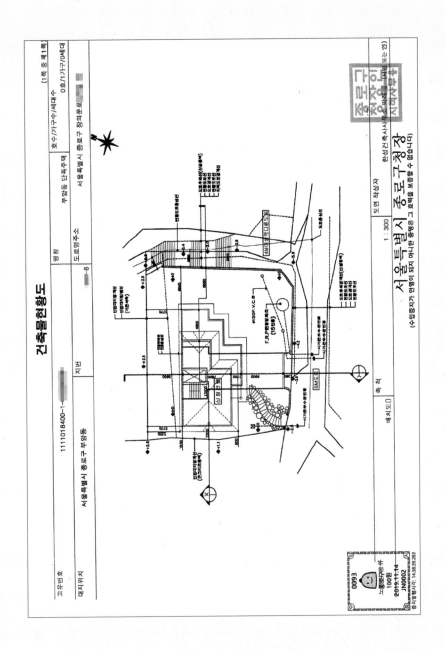

　　300-8 건축물허가 시 300-11의 토지를 진입도로로 사용하기
위한 건축선 후퇴가 건축물관리 대장에 표시되어 있다.

지속가능한 건강 도시, 새로운 청렴문화

종 로 구

수신자   경기도 광주시 태봉로 ███ ███████ ███████ 이종실

(경유)

제목   민원회신(질의응답)

1. 우리구정 발전을 위해 적극 협조하여 주시는 귀하께 감사드립니다.

2. 귀하께서 우리구에 질의하신 사항에 대하여 아래와 같이 답변 드립니다.

   가. 민원내용

   ○ 부암동 ███-11 현황 계단도로를 변경 할 경우 건축선 후퇴를 하여 건축한 부암동 ███-8
   호 대지의 소유주, 인접 토지소유주에게 사용승락을 받아야 하는 이유

   나. 답변내용

   ○ 건축법 제46조(건축선의 지정) 규정에 따라 건축선을 후퇴한 부분이나 지구단위계획구역내
   건축한계선 등에 따라 후퇴한 부분의 대지소유권은 건축물의 소유자(토지주)에게 있으며,
   건축선의 유지관리의 의무는 건축법 제35조(건축물의 유지·관리) 규정에 따라 건축물 소유
   자(토지주)에게 있습니다.

   ○ 또한 건축법 제45조(도로의 지정·폐지 또는 변경) 제2항의 규정에 따르면 도로를 변경하려
   면 그 도로에 대한 이해관계인의 동의를 받아야 한다고 되어 있으며, 여기서 이해관계인이
   란 국토교통부 유권해석에 따르면 당해 도로의 토지소유자, 그 도로와 접하고 있는 대지
   및 건축물의 소유자 등으로 정의하고 있습니다.

   ○ 따라서 부암동 ███-8 번지의 토지주는 도로의 이해관계인(건축선 후퇴부분 및 건축한계선
   후퇴부분 도로 소유자 및 접하고 있는 대지 소유자)이므로 건축법 제45조(도로의 지정·폐
   지 또는 변경) 제2항의 규정에 따라 동의를 받아야 하며, 그 밖의 이해관계인에도 동의를
   받아야 합니다.

3. 기타 이와 관련하여 더 궁금하신 사항이 있으신 경우 우리구청 건축과(담당 이경█, ☎2148 -
████)로 연락주시면 성심 성의껏 답변 드리겠습니다. 감사합니다.   끝.

현황도로를 이용한
가스 배관매설 시 사용승인 요구

부산진구 가야동 2○○-12번지는 개인 소유의 도로다. 현황은 5가구가 도로로 사용하고 있으며, 건축법에 의해 정식 건축물이 건축되어 있다. 아마도 건축허가 시 도로에 대한 사용승인이 있어 건축됐으리라고 생각한다. 그러나 이 토지를 이용해 도시가스를 설치하려 하자 토지주의 사용승낙을 받아야 설치가 가능하다고 한다.

부산진구 구청 건축과에 질의해보니 건축법상 도로와 관련해 가스 등의 동의서에 대한 사항은 건축법에 규정한 적이 없으며, 부산 도시가스에 문의해야 할 사항이라는 답변을 주었다. 건축법에서는 건축허가를 받으면 수도, 하수도, 도로 등의 사용승인도 동시에 받는다고 되어 있으나 가스는 빠져 있다. 따라서 개인 도로를 건축법상 도로로 인정받아 진출입으로 사용해도 가스 배관 시 규정이 없다.

따라서 예전에 건축허가를 받아 사용하고 있던 개인 도로에 도시가스 배관 설치를 하고자 하는 경우, 토지주의 사용승낙을 받아오라는 도시가스업자의 요구에 도시가스 설치에 어려움이 있을 수 있다. 그래서 부산진구 건축과에 문의해보니 건축법에는 도시가스의 별도 규정이 없다는 답변이다.

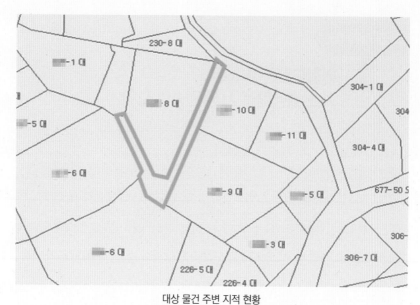

대상 물건 주변 지적 현황

출처:스마트국토정보 지적항공지도

대상 물건 주변 항공사진

출처:다음지도 항공사진

소재지	부산광역시 부산진구 가야동 일반 ▆▆▆ ▆		
지목	대 ❓	면적	88 m²
개별공시지가 (㎡당)	498,300원 (2019/01) 🔍 연도별 보기		
지역지구등 지정여부	「국토의 계획 및 이용에 관한 법률」에 따른 지역·지구등	준주거지역	
	다른 법령 등에 따른 지역·지구등	가로구역별 최고높이 제한지역(2017-12-20)(60m 이하)<건축법> , 상대보호구역<교육환경 보호에 관한 법률>	
「토지이용규제 기본법 시행령」 제9조제4항 각 호에 해당되는 사항			
확인도면			

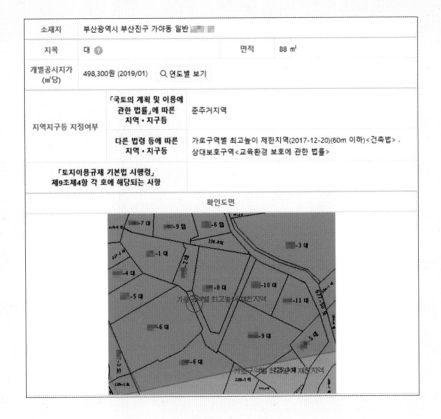

시민주권 사람중심 부산진구

 부 산 진 구

수신 이종실 귀하 (우 ████ 경기도 광주시 태봉로 ██, ████████ (태전동, ███████████))

(경유) ███████████)

제목 질의에 대한 회신(가야동 ███-12)

1. 구민과 소통하는 봉사행정을 실천하는 부산진구입니다.
2. 우리 구로 접수된 질의 사항에 대하여 아래와 같이 회신합니다.

□ 민원내용
　○ 사도법, 도로법 관련 내용
　○ 건축법 상 도로를 이용하여 도시가스 배관 공사 시 토지소유자의 동의 필요 여부

□ 답변내용
　○ 기 답변드린 바와 같이 건축법상의 도로와 관련하여 가스 등의 동의서에 대한
　　사항은 「건축법」에 별도 규정한 바 없으며
　○ 도시가스 공사 시 구비서류 등 관련 내용은 부산도시가스에 문의하여야 할 사항임을
　　알려드립니다.
　○ 아울러, 사도법, 도로법 관련 내용에 대하여는 관련부서(도시정비과)에 전달하여
　　검토 후 귀하께 회신토록 협조 요청하였습니다. 끝.

부 산 진 구 청 장

주무관 김현█ 건축계장 강용█ 건축과장 이재█ 전결 2019. 11. 15.

협조자

시행 건축과-52837   (2019. 11. 15.)   접수

우 47193 부산광역시 부산진구 시민공원로 30, (부암동)   / http://www.busanjin.go.kr/

전화번호 051-605-████ 팩스번호 051-605-████ / ████@korea.kr / 비공개(6)

2030부산월드엑스포 국가사업확정! 지금부터 시작이다!

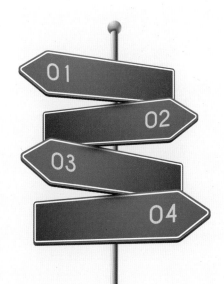

본 책의 내용에 대해 의견이나 질문이 있으면
전화(02)333-3577, 이메일 dodreamedia@naver.com을 이용해주십시오.
의견을 적극 수렴하겠습니다.

이것이 진짜 맹지에 건축법상 도로 만들기다

제1판 1쇄 발행 | 2020년 4월 1일

지은이 | 이종실
펴낸이 | 한경준
펴낸곳 | 한국경제신문*i*
기획·제작 | ㈜두드림미디어
책임편집 | 배성분

주소 | 서울특별시 중구 청파로 463
기획출판팀 | 02-333-3577
영업마케팅팀 | 02-3604-595, 583   FAX | 02-3604-599
E-mail | dodreamedia@naver.com
등록 | 제 2-315(1967. 5. 15)

ISBN 978-89-475-4567-9 (03320)

한국경제신문 *i* 부동산 도서 목록